特色农产品全产业链

质量安全管控与标准化生产（一县一品一策）的研究与实践

褚田芬 等 著

中国农业科学技术出版社

图书在版编目（CIP）数据

特色农产品全产业链质量安全管控与标准化生产（一县一品一策）的研究与实践 / 褚田芬等著. -- 北京：中国农业科学技术出版社，2023.12

ISBN 978-7-5116-6571-3

Ⅰ.①特… Ⅱ.①褚… Ⅲ.①特色农业—农产品—产业链—质量管理—安全管理—研究—中国②特色农业—农产品—产业链—生产管理—标准化—研究—中国 Ⅳ.①F724.72

中国国家版本馆CIP数据核字（2023）第236376号

责任编辑	王惟萍
责任校对	王　彦
责任印制	姜义伟　王思文

出 版 者	中国农业科学技术出版社
	北京市中关村南大街12号　邮编：100081
电　　话	（010）82106643（编辑室）　（010）82106624（发行部）
	（010）82109709（读者服务部）
网　　址	https://castp.caas.cn
经 销 者	各地新华书店
印 刷 者	北京科信印刷有限公司
开　　本	185 mm × 260 mm　1/16
印　　张	13.25
字　　数	288千字
版　　次	2023年12月第1版　2023年12月第1次印刷
定　　价	108.00元

——◆ 版权所有·侵权必究 ◆——

特色农产品全产业链质量安全管控与标准化生产（一县一品一策）的研究与实践

编委会

主　　任：杨　华

副主任：王　强　　褚田芬　　章强华　　张志恒

主　　著：褚田芬

副主著：杨桂玲　　赵学平　　孙彩霞　　郑蔚然　　戴　芬

参著人员（按姓氏笔画排序）：

于国光　　王　豆　　王　柳　　王彦华　　王夏君

王祥云　　王新全　　方　楠　　叶丽婷　　叶雪珠

吉小凤　　吕文涛　　朱加虹　　朱作艺　　刘　琳

刘真真　　齐沛沛　　安雪花　　苍　涛　　李　真

李　雪　　李　锐　　肖文丹　　肖英平　　吴声敢

何开雨　　汪　雯　　汪志威　　汪建妹　　张　玉

张昌朋　　陈旭献　　赵慧宇　　胡心意　　胡桂仙

序

FOREWORD

农产品全产业链质量安全管控与标准化生产是一个新兴和交叉的学科领域，影响因素众多，很多问题相互交织和相互影响，并随着区域自然条件和消费市场等方面的变化而不断地发展变化。特色农产品由于显著的地域特征和小众产品研究的不充分性，其质量安全问题的复杂性和不确定性更为突出。

浙江省农业土地面积和农业产业规模不大，但长期以来浙江人利用有限的农业资源产出了很多颇具地方特色的精致农产品。在现代农业规模化、产业化和标准化的发展进程中，这些特色农业产业也存在着诸多矛盾，如很多常规的产业化技术和装备不适用于这些特色产业，采用注册制管理的农业投入品没有在这些特色作物和动物上登记注册，前期针对这些特色农产品的质量安全监测评估和安全生产技术研究非常有限，很多问题尚不清晰。因此，开展特色农产品全产业链质量安全管控与标准化生产研究非常紧迫。

浙江省农业科学院农产品质量安全与营养研究所充分认识到开展特色农产品全产业链质量安全管控与标准化生产研究的重要性和紧迫性。在浙江省农业重大科研专项的支持下，从2015年开始组织相关技术单位启动了该项研究。实施过程中分阶段选择一些具有区域特色的农产品，基于特定的区域条件和产业现状，围绕全产业链质量安全问题，开展质量安全风险监测与评估，确定关键控制点；研究形成安全生产和质量安全管控策略，筛选具体的实用技术，并在实践验证的基础上形成一整套标准化技术，以技术标准、模式图和技术手册等形式呈现；再在主要产区建立示范基地，进行推广应用。这一特色农产品全产业链质量安全管控与标准化生产研究路径要求有整体的质量安全视野、坚实的科学基础、与实践的紧密联系和产出技术的高成熟度。

浙江省开展特色农产品全产业链质量安全管控与标准化生产研究已有近10个年头，研究团队对研究成果进行系统总结，著述成书，对于提高农产品质量安全的整体水平、进一步提升特色农产品全产业链质量安全管控与标准化生产研究水平、在更广的领域内发扬光大都具有重要意义。

我与浙江省农业科学院农产品质量安全与营养研究所的同行们一直有比较频繁的交流，也多次听过他们在特色农产品全产业链质量安全管控与标准化生产研究方面的进展。最近拜读书稿，使我对这项延续近10年的重大农业科研专项有了比较全面的认识。其研究思路的科学性、全产业链的完整性、涉及特色农产品的广泛性以及标准化技术成果在生产和监管中的实用性等方面都给我留下了深刻的印像。相信本书读者不仅能从中学到各种特色农产品安全生产和质量安全监管方面新的技术方法，也会吸取到类似系统性研究的新思路。

如前所述，特色农产品全产业链质量安全管控与标准化生产是一个复杂、学科交叉和变化的系统性问题，本书的总结虽然凝聚了数百人研究团队的十年辛劳和丰富成果，但仍然是阶段性的。希望研究团队在现有成果的基础上，进一步开拓创新，为我国农产品质量安全事业贡献更多更好的研究成果。

农产品质量安全学家　中国工程院院士

中国农业科学院油料作物研究所研究员　李培武

2023年10月

目 录
CONTENTS

第一章 绪 论 ··· 1
 一、研究背景 ·· 3
 二、专项实施概况 ·· 7
 三、专项实施后的成效、问题和建议 ··························· 14

第二章 农产品质量安全检测与风险评估研究 ············· 17
 一、农药残留检测、风险筛查与评估 ························· 19
 二、病原微生物风险筛查与评估 ································ 45
 三、收贮运环节"三剂"风险筛查与评估 ·················· 50
 四、产地重金属风险筛查与评估 ································ 55
 五、品质营养分析与评价 ··· 62

第三章 "一县一品一策"特色农产品标准体系构建 ··· 69
 一、特色农产品标准体系编制原则 ····························· 71
 二、特色农产品标准体系结构制定 ····························· 72
 三、农业团体标准的发展与作用 ································ 75
 四、浙江省特色农产品团体标准体系建设 ·················· 78
 五、绿色农产品绩效评价探索与应用 ························· 83
 六、特色农产品"一县一品一策"规范 ······················ 87

第四章 "一县一品一策"特色农产品品质研究与品牌建设 …… 91
　　一、开化清水鱼品质特征指标研究 …… 93
　　二、庆元香菇营养品质研究 …… 105
　　三、开化"钱江源"品牌建设研究 …… 112

第五章 主要特色农产品"一县一品一策"实践案例 …… 117
　　案例一　杨梅质量安全管控与标准化生产实践 …… 119
　　案例二　草莓全产业链质量安全风险管控的探索与实践 …… 126
　　案例三　余杭区鸬鸟蜜梨绿色标准化生产 …… 130
　　案例四　南湖水蜜桃"一县一品一策"的实践与思考 …… 137
　　案例五　嘉善黄桃安全用药及品质对比研究 …… 142
　　案例六　全程控技术助力遂昌猕猴桃提质增效 …… 148
　　案例七　构建全产业链标准综合体　助力黄岩茭白高质量发展 …… 153
　　案例八　茶叶标准化与绿色生产 …… 159
　　案例九　桐乡杭白菊风险管控关键技术 …… 167
　　案例十　铁皮石斛质量安全管控与标准化生产 …… 172
　　案例十一　磐安县浙贝母全产业链管控技术体系研究 …… 179
　　案例十二　中药渣饲喂对长兴湖羊质量安全与品质影响研究 …… 187
　　案例十三　建德鸡蛋质量安全管控与标准化生产的实践 …… 194

后记 …… 202

第一章

绪　论

特色农产品全产业链质量安全管控与标准化生产（一县一品一策）的研究与实践

一、研究背景

（一）浙江省农业生产

浙江省地处亚热带季风气候区，地形地貌多样、生态优良、四季分明、物产丰富。农业产业以粮油作物、畜禽产业为主，同时，又因其特殊的气候条件及活跃的经济基础，农业生产中有较多的果、蔬、食用菌、中草药、花卉、水产品等特色农产品，种类多且产值高。浙江省统计年鉴数据（表1-1）显示，2012—2022年浙江省粮食面积曾有回落，但现在正在逐步上升，11年间平均为99.61万hm²，占浙江省主要农作物总面积的48.7%；油菜面积11年间平均为12.26万hm²，占浙江省主要农作物总面积的6.0%；蔬菜面积11年间平均为63.85万hm²，占浙江省主要农作物总面积的31.2%；花卉苗木面积11年间平均为14.79万hm²，占浙江省主要农作物总面积的7.2%；中药材面积11年间平均为4.35万hm²，占浙江省主要农作物总面积的2.1%；果用瓜面积11年间平均为9.73万hm²，占浙江省主要农作物总面积的4.8%；肉类总产量11年间平均为123.9万t，水产品总产量11年间平均为593.6万t。

表1-1　2012—2022年浙江省农业产业情况

年份	粮食面积（万hm²）	油菜面积（万hm²）	蔬菜面积（万hm²）	花卉苗木面积（万hm²）	中药材面积（万hm²）	果用瓜面积（万hm²）	肉类总产量（万t）	水产品总产量（万t）
2012	104.3	16.6	62.3	12.6	3.1	10.1	181	540
2013	101.7	16.0	61.9	13.1	3.2	10.1	174	551
2014	100.6	12.6	60.6	14.0	3.7	9.6	156	575
2015	99.0	12.2	61.8	14.5	3.9	10.0	130	602
2016	95.1	9.9	63.3	16.0	4.3	10.2	118	584
2017	97.7	9.6	64.4	16.1	4.9	10.2	104	594
2018	97.6	10.5	63.9	15.8	5.0	10.0	105	596
2019	97.7	11.7	64.6	16.2	5.3	9.9	94	600
2020	99.3	11.4	66.0		5.0	9.7	90	615
2021	100.7	12.0	66.4		4.7	8.8	103	626
2022	102.0	12.4	67.1		4.7	8.4	108	646
平均	99.61	12.26	63.85	14.79	4.35	9.73	123.9	593.6

注：数字信息来自2012—2022年浙江省统计年鉴。

浙江省特色经济作物产值高。据浙江省农业农村厅2021年统计全省特色经济作物的产值超1 000亿元，约占种植业总产值的80%。其中蔬菜产值594.70亿元、中药材产值73.87亿元、茶叶产值186.71亿元、水果产值280.25亿元、食用菌产值41.68亿元。

（二）"十二五"期间浙江省效益农业发展的特点

1949年以后，浙江农业先后历经温饱农业、"一优两高"农业、效益农业、高效生态农业、现代农业等发展阶段。"九五"时期，浙江农业进入了效益农业发展阶段，发展"一优两高"农业和效益农业，调整产业结构，优化区域布局，拓展生产领域，建设农业现代化示范区，扶持农业龙头企业，开展农业产业化经营，加速传统农业向现代农业转变；"十五"时期，发展高效生态农业，提高城郊农业、外向型农业、设施农业和生态农业比重，促进可持续发展；"十一五"时期，不断调整优化农业产业结构和布局，调整粮食种植面积，提增高效经济作物和畜牧业生产比重，大力推进农业科技进步、加快培育新型市场主体、强化农业生态环境保护、加强农产品质量和安全体系建设。发展到"十二五"时期，开展构建了现代农业产业体系、建设粮食生产功能区和现代农业园区、着力提高科技支撑力、提升壮大农业经营主体、积极培育现代种业、大力推进农业标准化、大力发展生态循环农业、加快改善农业物资装备、完善农业监督管理体系、完善农业社会化服务体系。"十二五"时期的农业产业发展主要有以下几个方面的成效和特点。

1. 效益农业发展迅速

浙江"七山一水两分田"的特殊省情，注定农业发展既离不开粮食生产，也离不开"效益"二字。"十二五"期间，浙江省开展了"粮食功能区"和"现代农业园区"建设，并不断应用新技术，如运用水肥一体化高效农业模式，减肥减药的绿色生产技术，积极开展传统农作模式创新，种养结合、粮经结合、水产混养套养等，让农民实现了"千斤粮、万元钱"的亩①产效益，既保障了全省的粮食产能，又能增加农民收入。浙江省山区依靠绿水青山的生态优势，在发展现代农业中呈现后来居上之势。立足山区特点，发展高山蔬菜等山区特色产业，在高海拔的山区种植四季豆、松花菜、番茄等。

2. 生态农业建设和农村环境整治取得良好成效

自2002年开始，浙江省开始建设绿色浙江，深入落实"绿水青山就是金山银山"，开展"千村示范、万村整治"工程，对钱塘江源头地区的10个市县实行省级财政补偿试点；持续开展"四边三化"行动；开展治污水、防洪水、排涝水、保供水、抓节水等五水共治，以农村生活污水治理为突破口，不断拓展村庄环境整治和美丽乡村建设，开展农业生产的"两减"（减肥减药）行动，农业生态文明建设和环境整治取得良好的成效，农村呈现良好面貌。仅2015年，全年开展农村生活污水治理村4 173个，受

---

① 1亩≈667 m²。

益农户115万户；开展农村垃圾减量化、资源化处理试点村230个。86%建制村实现生活垃圾集中收集有效处理；开展垃圾减量化资源化无害化处理村4 500个，占建制村总数的16%。建设历史文化村落保护利用重点村131个，保护利用一般村653个；创建省级美丽乡村示范县6个、示范乡镇100个、特色精品村300个。"千万农民素质提升工程"培训32.2万人。

3. 规模农业得到快速发展

"十二五"时期，浙江省大力扶持农民专业合作社和家庭农场，发展适度规模经营，建设全国现代生态循环农业试点省，创建国家农产品质量安全示范省，一批批农民专业合作社和家庭农场等新型农业经营主体在浙江发展起来，小的几十亩，大的几百亩，这些农场或自己树品牌，或抱团闯市场，发展适度规模经营，特色精品农业崭露头角。至2015年底，全省有农业产业化组织5.5万家、农业龙头企业7 600多家，销售收入3 500多亿元。全年新增土地流转面积50万亩，土地流转总量1 005万亩，占承包耕地面积比重53.0%。

（三）"十二五"时期农产品质量安全面临的形势与任务、采取的措施和存在问题

1. "十二五"期间面临的形势与任务

农产品质量安全是社会关注的民生问题，不合格农产品不仅严重危害消费者的身心健康，而且给产业发展造成重大经济损失。进入21世纪后，农产品质量安全问题的关注度进一步提升，各级领导高度重视农产品质量安全工作，习近平总书记在2013年中央农村工作会议上强调指出：能不能在食品安全上给老百姓一个满意的交代，是对我们执政能力的重大考验。食品安全源头在农产品，基础在农业，必须正本清源，首先把农产品质量抓好。要用最严谨的标准、最严格的监管、最严厉的处罚、最严肃的问责，确保广大人民群众"舌尖上的安全"。2013年5月，中央政治局第23次集体学习时，习近平总书记提出食品安全党政同责的政治责任，并将农产品质量安全列为仅次于社会治安综合治理之后的我国五大国家公共安全之第二位，强调用"四个最严"要求，更大力度抓好农产品质量安全，严把从农田到餐桌的每一道防线，让人民群众吃得安全放心。中央一号文件连续多年把农产品质量安全放在重要位置，强调抓好农产品质量和食品安全，要求"严格农业投入品管理，大力推进农业标准化生产"。国务院办公厅专门下发了《关于加强农产品质量安全监管工作的通知》（国办发〔2013〕106号），浙江省人民政府办公厅下发《关于加强农产品质量建设加快打造绿色农业强省的意见》（浙政办发〔2014〕112号），对农产品质量安全工作做出了部署。2013年开始全省启动农产品质量安全放心示范县创建工作，2015年经农业部批准，浙江省启动首个国家农产品质

量安全示范省建设，提出了"一保二创三高于"："一保"指确保人民群众"舌尖上的安全"；"二创"指国家级农产品质量安全县、省级农产品质量安全县；"三高于"指农产品质量抽检合格率、群众满意度、农产品"三品"（无公害农产品、绿色食品、有机农产品）认证率分别高于全国平均水平1个、5个、10个百分点的目标。

2. "十二五"期间采取的措施

浙江省重视农业标准化工作，浙江省人民政府发布了《关于进一步加强农业标准化工作的若干意见》（浙政办发〔2011〕12号）、《关于加强农产品质量建设加快打造绿色农业强省的意见》（浙政办发〔2014〕112号）、《关于加强食品安全工作的实施意见》（浙政办发〔2013〕28号），持续加大对农产品质量安全的监管，推进农业标准化，并把农产品质量安全的内容纳入全省生态文明建设；着力推进责任落实、标准生产、执法监管以及能力建设，农产品质量安全问题得到有效的管控，没有发生重大农产品质量安全事件，全省农产品质量安全合格率稳定保持在较高水平，得到农业部、浙江省委省政府的高度重视和充分肯定，农业部批复浙江省为全国首个整建制创建国家农产品质量安全示范省。浙江省在启动农产品质量安全示范省创建过程中，探索农产品质量安全监管的新模式，推进农产品质量安全追溯体系和农资监管与服务信息化建设，2万多家规模主体纳入省追溯平台主体信息库管理。同时，进一步完善农业地方标准体系，形成了"一个产业标准、一张模式图、一套讲解光盘、一本操作手册、一个示范园"的农业标准化推广模式。以农产品质量安全为重点的农产品"三品一标"（无公害农产品、绿色食品、有机农产品、农产品地理标志）在浙江得到很好的开展，截至2015年，全省有效期内"三品"总数7 395个，其中无公害农产品5 237个、绿色食品1 406个、有机农产品752个，累计建设"三品"基地1 662.87万亩。

3. "十二五"期间存在的问题

（1）用药安全问题。在农产品质量安全总体向好可控的情况下，生产、流通上还存在一些问题，其中小而特的特色农产品"无药可用"的隐患不容忽视。浙江省地处中国东南沿海，气候温暖、光照充足、雨水充沛，既适宜农作物生长，又适宜病虫发生。据调查（表1-2），浙江省草莓常发性病虫害有20余种、杨梅主要病虫害10余种，而生产上往往无登记农药可用，乱用药现象比较突出，多种农药混合使用和农药多残留情况突出，严重危及食用安全。据调查，当时在杨梅生产上常用药剂有甲基硫菌灵、多菌灵等20多种农药，但登记农药仅5种，远不能满足杨梅生产中病虫防治需要。同样，草莓上登记农药有14种，但生产上常用的农药有60余种，且腐霉利、烯啶虫胺等农药均未获得登记，农药多残留检出率高达60%左右。此外，"浙八味"（杭白菊、浙贝母、白术、白芍、延胡索、玄参、浙麦冬、温郁金）等中药材上登记的农药品种更少，"药中药"问题已成为阻碍中药材产业发展的重要障碍。解决特色农产品安全用药，从生产源头保障农产品安全已刻不容缓。

表1-2 合法登记用药与实际生产用药的矛盾（2015年）

农产品	生产上的用药需求与登记情况
浙贝母	生产常用农药50余种，登记农药无
铁皮石斛	生产常用农药30余种，登记农药1种
杭白菊	主要病虫害近20种，生产常用农药近60种，登记农药2种
杨梅	主要病虫害10余种，生产常用农药20余种，登记农药5种
茭白	常发性病虫害5种，生产常用农药30余种，登记农药5种
草莓	常发性病虫害20余种，生产常用农药60余种，登记农药14种
葡萄	常用杀虫剂10余种，登记杀虫剂1种
蜂产品	常发性蜂病10余种，常用杀螨剂和杀菌剂30余种，登记杀螨剂3种

（2）亟须开展农产品质量安全风险评估。特色农产品质量安全还存在隐患底数不清、风险不明的情况，亟须对影响农产品质量安全的各个环节，即生产、收、贮、运等环节危害因子开展风险评估，对可能影响农产品质量安全的已知或潜在危害（化学的、物理的、生物的）进行风险筛查和分析评价。

除了通过风险评估探明产品风险隐患，还需加强风险评估成果转化，形成看得见、能落地、有影响的成果。"十二五"期间浙江省特色农产品缺乏"精准施策，科学监管"的技术集成，缺乏生产方式、指导服务、管理制度等方面的创新。因此，亟须立足全产业链思维，结合风险评估结果和生产实际，研究特色农产品质量安全风险管控技术，集省内外农业科技和农产品质量安全营养品质技术力量，针对特色农产品产前、产中、产后特性，探索风险管控技术模式，做到因品施策、有的放矢、抓住关键控制点，并提出相应的监管对策与建议。

（3）农业生产标准化工作比较滞后。由于特色农产品面积不大，种类又多，针对特色农产品生产技术的研究较少，农产品标准化更少。浙江农业标准化是从2013年开始，虽然当时浙江省已经对加强农业标准化提出了要求，但无论是农业农村主管部门还是农业生产主体对农业标准化的意识和重视程度还远远不够。农业标准化的覆盖面还不够，标准化程度还远远不够；针对安全生产如何解决农药登记不够问题的办法和措施欠缺，标准制定和标准化成为一个快速解决瓶颈问题的有力措施。

二、专项实施概况

浙江省对农产品质量安全与农业产业发展极为重视，2015年，浙江省财政厅、农业厅组织率先在风险易发和消费者关注度高的草莓、杨梅上组织开展安全风险管控技术研究与应用，2016年浙江省财政厅、农业厅联合设立了财政专项《浙江省特色农产品全产业链安全风险管控（"一品一策"）行动方案》（浙农质发〔2016〕11号）。2019年，该项目与原有的"农业标准化示范县建设"项目合并，强化农业标准化实施。2021年全面提升深化为浙江省农业标准化基地建设安全风险管控（"一县一品一策"）项目（简称"一县一品一策"）。"一县一品一策"是指在一个区域内农产品（不限于一种农产品），根据风险评估的结果，通过对产品制定一套标准，编写一本质量管控手册、编制一张生产模式图、建立一批特色农产品安全试验示范基地的模式，在浙江省示范推广。在该系列项目实施过程中，浙江省农业科学院作为技术支撑单位，各县（市、区）农业农村主管部门为项目实施单位。按照"科学研究—成果转化—应用推广"的产研联合发展思路，积极推进风险评估、检测技术、标准化技术等农产品质量安全技术的应用。

（一）主要工作原则

（1）针对性原则。把浙江省主要特色经济作物作为研究对象，主要是草莓、杨梅、"浙八味"、蜂蜜、茭白等"十二五"时期确定的浙江十大特色产业，并建立示范基地，开展技术推广，并在推广中寻求与技术研究相结合。加强技术集成和培训，农业标准化，加快各类平台应用示范和技术推广。

（2）集成式原则。按照"一个区域一个产品一套策略"的思路，按照科学研究、试验基地示范到标准化生产技术集成的路径，探索从生产源头出发建立农产品质量安全全程管控的技术和方法。

（3）科学依据原则。以风险排查与评估作为基础，摸清农产品生产与产后（主要包括生产、采摘、贮运）的各个过程，全方位摸清风险来源，并通过风险评估技术进行安全性评价，为农药登记建议提供依据。

（4）高起点原则。以农产品质量安全和品质调控为主要内容，开展国内外标准比对，制定农产品标准，积极开展污染机制和污染规律研究，集成和研发管控技术，推荐正反面的用药清单。

（5）清单式原则。提出解决风险因子的技术和用药清单，并充分利用现代农业发展的各类平台，使风险管控与产品品牌提升相结合，最终提升产品安全、品质和效益。与现代农业的规范化、标准化建设相结合，提升农产品标准化生产水平，提高农产品出口贸易的竞争力，提升现代农业发展水平。

（二）技术路线和主要研究内容

1. "一县一品一策"的技术路线（图1-1）

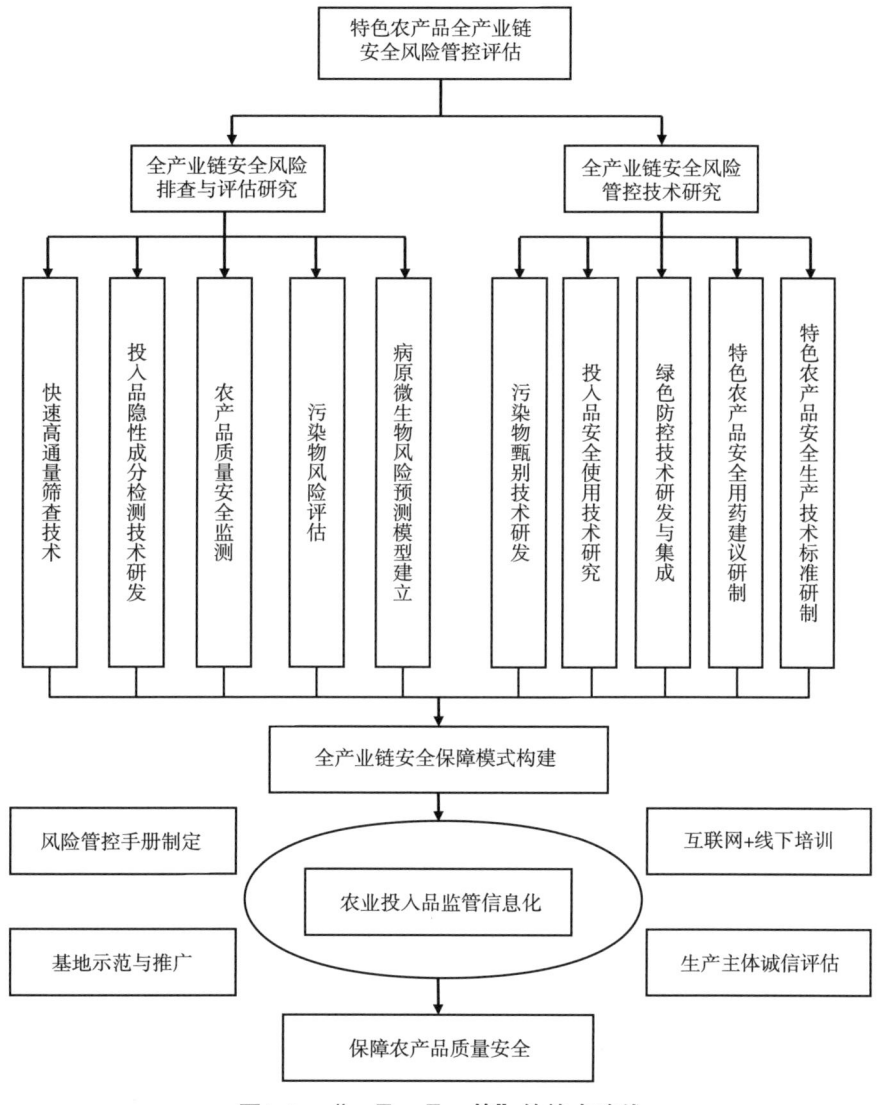

图1-1　"一县一品一策"的技术路线

2. 主要研究内容

（1）全产业链安全风险排查与评估研究。研究建立叶面肥和农兽药中隐性成分快速高通量筛查技术，开展肥料中重金属、叶面肥和农兽药中隐性成分监测，明确上述危害因子的来源和污染程度，并进行危害因子风险评估，为农产品质量安全监管提供技术支持。调查研究草莓、杨梅、"浙八味"、畜禽、水产等特色农产品生产中主要病虫害的发生与化学防治情况、存在问题。针对草莓、杨梅、"浙八味"、畜禽、水产等特色农产品生产中的常用农兽药，跟踪、收集和整理国内外农兽药登记情况、残留限量和居民膳食调查数据等，综合评价常用农兽药使用的安全性，并提出农兽药登记建议名单。综合评估近3年草莓、杨梅、"浙八味"、畜禽、水产等特色农产品的质量安全监测结果，分析排查种植、养殖、采摘、贮运等环节质量安全的风险隐患，并对已发现的隐患进行验证。通过现场调研和取样分析，明确草莓、杨梅、"浙八味"、畜禽、水产等特色农产品收贮运环节潜在的风险隐患，包括自然产生的病原微生物、人为添加抗生素及"三剂"（添加剂、保鲜剂、防腐剂），重点开展杨梅、草莓的病原微生物和"浙八味"二氧化硫残留、畜禽中抗生素使用等的风险评估，提出管控措施。同时，开展"浙八味"产地环境与产品中重金属含量之间的相关性研究，明确"浙八味"中重金属主要来源、污染程度及蓄积规律，并进行风险评估，提出管控措施。

（2）全产业链安全风险管控技术研究。针对农产品种植、养殖过程中超范围超剂量使用化学投入品、违法使用禁限用药物和非法添加物、农兽药残留超标等突出问题，加强农产品质量安全隐患排查。围绕影响农产品质量安全的主要风险因子以及关键控制点，立足农产品质量提升，在跟踪检测和风险分析基础上开展种植业农产品主要病虫防治药剂筛选、常用药剂抗性监测与配套绿色防控技术。结合毒理学数据，开展单因子和多残留联合膳食暴露和生态环境风险评估，明确不同农药对人体和生态的风险程度，筛选出高效低毒低风险农药品种，制定用药的正面和负责清单，提出农药安全使用规范。

（3）农业标准与标准化技术。项目开始时，对于通过风险评估方法确定安全生产的化学投入品使用，运用了"标准化+"模式，在开展隐患排查的基础上，运用标准进行了技术集成和安全用药的使用准则确定。随着项目研究的不断深入和生产实际的需求，开展了标准体系的顶层设计，开展标准综合体研究和综合标准化，根据农业产业链不断延伸和新业态的出现，开展了全产业链标准化示范基地建设。与此同时，大力加强农业标准化，开展技术培训，印发模式图、明白纸、口袋书等，方便农业主体落实相关的技术措施与安全生产技术。

（4）全产业链安全风险管控技术集成与示范推广。借鉴危险分析与关键控制点（HACCP）原理和良好农业规范（GAP）、良好生产规范（GMP）模式，针对以上特色农产品全产业链，分析每个环节潜在的质量安全风险，明确关键控制点及其控制技术，提出特色农产品全产业链安全管控技术对策，建立特色农产品全产业链安全管控技术体系，编制安全管控技术手册并开发安全管控技术软件。组织合作社等生产主体开展特色农产品全产业链安全管控技术培训，建立培训档案，开展生产主体诚信评估管理。规范农业投入品监管信息化建设，严格管控禁用农药、不建议使用农药的使用，加强源头监管。在57个县（市、区）对32种特色农产品，系统排查出各类风险隐患点120余个，筛选出79种推荐药剂，推荐小品种农药登记30余种；研发出管控技术20余项，发布各类标准70余项，研制全产业链管控手册13册，形成产品标准化生产模式图20余份、安全用药指南等各类技术资料13套。创建标准化生产基地347个，示范面积5万多亩，辐射推广面积达到40多万亩，示范基地内农产品质量安全合格率达到100%，精品率达到80%以上，农民平均增收15%以上。

（三）历年项目实施情况

2015年以来，在浙江省农业农村厅统一组织下，结合浙江省农业科学院的技术优势和各地农业产业发展需要，在全省57个主产县（市、区）实施草莓、杨梅、鸡蛋、铁皮石斛、浙贝母等12种特色农产品风险管控"一县一品一策"标准化行动，建设示范基地148个。2020年将该项工作进一步深化，提升为"农业标准化示范县创建"（"一县一品一策"）行动，23个县（市、区）的19种产品列入创建名单（表1-3）。

表1-3　2015年以来"一县一品一策"统计

地区	产业	年份	地区	产业	年份
杭州	桐庐蜂产品	2016—2018	湖州	长兴葡萄	2018—2019
	临平莲藕	2022—2023		长兴湖羊	2020—2021
	建德草莓	2016—2019		长兴河蟹	2022—2023
	建德鸡蛋	2018、2022		德清茭白	2018—2019
	余杭蜜梨	2020—2021		德清茶叶	2020—2021
	余杭茭白	2017—2018		安吉茶叶	2018
	淳安杭白菊	2017		安吉鸡蛋	2019
	淳安番薯	2022—2023		安吉竹林鸡	2022—2023
	杭州市本级草莓	2017—2018		吴兴黄桃	2020—2021
	临安鸡蛋	2017—2018		吴兴太湖蟹	2022—2023
	临安铁皮石斛	2019		南浔葡萄	2022—2023
	萧山葡萄	2017—2018	嘉兴	嘉善草莓	2016—2018
	富阳葡萄	2020—2021		嘉善黄桃	2020—2021
宁波	宁海枇杷	2020—2021		桐乡杭白菊	2017—2019
温州	乐清铁皮石斛	2016—2018		桐乡茭白	2017—2018
	乐清杨梅	2017、2020—2021		桐乡猕猴桃	2018
	瑞安杨梅	2017		海宁鸡蛋	2017—2018
	瑞安花菜	2020—2021		海宁梨	2020—2021
	苍南杨梅	2018		海盐葡萄	2017—2019
	文成杨梅	2019—2021		平湖芦笋	2020—2021
	龙湾杨梅	2022—2023		平湖西瓜	2022—2023
湖州	长兴草莓	2017—2019		南湖水蜜桃	2020—2021

（续表）

地区	产业	年份	地区	产业	年份
嘉兴	秀洲莲藕	2022—2023	绍兴	诸暨草莓	2016—2019
金华	金东草莓	2016		诸暨猕猴桃	2018
	金东无花果	2022—2023		上虞葡萄	2017—2018
	兰溪杨梅	2016—2019、2022—2023		上虞猕猴桃	2018、2020—2021
	兰溪枇杷	2020—2021		新昌茭白	2019
	武义铁皮石斛	2015—2019	衢州	江山蜂产品	2016、2018
	磐安铁皮石斛	2015—2019		江山猕猴桃	2018、2022—2023
	磐安浙贝母	2016—2019		江山鸡蛋	2019—2021
	磐安茶叶	2020—2021		柯城猕猴桃	2018
	磐安猕猴桃	2022—2023		柯城铁皮石斛	2018
	磐安茭白	2017—2018		衢江茭白	2018、2022—2023
	东阳浙贝母	2016—2019		常山胡柚	2020—2021
	婺城茭白	2017—2018		开化清水鱼	2022—2023
	婺城鸡蛋	2017	丽水	丽水市本级蜂产品	2016—2017
	浦江葡萄	2017—2019		遂昌蜂产品	2016
台州	临海杨梅	2016—2019		遂昌猕猴桃	2020—2021
	临海草莓	2017—2018		青田杨梅	2016—2019
	天台铁皮石斛	2016—2018		景宁茭白	2017—2018
	天台黄茶	2020—2021		莲都铁皮石斛	2018
	天台黄精	2022—2023		莲都鸡蛋	2018—2019
	黄岩杨梅	2016—2018		莲都枇杷	2020—2021
	黄岩草莓	2017—2018		缙云浙贝母	2018—2019
	黄岩茭白	2017—2018、2022—2023		缙云茭白	2019
	黄岩柑橘	2020—2021		缙云芥菜	2022—2023
	温岭葡萄	2017—2018		松阳茶叶	2018
	仙居鸡蛋	2017		松阳香菇	2022—2023
	仙居杨梅	2018、2020—2021		庆元甜桔柚	2020—2021
	路桥西瓜	2022—2023		庆元香菇	2022—2023

2015—2023年，针对草莓、杨梅、铁皮石斛、蜂蜜、浙贝母、鸡蛋、杭白菊、葡萄、茭白、猕猴桃、茶叶、柑橘、湖羊、胡柚、花菜、黄桃、蜜梨、芦笋、枇杷、水蜜桃、甜桔柚[①]、莲藕、番薯、河蟹、禽肉、竹林鸡、西瓜、无花果、黄精、清水鱼、香菇、芥菜等32个特色农产品开展全产业链质量安全管控与标准化示范（表1-4）。

---

① 本书中甜桔柚特指庆元甜桔柚，庆元甜桔柚于2019年入选全国地理标志农产品名录。

表1-4 "一县一品一策"主要农产品

产品类别	产品种类
水果	草莓、甜桔柚、枇杷、西瓜、杨梅、水蜜桃、黄桃、无花果、葡萄、猕猴桃、蜜梨、柑橘、胡柚等
蔬菜	芦笋、花菜、茭白、香菇、芥菜、莲藕等
中药材	杭白菊、铁皮石斛、浙贝母、黄精等
畜禽产品	鸡蛋、湖羊、竹林鸡、禽肉等
水产品	清水鱼、河蟹等
薯类	番薯
蜂产品	蜂蜜
茶	茶叶

（四）"一县一品一策"实施的意义

以农产品质量安全为重点，推进农产品标准化项目的设立与开展对于当时农业产业发展和农产品质量安全有着重要意义。从农产品生产源头控制农产品质量安全对农业产业的健康发展和品牌建设十分重要和必要；农业产业规模化发展给农产品质量安全标准化和规范化生产推进提供了可能，同时提高生产主体的农产品安全生产能力和水平也给项目开展提出了要求和需求；浙江现代农业产业发展也给农业标准化生产提出了要求。该项目实施的主要意义如下。

（1）全产业链质量安全风险管控是保障农产品源头安全的重要举措。农产品生产周期长、环节多，影响安全的因素错综复杂，探索建立全产业链的安全管控评估是保障农产品安全的有效措施。从当时的情况看，全产业链开展安全管控评估的工作较少，且缺乏必要的技术支撑，在监管层面也缺乏全产业链管控措施。因此，针对浙江特色农产品生产过程中出现的用药问题，通过试验、筛选、检测、评价、控制、集成等工作，明确质量安全控制的关键环节，为小宗作物的农药登记提供依据，为产业安全管控提供了可能。同时，借鉴国外HACCP体系，构建基于全产业链危害农产品质量的关键控制点及控制措施，实现农产品质量安全全过程控制，以达到控制农产品质量安全的目的，有利于推动农产品质量安全管理由末端控制向风险控制转变、由经验主导向科学主导转变、由感性决策向理性决策转变。

（2）科学有效管控特色农产品质量安全风险，提升特色农产品质量安全水平，走出了一条扎实有效的生产源头管控农产品质量安全之路，对农产品质量安全具有基础和关键的意义。"一县一品一策"项目是产研结合，以应用国际通用的农产品质量安全风险评估技术为基础，在深入调研和检测的基础上，对特色农产品生产上乱用药和存在的用药隐患开展农产品质量安全风险评估，开展这些作物生长过程中主要病虫害防治药剂与防控技术以及有关农药对农产品质量安全的影响研究，开展农药残留动态、检测方法、风险治理等研究，获得相关农产品质量安全使用数据，并针对不同产业集成了各特色农产品全产业链安全管控技术，并以农业标准的形式加以规范，所有的工作都是在科学研究和科技成果应用的基础上展开，具有扎实良好的基础和科学依据。

（3）优化完善特色农产品标准化生产及全程管控流程，大力推进农产品标准化，促使浙江农业走上规范化道路。"一县一品一策"项目中重要的一环是农业标准与标准化，开展特色农产品生产过程中常用农药的国内外残留限量标准比对，并通过有关试验研究和调查研究，高起点制定了以农产品质量安全为重点的农产品生产技术规范和农业标准（团体标准），并编撰技术管控手册，开发质量安全风险管控系统，建立示范基地，开展实地培训和技术指导，促进农业标准化，提升农业产业发展水平。既解决农民在小宗作物农药使用上的无政策可依，无药可用和乱用药的问题，又带动农民强化农业标准化意识，使浙江省农业走上标准化生产道路。

（4）实现农产品绿色高效，是质量兴农绿色兴农的一个有力措施，促进浙江农业更进一步走上品牌农业之路。通过"一县一品一策"项目实施，提出了杨梅、草莓、食用菌、"浙八味"、鸡蛋等畜禽等农产品生产农兽药正面清单及使用建议，有效地获得绿色安全农产品，同时更进一步开展名特优新农产品评价鉴定、品质调控，提升农产品品质，这为生产出来的农产品增加了质量安全和标准化的内容和内涵，在扩大其安全产品的影响力同时，增强了农产品的市场竞争力。如通过草莓安全风险管控技术"一县一品一策"实施后，基地草莓安全水平提高到99.6%，草莓产量增加了6.4%，草莓种植户的经济效益增长6%~12%，草莓经销商、农资经销商的品牌影响力和销售口碑显著增强；同时，通过项目实施，带动和提升区域和产业主体的质量安全和农业标准化意识和能力，也为农业可持续发展打下了基础。

（5）服务于浙江省26个欠发达县提升农业产业发展水平，为全省实现脱贫致富奔小康作出了贡献。浙江省特色经济作物产值超1 000亿元，约占种植业总产值的80%，特色农产品也是浙江省26个欠发达县的传统产业和主导产业，是农民增收的支柱产业之一。从2015年开展的"一县一品一策"项目，截至2023年，已在57个县（市、区）实施，对于山区发展高效生态农业，打造生态循环农业先行区和绿色农产品主产区起着积极的支撑作用；开展特色农产品质量安全管控评估与示范推广成为有效解决特色农产品安全生产标准化的重要内容，成为26县绿色农业建设的重点工作，是科技扶贫和产业扶贫的重要内容。

三、专项实施后的成效、问题和建议

（一）专项实施后的成效

2015—2023年，浙江省农业科学院农产品质量安全与营养研究所持续承担由浙江省农业农村厅、浙江省财政厅联合发文下达的省农业重大专项"一县一品一策"，该专项

主要针对浙江省特色农产品，存在着监管手段少、生产中无好药可用、滥用药和乱用药导致多残留检出率高的现象，项目团队通过风险排查找出主要隐患、经过风险评估制定用药指南、采取技术集成创新提出管控技术，并通过建立一批试验示范基地进行示范推广。创建精准施策的"一县一品一策"标准化模式：一个特色农产品+一套管控策略+一批示范基地。2021—2023年专项深化发展更名为"一县一品一策"，围绕县域内特色农产品标准化生产开展精准施策。经过9年的实践和探索，解决了浙江省特色小宗作物用药难的现象，形成了适用于浙江省地方特色主导产业高质量发展的浙江模式。主要成效如下。

（1）制定团体标准，科学规范用药。以浙江省农产品质量安全学会团体标准的形式，发布如杨梅、草莓、铁皮石斛、浙贝母等特色小宗作物的用药建议和指南，并报省部级农业农村主管部门备案，临时用药措施的做法已被《农药登记管理办法》（农业部令2017年第3号）认可。

（2）推动标准绩效评价，生态经济和社会效益显著。根据2018年绩效评价结果显示，示范区内农产品的品质和价格得到了市场认可，草莓、杨梅、茭白等产品的效益平均增加10%左右，葡萄、杭白菊、铁皮石斛等产品的效益平均增加15%以上。经过生态环境影响的风险评估，使用推荐低风险农药取代盲目乱用药，示范基地草莓安全水平提高，农药检出率、残留量、检出数整体下降。

（3）形成主推技术，获得多项成果。2017年5月24日农业部陈晓华副部长批示："一品一策"办法好，请监管局支持总结，要推动科学监管、精准监管。2018年7月10日农业农村部党组成员宋建朝批示：提高农产品质量要提倡精细化管理，浙江做法值得推广。杨梅"一网三防"绿色生产技术成为省部级农业农村主推技术。"大棚草莓优质清洁栽培技术"入选省农业农村厅农业主推技术，"浙江主要特色农产品安全控制关键技术研究与应用"获得农业农村部2016—2018年度全国农牧渔业丰收奖一等奖，"三种鲜食水果农药残留风险监测评估及关键控制技术"获神农中华农业科技奖三等奖，"浙江主要特色农产品安全监控关键技术及应用"获浙江省科技进步奖三等奖。

成果核心技术被纳入了浙江省委办公厅、省政府办公厅《关于再创体制机制新优势高水平推进农业绿色发展的意见》、农业农村部等7个部（委、局）关于印发《国家质量兴农战略规划（2018—2022）的通知》等重要文件，促进了该成果在全国范围内农产品安全标准化生产应用，切实保障农产品质量安全，促进产业转型升级。

（4）建立并培育了一批标准化示范基地。如2021—2022年，在34个主产县（市、区）建立了12种特色产品的示范基地134个，举办培训场次72场、现场示范会3场，培训4 573余人次，发放相关培训技术资料3 593余份。

（二）专项实施后还存在的问题

经过连续9年项目实施，浙江省特色小宗作物的安全性得到很大提升，标准化在规模主体中基本覆盖，但由于浙江省农业生产中，小而散的农业生产者依然占据生产中的大多数，标准技术成果在转化推广过程中，还存在着不足的地方，主要表现如下。

（1）标准化从规模主体向小农户推进力度不够。随着政府对标准的重视程度加强，规模主体的标准意识初具，部分领跑企业已经主动制标。但标准的宣贯和转化推广需要进一步加强，小农户对标准的认知程度依然偏低。

（2）品质提升研究不深入。从2019年开始，专项已将探索发展特色农产品的品质指标作为一项重要任务，为解决农产品"优质优价"的量化开展了实践探索，开展了植物生长调节剂对杨梅品质影响，不同养殖方式鸡蛋营养成分的调查研究，铁皮石斛等中药材产品有效成分的调查。但还需加强开展地域特色产品优良品质指标的管控技术研究，发掘优质农产品的良好品质资源。

（3）项目品牌打造建设结合不够。近9年的项目实施，"一县一品一策"已经成为浙江省标准化生产的标杆，但"一县一品一策"成为浙江省标准化生产的品牌形象还不够。目前的项目还止步于示范县域的产品安全性，品牌和优质化还有待加强。

（三）下一步工作建议

随着农业生产"三品一标"的推进，标准化生产是实现农业生产"三品一标"的根本途径。为此，提出新时期"一县一品一策"标准化的工作建议。

（1）开展抗营养因子的研究工作。随着农产品质量安全水平的逐步提高，农产品的营养健康已成为消费者追求的目标，在农产品质量安全隐患排查、风险评估的基础上，加强抗营养因子的形成机制研究，加强产中的调控研究，给百姓提供"一县一品一策"的好产品。

（2）加强农业全产业链标准化工作。以推进农业供给侧结构性改革为目标，聚焦从增产向提质导向转变的新要求，以良种繁育、生产技术提高、动植物疫病防控、农产品贮藏流通、农产品品牌打造、高标准农田建设、农业机械化等为重点，开展以农产品品种类为主线的全产业链标准研制工作。结合地方优势产业和特色产业，加强标准集成应用，集中资源、合力加强农产品标准化示范县创建和农业标准化推广应用项目建设。继续开展综合标准化的研究和应用，持续推进农业标准落地和农业标准化。

（3）开展农产品品质提升与数据库建立。与绿色食品、农产品地理标志有机结合，开展地域特色产品优良品质指标的管控技术研究，挖掘优质农产品的良好品质资源，并与质量安全管理有机结合。建立安全指标、品质指标、分等分级指标、营养指标等数据库，可为浙江省的农产品优质优价提供科学依据。

（4）打造"一县一品一策"农业生产品牌形象。树立"一县一品一策"的农业生产品牌形象，加大对生产过程全产业链标准化的支持力度，强化生产基地的标准化能力，加强"一县一品一策"农业生产品牌的标签标识，引导和提升消费者的消费信心。

第二章

农产品质量安全检测与风险评估研究

特色农产品全产业链质量安全管控与标准化生产（一县一品一策）的研究与实践

"一县一品一策"项目实施的主要科技支撑是农产品质量安全风险筛查与评估。风险是指某种事件发生的可能性和后果的组合,由两个因素组合而成,即危害发生的可能性(危害的概率)和危害事件产生的后果。1995年国际食品法典委员会(CAC)对风险评估的定义:对人体暴露于食源性危害而产生的损害人体健康的已知或潜在作用的发生可能性及其严重程度的科学评估。从此,风险评估逐渐成为农产品安全领域的研究热点之一。"一县一品一策"的专项立足特色农产品全产业链,从产前、产中、产后环节入手,排查农业投入品、病虫害发生与农兽药使用、病原微生物和"三剂"使用等潜在风险隐患,做到横向全面、纵向透彻,查明草莓、葡萄等特色农产品风险隐患点。组织开展草莓、杨梅等特色农产品全产业链质量安全风险评估,通过取样、检测,重点对重金属、农兽药残留、微生物等涉及食用安全的风险因子进行科学评估。根据风险排查、风险出现频率和风险评估结果,对每种特色农产品质量安全进行风险分级,提出不同的管控策略和治理技术。

一、农药残留检测、风险筛查与评估

(一)农药残留风险筛查技术研究

农产品质量安全标准化生产研究中,农药残留检测主要是利用实验室仪器分析而得到准确的残留数据,应用较多的是气相色谱法、液相色谱法及色谱-质谱联用法。

1. 仪器分析技术研究进展

(1)气相色谱法。气相色谱(GC)应用最广的检测器为火焰光度检测器(FPD)、氮磷检测器(NPD)和电子捕获检测器(ECD)等。其中FPD对硫、磷化合物具有高灵敏度和选择性,常用于有机磷农药残留的分析检测;NPD对含氮、磷化合物灵敏度高,专一性强,在痕量氮、磷农药的检测分析中起到不可替代的作用;ECD对含卤素、硫、磷化合物等具有高选择性和灵敏度,为有机氯农药残留及含氯有机化学污染物分析中的首选检测器。Liu等基于GC-ECD对茶叶中有机氯和拟除虫菊酯类农药进行分析;Fenoll等采用GC-NPD对辣椒和番茄中有机磷、拟除虫菊酯类农药残留进行分析,所有农药的定量限(LOQ)为0.4~14.5 μg/kg;Li等采用GC-FPD对苹果、葡萄和番茄中有机磷农药进行分析。在我国检测技术标准体系中GC分析也是较为常用的方法,例如:SN/T 1950—2007《进出口茶叶中多种有机磷农药残留量的检测方法 气相色谱法》等。GC在农产品中农药残留分析中发挥了重要作用,然而该方法存在局限性,不适用于热不稳定、难气化和极性强的农药残留检测;此外,目前检测技术向高通量、高残留同时检测的方向发展,该技术中目标物主要靠保留时间来进行定性分析,当多个化合物对应同一保留时间时,分析目标物的定性能力不足。

（2）液相色谱法。液相色谱（LC）常用的检测器为紫外（UV）、荧光（FLD）和二级管阵列检测器（DAD）等。其中UV是应用最广泛的检测器，具有高灵敏度、高环境适应性等特点，然而该方法仅适用于带有发色基团化合物的检测分析；FLD特异性强，广泛用于氨基甲酸酯类农药的检测。Yuan等采用LC-UV测定黄瓜、卷心菜、番茄、西瓜和甜瓜中苯基脲类农药残留；Song等采用LC-DAD对水果中氨基甲酸酯类农药残留进行分析；Du等采用LC-FLD对柑橘中8种氨基甲酸酯类农药残留进行分析。利用LC法进行农药残留检测的标准较多，如NY/T 1720—2009《水果、蔬菜中杀铃脲等七种苯甲酰脲类农药残留量的测定 高效液相色谱法》、NY/T 1680—2009《蔬菜水果中多菌灵等4种苯并咪唑类农药残留量的测定 高效液相色谱法》、T/GZTPA 0004—2019《茶叶中多种农药残留测定液相色谱法》等。

（3）气相色谱-质谱联用法。气相色谱-质谱联用仪（GC-MS）具有高灵敏度、高分离效能和较强的定性能力等优势，已被广泛应用于测定食用农产品中多种农药残留。随着仪器技术的快速发展，气相色谱-串联四极杆质谱（GC-MS/MS）可利用保留指数及数据库技术，在不使用农药标准溶液的情况下，对样品中的农药残留进行快速筛查，满足了目前对检测效率和检测通量的高要求。多反应监测（MRM）或选择反应监测（SRM）模式的采用使该技术具有出色的灵敏度、选择性和可靠性。Tankiewicz等采用GC-MS对果蔬中杀虫剂、杀螨剂、杀菌剂和除草剂等残留进行分析；Khetagoudar等采用GC-MS/MS对辣椒中有机磷农药、拟除虫菊酯类农药和苯基吡唑类农药残留进行检测；利用GC-MS进行农药残留检测的标准极多，如GB 23200.93—2016《食品安全国家标准 食品中有机磷农药残留量的测定 气相色谱-质谱法》、GB 23200.33—2016《食品安全国家标准 食品中解草嗪、莎稗磷、二丙烯草胺等110种农药残留量的测定 气相色谱-质谱法》、GB 23200.72—2016《食品安全国家标准 食品中苯酰胺类农药残留量的测定 气相色谱-质谱法》、SN/T 0148—2011《进出口水果蔬菜中有机磷农药残留量检测方法 气相色谱和气相色谱-质谱法》、SN/T 2915—2011《出口食品中甲草胺、乙草胺、甲基吡恶磷等160种农药残留量的检测方法 气相色谱-质谱法》。气质串联法可有效降低基质背景和噪音，从而提高分析选择性和灵敏度，在"一县一品一策"系列工作中起到了重要的支撑作用。

（4）液相色谱-串联质谱联用法。液相色谱-串联质谱（LC-MS/MS）利用保留时间和质量数双重定性模式，展现出良好的选择性和抗干扰能力。在分析参数方面，与GC-MS/MS相互补充，成为农产品质量控制的重要分析技术。当前，LC-MS/MS最常用的离子源为电喷雾（ESI），具有快速的正负源切换能力，极大地满足了当前对高通量分析的需求。Huang等使用LC-MS/MS对绿茶中102种农药残留进行分析，目标物的LOD分别为0.03～15 μg/kg；Zhang等基于LC-MS/MS测定蔬菜中250种农药残留，LOD为0.01～50.0 μg/kg。LC-MS/MS广泛应用于多农残分析，利用LC-MS/MS进行农药残留检测的标准较多，如 GB 23200.34—2016《食品安全国家标准　食品中涕灭砜威、吡唑醚菌酯、嘧菌酯等65种农药残留量的测定　液相色谱-质谱/质谱法》、GB 23200.50—2016《食品安全国家标准　食品中吡啶类农药残留量的测定　液相色谱-质谱/质谱法》、GB 23200.35—2016《食品安全国家标准　植物源性食品中取代脲类农药残留量的测定　液相色谱-质谱法》等。LC-MS/MS应用于食品及农产品中多农药残留分析时可对多组分进行定性、定量分析，具有较好的应用前景。

2. 样品前处理技术研究进展

随着分析仪器设备多功能化、精密化、自动化的发展，目标物的终端分析变得灵敏、快速和便捷。在食品或农产品预处理环节，选择合适的萃取、净化技术，对获得精准分析结果和延长分析仪器的使用寿命等方面至关重要。农产品中农药残留分析前处理技术通常采用有机溶剂萃取，然后经固相萃取和分散固相萃取方法净化。

（1）固相萃取。固相萃取（solid phase extraction，SPE）是一种基于色谱分离的样品前处理方法，具有富集效率高、杂质去除能力强等特点。根据作用原理，可将SPE分为两种。一种是基于目标化合物的富集模式，即固相萃取柱用于吸附目标化合物。当样品通过SPE柱时，吸附剂的官能团与目标化合物发生作用被保留在SPE柱吸附剂上，再通过合适的溶剂将其从吸附剂上洗脱。目前，常用到的固相萃取柱类型包括PSA、GCB、氨基固相萃取柱、GCB/氨基固相萃取柱、GCB/PSA复合柱等。Lin等采用GCB/氨基固相萃取柱净化结合GC-MS/MS测定茶叶中烯虫乙酯、烯虫炔酯、格螨酯、氟除草醚、环螨酯、草枯醚等6种农药残留，LOD为0.94~2.97 μg/kg，不同添加浓度下目标物的平均回收率为77%~114%。另一种是基于杂质去除的净化模式，即SPE柱对样品的杂质干扰物具有更强的保留性能。近年来，针对茶叶中复杂基质而研发了专一应用于茶叶中农药残留的复合净化柱Cleanert TPT，TPT是由胺改性的二氧化硅、酰胺改性的聚苯乙烯和GCB填装而成，可除去茶叶提取液中的脂肪酸、有机酸、茶多酚和色素等干扰物质。Lin等基于TPT柱的前处理技术结合LC-MS/MS对普洱茶中的氟虫腈及其代谢物残留进行分析，LOD为0.003 μg/kg；Hu等基于壳聚糖/氧化石墨烯/硅藻土（CS/GO/DM）SPE柱吸附茶叶中的基质干扰物，结合UPLC-MS/MS对茶叶中46种农药残留进行分析，目标农药的回收率均在62%~118%。

SPE具有分离效率高、重现性及样品净化效果好等优点，在农产品农药残留分析等领域得到广泛应用，然而，该方法中吸附剂的选择性强，多种化合物同时富集的能力相对较弱，且操作繁琐、耗时长，限制了污染物残留分析速度。

（2）分散固相萃取。分散固相萃取（dispersive solid phase extraction，d-SPE）是将固相萃取吸附剂分散在样品萃取液中，对基质中影响分析准确度和精密度的干扰物进行吸附，实现样品净化，具有操作简单、快速、价格低廉等优势；改善了SPE技术中操作繁琐、耗时耗力等不足，成为多农药残留检测中样品前处理方法的主流。目前，常用的d-SPE净化吸附剂有C18、N-丙基乙二胺（primary secondary amine，PSA）和石墨化炭黑（graphitized carbon black，GCB）等。其中，C18主要吸附脂肪和酯类等非极性共萃物；PSA作为弱阴离子交换吸附剂用于去除碳水化合物、有机酸、少量色素等极性干扰物质；GCB去除色素和磷脂等。Cheng等采用乙腈对苹果、梨、番茄、黄瓜和卷心菜中目标物进行萃取，C18和PSA净化，结合气相色谱串联飞行时间质谱对样品中15种有机磷农药残留进行分析，目标农药的平均回收率为70%~116%，满足了果蔬中有机磷农药残留的精准定量分析要求；Da等采用甲酸乙腈对样品进行萃取后，加入GCB和PSA净化，结合LC-MS/MS对甜椒中多种农药残留进行分析，方法回收率为70%~120%。基于C18、PSA或GCB为分散吸附剂的d-SPE方法经两次均质和离心分离等，限制样品分析速度，成为批量样品分析处理的瓶颈。

磁功能材料具有稳定性好、吸附容量大、与基体溶液可实现快速分离等优势，成为理想的快速样品前处理材料。目前，已有研究利用磁性碳纳米管、Fe_3O_4-PSA、Fe_3O_4@SiO_2@DVB-NVP、m-ZrO_2@Fe_3O_4、Fe_3O_4-OPA和Fe_3O_4@SiO_2-PAAA等磁功能材料为d-SPE吸附剂进行粮谷、果蔬和茶叶等样品净化，建立农药残留分析的快速前处理方法；与使用非磁性材料为净化吸附剂的样品前处理方法相比，净化效果好且大大节约了前处理时间，为农药残留分析提供了新的发展方向。Liu等基于Fe_3O_4-PSA为净化剂去除粮谷和猕猴桃基质样品中的有机酸，分别构建了粮谷和猕猴桃中约60种农药残留分析的前处理技术，结合LC-MS/MS实现了粮谷和猕猴桃中多农药残留的高效定量分析；Liu等基于亲水-疏水平衡型Fe_3O_4@SiO_2@DVB-NVP为净化剂，对水产品基质干扰物质实现高效吸附，结合LC-MS/MS分析实现了水产品中110种农药和代谢物的高效精准定量分析，方法LOQ为0.1~2.0 μg/kg；Peng等采用m-ZrO_2@Fe_3O_4和Fe_3O_4-OPA为净化剂，结合GC-MS/MS建立了鱼样品中42种农药残留分析方法，目标物回收率为70%~117%，LOD为0.02~4.40 μg/kg，满足农药残留分析要求。

参考文献

董基, 操江飞, 董奕德, 等, 2023. 分散固相萃取检测果蔬中有机氯和菊酯类农药残留[J]. 食品科技, 48(1): 264-269.

胡高华, 曹建荣, 杨蕾文宣, 等, 2022. 基于壳聚糖/氧化石墨烯/硅藻土固相萃取-液相色谱串联质谱测定茶叶中多种农药残留[J]. 茶叶科学, 42(2): 249-262.

黄丁宁, 缪丹旎, 赵巧灵, 等, 2023. QuEChERS结合超高效液相色谱-串联质谱法同时测定果蔬中12种新烟碱类农药残留[J]. 食品安全质量检测学报, 14(9): 186-194.

贾晓菲, 李拥军, 黎小鹏, 等, 2016. GC-ECD定量检测草莓中12种菊酯类农药残留研究[J].

现代农业科技(9): 133-136.

林金俗, 荣杰峰, 张松艳, 等, 2023. 羧基化多壁碳纳米管分散固相萃取-三重四极杆气质联用法测定茶叶中16种农药残留量[J]. 中国茶叶, 45(1): 50-57.

刘真真, 齐沛沛, 王新全, 等, 2016. 磁纳米材料净化-超高效液相色谱-串联质谱测定猕猴桃中多农药残留[J]. 色谱, 34(8): 762-772.

占绣萍, 李建勇, 陈建波, 等, 2022. 改进的QuEChERS前处理方法结合超高效液相色谱-串联质谱法同时测定典型叶菜中9种中高风险农药残留[J]. 农药, 61(11): 833-849.

张博伦, 庞国芳, 冯春, 等, 2018. 固相萃取结合气相色谱-三重四极杆质谱法测定高酸水果中48种农药残留[J]. 分析测试学报, 37(6): 653-659.

朱炳祺, 金绍强, 田春霞, 等, 2018. 多壁碳纳米管分散固相萃取结合在线GPC/GC-MS/MS技术同时检测茶叶中40种有机磷农药[J]. 分析测试学报, 37(4): 404-410.

CHENG Z, DONG F, XU J, et al., 2017. Simultaneous determination of organophosphorus pesticides in fruits and vegetables using atmospheric pressure gas chromatography quadrupole-time-of-flight mass spectrometry [J]. Food chemistry, 231: 365-373.

DA COSTA MORAIS E H, COLLINS C H, JARDIM I, 2018. Pesticide determination in sweet peppers using QuEChERS and LC-MS/MS [J]. Food chemistry, 249: 77-83.

HUANG Y, SHI T, LUO X, et al., 2019. Determination of multi-pesticide residues in green tea with a modified QuEChERS protocol coupled to HPLC-MS/MS [J]. Food chemistry, 275: 255-264.

KHETAGOUDAR M C, JINENDRA U, PRAVEEN KUMAR A, et al., 2022. Multiresidue pesticide analysis in green chilli using GC-MS/MS using modified QuEChERS method with highly efficient Fe_3O_4@CFR@GO nanocomposite [J]. Inorganic chemistry communications, 137: 109195.

LI D, HE M, CHEN B, et al., 2019. Magnetic porous organic polymers for magnetic solid-phase extraction of triazole fungicides in vegetables prior to their determination by gas chromatography-flame ionization detection [J]. Journal of chromatography A, 1601: 1-8.

LI D, HE M, CHEN B, et al., 2019. Metal organic frameworks-derived magnetic nanoporous carbon for preconcentration of organophosphorus pesticides from fruit samples followed by gas chromatography-flame photometric detection [J]. Journal of chromatography A, 1583: 19-27.

LIU Z Z, Qi P P, Wang J, et al., 2017. Multi-pesticides residue analysis of grains using modified magnetic nanoparticle adsorbent for facile and efficient cleanup[J]. Food chemistry, 230: 423-431.

MARTINS M L, KEMMERICH M, PRESTES O D, et al., 2017. Evaluation of an alternative fluorinated sorbent for dispersive solid-phase extraction clean-up of the quick, easy, cheap, effective, rugged, and safe method for pesticide residues analysis [J]. Journal chromatogr A, 1514: 36-43.

PENG X T, JIANG L, GONG Y, et al., 2015. Preparation of mesoporous ZrO_2-coated magnetic microsphere and its application in the multi-residue analysis of pesticides and PCBs in fish by GC-MS/MS[J]. Talanta, 132: 118-125.

TANKIEWICZ M, BERG A, 2022. Improvement of the QuEChERS method coupled with GC-MS/MS for the determination of pesticide residues in fresh fruit and vegetables [J]. Microchemical journal, 181: 107794.

YUAN Y, HAN Y, HAN D, et al., 2020. Ultrasound-assisted dispersive-filter extraction coupled with high-performance liquid chromatography: A rapid miniaturized method for the determination of phenylurea pesticides in vegetables and fruits [J]. Food control, 118: 107417.

（二）农业投入品中农药隐性成分的分析与筛查

农业投入品中农药隐性成分非法添加是农产品农药残留风险的构成来源之一。农业投入品中非法添加农药隐性成分不仅极易引起食品安全问题，而且严重扰乱农药行业正常秩序。对这类含有隐性成分的"假农药"，种植户和监管部门往往缺乏判断方法，极易引起重大安全事故，因此受到广泛关注。

添加农药隐性成分的目的是"药效好、见效快"，历年农业投入品筛查结果显示隐性添加成分多为杀虫剂，主要添加有高毒禁限用农药，拟除虫菊酯类农药，非法添加未过专利保护期农药，以及生物农药添加化学农药等形式。违法者通过助剂复配、农资赠品等方式添加农药隐性成分，方式隐蔽，增加了监管难度；同时农药种类繁多，隐性添加成分目标难确定，大大增加了筛查难度。乔成奎等利用LC-MS/MS建立了农药产品中30种高风险隐性成分筛查方法；李俊等利用GC-MS/MS质谱法建立测定农药中32种隐性添加的分析方法。上述方法的优势在于灵敏度高且快速，但农药隐性成分可筛查目标数量少，漏网概率大。陆剑飞等采用气相色谱筛选-气相或液相色谱验证-质谱确证的技术路线进行农药隐性成分筛查，并提供了鉴定方法及案例，方法系统性高、漏检率低，但对检测人员的技术要求高，筛查周期长。目前农药隐性成分关注度虽然很高，但对检测方法改进研究还不够多。

我们对农药中隐性添加的情况进行了分析研究。

1. 筛查参数确定原则

筛查参数的确定对于能否有效筛查农业投入品中农药隐性成分至关重要。禁限用农药在农产品中的限量值极低,一旦使用易引起农产品农药残留超标,因此禁限用农药一直是隐性成分筛查的重点关注目标。另外,对于绿色食品生产企业,一旦使用含化学农药成分的生物农药,也将使农户引起品牌方面的损失,因而高效化学农药是隐性成分筛查的重点目标。

农业农村部、工信部和生态环境部等多部委陆续颁布了蔬菜、果树、茶叶、中草药材以及农业等范围高毒高残留农药的禁限用公告(表2-1)。一旦添加如下农药隐性成分,极易导致农药残留超标问题,是重点筛查的目标农药。

表2-1　质谱可筛查的禁限用农药清单及相应公告号

质谱检测国家禁限用农药(66种)	农业农村部公告号
六六六、滴滴涕、毒杀芬、二溴氯丙烷、杀虫脒、二溴乙烷、除草醚、艾氏剂、狄氏剂、汞制剂、砷类、铅类、敌枯双、氟乙酰胺、甘氟、毒鼠强、氟乙酸钠、毒鼠硅、甲胺磷、对硫磷、甲基对硫磷、久效磷、磷胺、苯线磷、地虫硫磷、甲基硫环磷、磷化钙、磷化镁、磷化锌、硫线磷、蝇毒磷、治螟磷、特丁硫磷、氯磺隆、胺苯磺隆、甲磺隆、福美胂、福美甲胂、三氯杀螨醇、林丹、硫丹、溴甲烷、氟虫胺、杀扑磷、百草枯、2,4-滴丁酯、甲拌磷、甲基异柳磷、克百威、水胺硫磷、氧乐果、灭多威、涕灭威、灭线磷、内吸磷、硫环磷、氯唑磷、乙酰甲胺磷、丁硫克百威、乐果、毒死蜱、三唑磷、丁酰肼(比久)、氰戊菊酯、氟虫腈、氟苯虫酰胺	194号,199号,274号,322号,494号,632号,671号,747号,1157号,1586号,1744号,1745号,2032号,2289号,2445号,2552号

注:统计信息截至2018年12月12日(2023年9月统计禁限用农药仍为66种)。

通过对禁限用农药清单、农业农村部农药残留例行检测参数,以及历年筛查情况的分析,隐性农药成分的参数共有216个(6个代谢产物以农药母体计),按照保留时间排序,详细参数如下。

敌敌畏、茚虫威、速灭磷、氟铃脲、甲硫威、克百威(含三羟基克百威)、氟乐灵、氯苯胺灵、百治磷、噁虫威、异噁草松、治螟磷、蔬果磷、戊菌隆、甲拌磷、六六六、内吸磷、西玛津、五氯硝基苯、特丁硫磷、二嗪磷、地虫硫磷、磷胺、乙烯菌核利、嘧霉胺、七氟菊酯、敌噁磷、乙拌磷、百菌清、皮蝇磷、异稻瘟净、乙硫苯威、除线磷、马拉氧磷、甲基毒死蜱、四氟苯菊酯、甲基对硫磷、甲草胺、莠灭净、扑草净、甲萘威、对氧磷、噻唑膦、甲基嘧啶磷、特丁净、噻虫嗪、杀螟硫磷、二甲戊灵、马拉硫磷、苯氟磺胺、异丙甲草胺、毒死蜱、甲基毒虫畏、对硫磷、三唑酮、水胺硫磷、酞菌酯、嘧啶磷、三氯杀螨醇、多效唑、甲基异柳磷、氟啶脲、嘧菌环胺、氟虫腈(含氟虫腈硫醚、氟甲腈、氟虫腈砜)、异柳磷、毒虫畏、甲苯氟磺胺、灭蚜磷、烯丙菊酯、硫环磷、稻丰散、呋霜灵、喹硫磷、腐霉利、乙基溴硫磷、杀扑磷、杀虫畏、丁草胺、苯硫威、甲醚菊酯、苯线磷、硫丹、硫丹硫酸盐、敌草胺、杀螨酯、丙硫磷、丙溴磷、腈菌唑、滴滴涕、氟硅唑、氯唑磷、噻嗪酮、缬霉威、溴虫腈、除草醚、烯唑醇、虫螨磷、炔螨特、三唑磷、肟菌酯、噁霜灵、苯霜灵、三硫磷、苯腈磷、啶虫脒、增效醚、苄呋菊酯、苯线磷亚砜、苯线磷砜、哒嗪硫磷、联苯菊酯、胺菌酯、亚胺硫磷、苯氧威、溴螨酯、联苯肼酯、甲氰菊酯、吡螨胺、苯醚菊酯、三氯杀螨砜、伏杀硫磷、溴苯磷、蚊蝇磷、氯氟氰菊酯、咪鲜胺、灭蚁灵、益棉磷、氯菊酯、蝇毒磷、哒螨灵、氯亚胺硫磷、乙氧苯甲胺、氟氯氰菊酯、氯氰菊酯、啶酰菌胺、氟氰戊菊酯、醚菊酯、氟硅菊酯、氟胺氰菊酯、氰戊菊酯、嘧菌酯、苯醚甲环唑、溴氰菊酯、唑虫酰胺、烯酰吗啉、灭蝇胺、烯啶虫胺、涕灭威（含涕灭砜威、涕灭威亚砜）、甲胺磷、乙酰甲胺磷、氧乐果、乐果、吡蚜酮、噻螨酮、噻虫胺、吡虫啉、虫酰肼、除虫脲、辛硫磷、唑螨酯、螺螨酯、氟虫双酰胺、氯虫苯甲酰胺、氟苯虫酰胺、阿维菌素、甲氨基阿维菌素苯甲酸盐、氟啶虫酰胺、戊菌唑、甲基硫菌灵、呋虫胺、乙基多杀菌素、溴氰虫酰胺、乙螨唑、硫双威、多杀菌素、鱼藤酮、除虫菊素、苦参碱、氟虫脲、稻瘟灵、多菌灵、灭多威、异丙威、敌百虫、莠去津、羟基莠去津、脱乙基莠去津、脱异丙基莠去津、丙环唑、吡嘧磺隆、苄嘧磺隆、苯磺隆、乙草胺、己唑醇、三环唑、氟环唑、羟基百菌清、灭幼脲、霜霉威、氯吡脲、抗倒酯、6-苄基腺嘌呤、噻苯隆、矮壮素、烯效唑、甲哌啶、2,3,5-三碘苯甲酸、2,4-滴、对氯苯氧乙酸、赤霉酸、二氯吡啶酸、吲哚乙酸、萘乙酸、脱落酸、丁酰肼。

2. 筛查方法分类

（1）有目标物的精准筛查方法。以往对农业投入品的鉴定检测重点关注其有效成分含量是否与标注一致，因此选择合适的气相色谱或液相色谱等色谱仪器检测已能满足对标注农药有效成分的定量需要。因为色谱检测器对农药化合物具有很强的特异性，如气相ECD检测器对有机氯和拟除虫菊酯类农药灵敏度高，气相FPD检测器对有机磷农药较灵敏，如果农药在不匹配检测器上分析时灵敏度可能很低甚至完全没信号。对于未标注的农药隐性成分，色谱可能无法满足检测的需要。本检测方法体系选用气质质和液质质等三重四级杆质谱适用于大多数农药参数的筛查，同时随着农产品中农药残留分析三重四级杆质谱的广泛应用，为本隐性成分筛查方法提供了设备基础。

气质质检测：基于气质质的农药多残留方法建立，具有更高的灵敏度，更低的噪音外，还可以通过缩短扫描范围提高检测效率，可以在同一方法中可以编辑更多的检测参数。本研究中建立气质质检测方法可同时分析149种化合物，具体建方法的步骤为：首先，确定一个农药多残留分析的升温程序，需要保证所有待检化合物都能出峰并且分布较为合理；其次，在确定的升温程序条件下，确定每个化合物的保留时间，并获得相应化合物的SRM检测的定量和定性离子对，包括母离子、子离子和碰撞能量，离子对的选定需要兼顾响应值和特异性；最后，再以化合物出峰时间编辑保留时间在左右各0.3 min的扫描范围，即Thermo气质质检测的EZ模式或其它品牌仪器相似的功能。液质质检测：基于液质质的农药多残留方法编辑时类似于气质质，需要确定所有分析化合物的离子对信息、碰撞能量、去触电压,以及是ESI+还是ESI-源条件。

样品定值时采用单点定值法,即通过上机样品初检获得的峰面积,通过逐级稀释获得和采用标样相靠近的峰面积进行定值,再根据稀释1万倍或10万倍计算获得隐性成分的添加浓度。

(2)无目标物的筛查方法。农业投入品中添加的农药隐性成分如属于上述216种农药,则GC-MS/MS和LC-MS/MS目标物筛查方法可有效确定化合物的成分和浓度。但如果隐性添加成分不在精准筛查农药清单中,串联气质精准筛查方法则不能筛查出农药隐性成分。如果该农药隐性成分在气质质全扫描条件下有响应,同时又收录于标准化合物NIST数据库中,则该隐性成分仍有较大可能被筛查发现。方法步骤如下:通过无目标筛查方法获得农业投入品中隐性成分全扫描质谱图,149种农药的全扫描图谱见图2-1,为扣除前处理和溶剂本底带来的干扰,需要进空白试剂经前处理后的本底质谱图,通过扣除试剂空白后比对气质质自带NIST数据库,有较高匹配度的化合物可初步获得判定,如果实验室存有对应农药隐性成分的标准品,可以通过标准品进一步定性判断并定量分析。

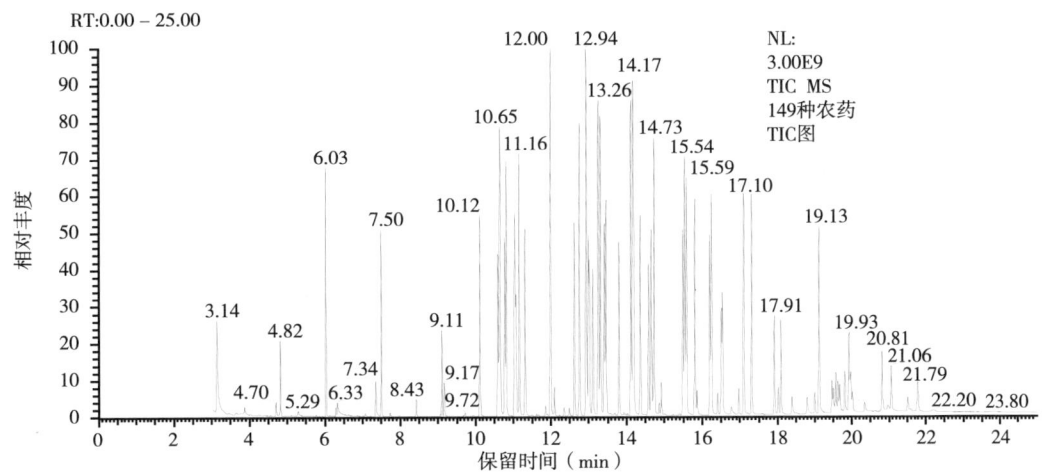

图2-1　149种农药气质质筛查方法TIC总离子流

3. 农药隐性成分筛查方法应用

从浙江省农业科学院对省内嘉善、诸暨、仙居、建德等地的农户和农资店共采集90批次农业投入品样品抽检结果看,覆盖73批次农药制剂和17批次肥料,其中农药制剂中筛查出20批次存在农药隐性添加成分,肥料中未检出农药隐性成分,见表2-2。在农药制剂中筛查出的农药隐性成分包括虫酰肼、阿维菌素、克百威、马拉硫磷、氧乐果、三唑酮、氯虫苯甲酰胺、灭幼脲、嘧菌酯、多菌灵、苯醚甲环唑、甲基硫菌灵、吡虫啉、戊菌唑、联苯菊酯、烯酰吗啉、百菌清、腐霉利、异丙威。这些农药隐性成分是否属于人为添加需要通过是否为代谢产物或添加目的再进行判断确认。筛出隐性成分的甲氨基阿维菌素苯甲酸盐制剂中检出阿维菌素，由于甲氨基阿维菌素苯甲酸盐是通过生物农药阿维菌素合成的，故而存在阿维菌素成分属于正常现象，但浓度不应过大，从检出的3批次含阿维菌素的甲氨基阿维菌素苯甲酸盐制剂浓度判断，应属于非人为故意添加。筛查出苯醚甲环唑和醚菌酯复配杀菌剂中检出0.1%的虫酰肼，从功能上杀菌剂中添加杀虫剂的目的不一致，且检出浓度偏低仅为0.1%，推测可能是反应釜中残留成分而非故意添加。其余检出隐性成分或检出浓度较高，或添加成分与标注信息的功能一致，故基本判定为检出农药隐性成分的农业投入品。

在筛查出农药隐性成分的16批次农业投入品中，从隐性成分用途可分为杀虫剂类农药添加9批次和杀菌剂类农药添加7批次。按农业投入品生物或化学农药分类可分为2批次生物农药和14批次化学农药。按添加隐性成分是否属于禁限用农药可分为2批次禁限用农药，包括克百威和硫丹，以及14批次常规农药。

表2-2　农业投入品筛查样品清单及检出隐性成分情况

序号	商品名	检出隐性成分	备注有效成分信息
1	甲维盐	0.16%克百威、0.47%马拉硫磷、0.83%氧乐果	2.3%甲氨基阿维菌素苯甲酸盐微乳剂
2	乙醚粉	3.4%三唑酮	25%乙嘧酚可湿性粉剂
3	长胜甲维盐	1.8%氯虫苯甲酰胺、0.1%灭幼脲	5%甲氨基阿维菌素苯甲酸盐乳油
4	苯菌灵	1.02%嘧菌酯、0.89%多菌灵、3.58%苯醚甲环唑、0.73%甲基硫菌灵	50%苯菌灵可湿性粉剂
5	锦标	1%吡虫啉	80%烯酰吗啉水分散粒剂
6	炫白	1.0%戊菌唑	10%苯醚甲环唑+15%四氟醚唑乳油
7	啶虫脒	4.46%阿维菌素、0.68%联苯菊酯	10%啶虫脒水乳剂
8	甲基硫菌灵	0.3%多菌灵、0.19%烯酰吗啉	80%甲基硫菌灵可湿性粉剂
9	祥瑞	5%烯酰吗啉	8%噁霜灵+56%代森锰锌可湿性粉剂
10	天下无灰	1.5%百菌清+2.5%腐霉利+0.1%异丙威	乙烯菌核利、嘧霉胺、菌核净、异菌脲总含量40%的可湿性粉剂
11	欧荣苏云金杆菌	0.1阿维菌素	苏云金杆菌可湿性粉剂
12	异菌·福美双	1%吡虫啉	40%福美双+10%异菌脲可湿性粉剂
13	马拉·杀螟松	5%氯氟氰菊酯	10%马拉硫磷+10%杀螟硫磷乳油
14	异丙威	5%硫丹	10%异丙威烟剂
15	灰创伴侣	5%嘧霉胺	
16	0.3%苦参碱	2%哒螨灵	0.3%苦参碱水剂

（续表）

序号	商品名	检出隐性成分	备注有效成分信息
17	甲维盐	0.2%阿维菌素	2.3%甲氨基阿维菌素苯甲酸盐+2.0%甲氨基阿维菌素乳油
18	甲维盐	0.23%阿维菌素	3%甲氨基阿维菌素苯甲酸盐微乳剂
19	甲维盐	0.05%阿维菌素	2%甲氨基阿维菌素+2.2%甲氨基阿维菌素苯甲酸盐微乳剂
20	京博盈美	0.1%虫酰肼	10%苯醚甲环唑+30%醚菌酯可湿性粉剂

通过气质质和液质质建立的农业投入品中农药隐性成分筛查方法体系可用于筛查216种农药的隐性添加及其他可在气质全扫描有响应且在NIST数据中被收录农药。通过该筛查方法体系应用浙江省内抽检的90批次农业投入品，共筛查出20批次样品中含有未标注农药隐性成分，其中4批次样品判定为非故意添加，16批次样品确定为含有增强药效或增加功能的故意添加农药隐性成分。

农药隐性成分筛查技术不仅用于农业投入品安全使用预警和规范农业投入品质量，还可用于省内农作物除草剂药害、农业投入品使用导致蚕大量死亡等农业生产纠纷或事故调查。农药隐性成分筛查方法的应用难点在于农药多残留筛查参数的确定及相应混合标准品的获得成本，未来需要政府部门引导及多个实验室共同参与。

参考文献

孔志英, 吴志凤, 董记萍, 2014. 浅议通过标签内容查找农药隐性成分[J]. 农药科学与管理, 35(11): 16-18.

李俊, 蔡滔, 周雪丽, 等, 2018. 三气相色谱-三重四级杆质谱法同时测定农药中32种隐性添加成分[J]. 食品安全质量检测学报, 9(13): 3219-3225.

刘亮, 郑尊涛, 李开轩, 等, 2022. 2021年农药监督抽查情况分析[J]. 农药科学与管理, 43(9): 1-7, 18.

乔成奎, 黄玉南, 罗静, 等, 2015. HPLC-MS/MS 法检测农药产品中30种隐性成分[J]. 农药, 54(5): 340-342.

BANERJEE K, UTTURE S, DASGUPTA S, et al., 2012. Multiresidue determination of 375 organic contaminants including pesticides, polychlorinated biphenyls and polyaromatic hydrocarbons in fruits and vegetables by gas chromatography-triple quadrupole mass spectrometry with introduction of semi-quantification approach[J]. Journal of chromatography A, 1270: 283-295.

CERQUEIRA M B R, GUILHERME J R, CALDAS S S, et al., 2014. Evaluation of the QuEChERS method for the extraction of pharmaceuticals and personal care products from drinking-water treatment sludge with determination by UPLC-ESI-MS/MS[J]. Chemosphere, 107: 74-82.

CHAMKASEM N, OLLIS L W, HARMON T, et al., 2013. Analysis of 136 pesticides in avocado using a modified QuEChERS method with LC-MS/MS and GC-MS/MS[J]. Journal of agricultural and food chemistry, 61: 2315-2329.

CHEN X, BIAN Z, HOU H, et al., 2013. Development and validation of a method for the determination of 159 pesticide residues in tobacco by gas chromatography-tandem mass spectrometry[J]. Journal of agricultural and food chemistry, 61: 5746-5757.

HOU X, HAN M, DAI X, et al., 2013. A multi-residue method for the determination of 124 pesticides in rice by modified QuEChERS extraction and gas chromatography-tandem mass spectrometry[J]. Food chemistry, 138: 1198-1205.

KANRAR B, MANDAL S, BHATTACHARYYA A, 2010. Validation and uncertainty analysis of a multiresidue method for 42 pesticides in made tea, tea infusion and spent leaves using ethyl acetate extraction and liquid chromatography-tandem mass spectrometry[J]. Journal of chromatography A, 1217: 1926-1933.

KASIOTIS K M, ANAGNOSTOPOULOS C, ANASTASIADOU P et al., 2014. Pesticide residues in honeybees, honey and bee pollen by LC-MS/MS screening: reported death incidents in honeybees[J]. Science of the total environment, 485-486C: 633-642.

LEHOTAY S J, DE KOK A, HIEMSTRA M, et al., 2005. Validation of a fast and easy method for the determination of residues from 229 pesticides in fruits and vegetables using gas and liquid chromatography and mass spectrometric detection[J]. Journal of aoac international, 88: 595-614.

NIETO-GARCAN M, DAI X, YANG X, et al., 2015. Multi-pesticide residue analysis in nutraceuticals from grape seed extracts by gas chromatography coupled to triple quadrupole mass spectrometry[J]. Food control, 47: 369-380.

ZHANG K, WONG J W, YANG P, et al., 2011. Multiresidue pesticide analysis of agricultural commodities using acetone salt-out extraction, dispersive solid-phase sample clean-up, and high-performance liquid chromatography-tandem mass spectrometry[J]. Journal of agricultural and food chemistry, 59: 7636-7646.

ZHU P, MIAO H, DU J, et al., 2014. Organochlorine pesticides and pyrethroids in chinese tea by screening and confirmatory detection using GC-NCI-MS and GC-MS/MS[J]. Journal of agricultural and food chemistry, 62: 7092-7100.

（三）畜禽产品和水产品投入品中隐性成分的风险分析与筛查

畜禽产品和水产品投入品中兽药成分非法添加是农产品兽药残留风险的构成来源之一。动物在使用药物治疗后，药物的原形或其代谢产物蓄积、贮存在动物的细胞、组织或器官中。长期食用含有兽药残留的动物源性食品会危害人体健康。而人药兽用会导致动物产生抗药性的机会增加，使动物疫情的控制难度加大。

不按国家标准生产，违规添加抗菌药、禁用兽药、人用药品以及农业农村主管部门未批准使用的兽药（制剂、注射液等）以追逐利益，快速达到成效。农业农村主管部门发布过多期检测非法添加的方法，如2016年第2451号公告，规定了《兽药中非法添加甲氧苄啶检查方法》等5个检查方法标准，涵盖甲氧苄啶、安乃近、喹乙醇、乙酰甲喹等10余种兽药中非法添加药物的检查方法标准。冯月超采用滤过型净化柱对畜禽肉样品进行前处理，能够同时测定89种兽药残留的液相色谱-串联质谱（UPLC-MS/MS）检测方法。该方法高通量快速筛查，但对检测人员的技术要求高。李宏建立一种同时测定鸡肉中包括喹诺酮类、磺胺类、β-受体激动剂类、糖皮质激素类、大环内酯类、抗病毒类药物、四环素类等在内的80种兽药的QuEChERS-超高效液相色谱-串联质谱法（UPLC-MS/MS）分析方法。上述方法的优势在于灵敏度高，但只针对鸡肉制品。目前兽药残留成分关注度虽然很高，但对检测方法改进研究还不够多。且畜禽及水产品种类繁多，针对性的可用方法较少。

1. 筛查参数确定原则

筛查参数的确定对于能否有效筛查畜禽产品和水产品中兽药残留成分至关重要。禁限用兽药在畜禽产品和水产品中的限量值极低，不规范使用易引起畜禽产品和水产品兽药残留超标，因此禁限用兽药一直是兽药残留筛查的重点关注目标。动物源性产品及其他食品中的某些物质及其残留对消费者有害，并影响动物源性产品的质量，同时不当地使用某些兽药将严重影响人体健康。

禁限用兽药清单：农业农村部、卫健委和市场监管总局等多部委陆续颁布了畜禽、水产等阿维拉霉素、阿苯达唑等高残留量兽药禁限用公告，如下所示。一旦添加如下兽药成分，极易导致兽药残留超标问题，是重点筛查的目标兽药。

（1）禁用于所有食品动物的兽药（11类）。①兴奋剂类：克仑特罗、沙丁胺醇、西马特罗及其盐、酯及制剂。②性激素类：己烯雌酚及其盐、酯及制剂。③具有雌激素样作用的物质：玉米赤霉醇、去甲雄三烯醇酮、醋酸甲羟孕酮及制剂。④氯霉素及其盐、酯（包括琥珀氯霉素）及制剂。⑤氨苯砜及制剂。⑥硝基呋喃类：呋喃西林和呋喃妥因及其盐、酯及制剂；呋喃唑酮、呋喃它酮、呋喃苯烯酸钠及制剂。⑦硝基化合物：硝基酚钠、硝呋烯腙及制剂。⑧催眠、镇静类：甲喹酮及制剂。⑨硝基咪唑类：替硝唑及其盐、酯及制剂。⑩喹噁啉类：卡巴氧及其盐、酯及制剂。⑪抗生素类：万古霉素及其盐、酯及制剂。

（2）禁用于所有食品动物，用作杀虫剂、清塘剂、抗菌或杀螺剂的兽药（9类）。①林丹（丙体六六六）。②毒杀芬（氯化烯）。③呋喃丹（克百威）。④杀虫脒（克死螨）。⑤酒石酸锑钾。⑥锥虫胂胺。⑦孔雀石绿。⑧五氯酚酸钠。⑨各种汞制剂包括氯化亚汞（甘汞）、硝酸亚汞、醋酸汞、吡啶基醋酸汞。

（3）禁用于所有食品动物用作促生长的兽药（3类）。①性激素类：甲睾酮、丙酸睾酮、苯丙酸诺龙、苯甲酸雌二醇及其盐、酯及制剂。②催眠、镇静类：氯丙嗪、地西泮（安定）及其盐、酯及其制剂。③硝基咪唑类：甲硝唑、地美硝唑及其盐、酯及制剂。

（4）禁用于水生食品动物用作杀虫剂的兽药（1类）：双甲脒。

（5）禁止在饲料和动物饮用水中使用的药物品种（5类40种）。①肾上腺素受体激动剂：盐酸克仑特罗、沙丁胺醇、硫酸沙丁胺醇、莱克多巴胺、盐酸多巴胺、西巴特罗、硫酸特布他林。②性激素：己烯雌酚、雌二醇、戊酸雌二醇、苯甲酸雌二醇、氯烯雌醚、炔诺醇、炔诺醚、醋酸氯地孕酮、左炔诺孕酮、炔诺酮、绒毛膜促性腺激素（绒促性素）、促卵泡生长激素（尿促性素主要含卵泡刺激$FSHT$和黄体生成素LH）。③蛋白同化激素：碘化脂蛋白、苯丙酸诺龙及苯丙酸诺龙注射液。④精神药品：（盐酸）氯丙嗪、盐酸异丙嗪、安定（地西泮）、苯巴比妥、苯巴比妥钠、巴比妥、异戊巴比妥、异戊巴比妥钠、利血平、艾司唑仑、甲丙氨脂、咪达唑仑、硝西泮、奥沙西泮、匹莫林、三唑仑、唑吡旦、其他国家管制的精神药品。⑤各种抗生素滤渣：该类物质是抗生素类产品生产过程中产生的工业三废，因含有微量抗生素成分，在饲料和饲养过程中使用后对动物有一定的促生长作用。但对养殖业的危害很大，一是容易引起耐药性；二是由于未做安全性试验，存在各种安全隐患。

以上统计信息截至2022年4月14日。

2. 筛查方法分类

通过对禁限用兽药清单、农业农村部兽药残留例行检测参数，以及历年筛查情况的分析，按照检出限定量由低到高排序，详细参数如下。

氯丙嗪、地西泮（安定）、地美硝唑、苯甲酸雌二醇、潮霉素B、甲硝唑、苯丙酸诺龙、丙酸睾酮、赛拉嗪、倍他米松、地塞米松、醋酸氟孕酮、卡拉洛尔、常山酮、沙拉沙星、氟胺氰菊酯、巴胺磷、红霉素、多拉菌素、马度米星铵、氟氯苯氰菊酯、阿莫西林、阿维菌素、二嗪农、莫昔克丁、碘醚柳胺、托曲珠利、敌百虫、泰万菌素、噁喹酸、氨苄西林、双甲脒、多西环素、氟苯尼考、喹乙醇、三氯苯达唑、头孢喹肟、体重；敌敌畏、辛硫磷、甲氧苄啶、三氟氯氰菊酯、甲基盐霉素、硝碘酚腈、氯苯胍、盐霉素、甲砜霉素、氮哌酮、左旋咪唑、恩诺沙星、黏菌素、地昔尼尔、非班太尔/芬苯达唑/奥芬达唑、倍硫磷、卡那霉素、吡利霉素、溴氰菊酯、二氟沙星、乙酰氨基阿维菌素、咪多卡、伊维菌素、拉沙洛西、安乃近、莫能菌素、氟苯达唑、甲苯咪唑、氟氯氰菊酯、氯氰菊酯/α-氯氰菊酯、环丙氨嗪、达氟沙星、氰戊菊酯、庆大霉素、安普霉素、青霉素/普鲁卡因青霉素、氯氰碘柳胺、地克珠利、氟甲喹、林可霉素、泰妙菌素、泰乐菌素、氟佐隆、大观霉素、替米考星、阿苯达唑、杆菌肽、头孢噻呋、克拉维酸、螺旋霉素、链霉素/双氢链霉素、磺胺二甲嘧啶、磺胺类、头孢氨苄、新霉素、奥苯达唑、癸氧喹酯、氨丙啉、三氮脒、氮氨菲啶、噻苯达唑、赛杜霉素、氯唑西林、哌嗪、维吉尼亚霉素、马拉硫磷、尼卡巴嗪、吉他霉素、阿维拉霉素。

3. 兽药残留成分常规分析方法及条件

兽药残留检测方法包括液相色谱-串联质谱法、气相色谱-质谱法、气相色谱法、高效液相色谱法建立畜禽产品和水产品兽药残留方法体系，该方法筛查目标范围广且筛查速度快，可有效应用于兽药残留成分的筛查要求。

4. 有目标物的精准筛查方法

随着国内外技术不断更新换代，在兽药检测领域的研究已经取得了显著进展。质谱的发展和推广使一次进样完成多种类分析已成为可能。目前，兽药检测方法主要包括高效液相色谱法（HPLC）、气相色谱-质谱法（GC-MS）、液相色谱-串联质谱法（LC-MS/MS）和液相色谱-高分辨质谱法（LC-HRMS）等。

赵善贞等在检测时对兽药及其代谢物残留采用乙腈提取，C18净化，Boxton C18（100 mm × 2.1 mm，粒径3.5 μm）色谱柱进行分离，正模式以0.1%甲酸以及含0.1%甲酸的乙腈为流动相，负模式以乙腈和0.5 mmol/L氟化铵为流动相，分别进行梯度洗脱。采用电喷雾离子源（ESI），在正、负离子检测模式下以全扫描（Full-MS）和二级质谱扫描（dd-MS^2）方式对目标物进行定性和定量分析，同位素内标法进行定量测定。最终建立了基质分散固相萃取-同位素稀释-液相色谱-四极杆/静电场轨道阱高分辨质谱法测定水产品中的100种兽药的方法。与赵善贞建立的方法类似，涂祥婷等研究人员建立了快速滤过型净化（m-PFC）-超高效液相色谱-四极杆-静电场离子轨道阱高分辨质谱法。在最佳的分析条件下，这种方法所检测的16种目标兽药残留在13 min内均可实现良好分离，各物质的精确质量数偏差均小于2.83×10^{-6}，在0.10～20.0 μg/L浓度范围内，各化合物线性关系良好，相关系数（R^2）均大于0.990，方法的检出限为0.015～0.05 μg/kg。王强等研究人员采用0.2%甲酸乙腈提取，经快速滤过型净化固相萃取柱处理，利用Phenomenex Kinetex C18色谱柱分离，以0.1%甲酸乙腈和0.1%甲酸水溶液为流动相进行梯度洗脱，将目标物在正离子全信息串联质谱扫描方式（MSE）下检测，内标法定量。结果发现在同位素稀释/超高效液相色谱-四极杆-飞行时间质谱法下，牛蛙中的50种残留兽药在各自的质量浓度范围内线性关系良好，相关系数大于0.995，检出限为0.5～1.0 μg/kg，加标回收率为79.4%～112.1%，相对标准偏差为3.7%～13.1%，阳性检测结果与国家标准规定的液相色谱-串联质谱法保持一致。

5. 无目标物的广谱筛查方法

在良好检测条件及存在标准品的情况下采用三重四极杆质谱进行检测，可有效确定化合物的成分和浓度。但如果要进行未知化合物的筛选，则需要全扫描模式采集数据，单位分辨的四极杆质谱在全扫描模式下的灵敏度很差，通常不能满足残留分析的要求。因此，兽药残留检测正从传统的液相色谱-质谱/质谱法（LC-MS/MS）的定向检测，逐渐向高分辨质谱（HRMS）非定向全扫描方法转变。与传统质谱方法有所不同，高分辨率质谱可用于靶向和非定向化合物的筛选，同时其参数简单对标准品的依赖较小。

飞行时间质谱：飞行时间质谱具有极快的扫描速度和较高的灵敏度，并且随着空间聚焦以及垂直加速等技术的发展，其质量准确度已达6～10级，可通过精确质量数对化合物进行定性，检测的离子质量范围广，理论上不存在对分析对象质量范围的限制。静电场轨道阱质谱：是静电场离子阱和快速傅立叶变换技术的结合，可对离子的振荡频率进行测定，计算质核比，分辨率为100 000。将线性离子阱与静电场轨道阱质谱串联组合，可同时具有两者的检测能力，由离子阱质谱获得化合物的离子碎片进入高分辨谱图，通过测定精确质量数计算分子式，为结构类似物如异构体的鉴别的分析提供了全面的信息。四极杆静电场轨道阱质谱串联可对化合物进行全扫描，获得碎片离子的多级质谱信息，一次分析即可实现多组分的鉴定和确认，并准确定量。

6. 农药隐性成分筛查方法应用

兽药处方外添加的其他化学物质或药物属于非法添加，极易造成不知情用药或者滥用药物，进而导致严重的动物源性食品兽药残留和耐药性等生物安全风险。截至2021年1月，农业农村部发布处方外非法添加物检测方法标准的公告/文件共23个，发布标准82个。经过修订后，现行有效检测方法标准共51个（表2-3）。

表2-3 现行有效检测方法标准及相应公告号

序号	非法添加物检测方法标准名称	公告
	筛查法与非特定物质检查方法	
1	兽药中非法添加药物快速筛查法（液相色谱-二级管阵列法）	2019年169号
2	兽药中非特定非法添加物质检查方法	2020年289号
3	中兽药固体制剂中非法添加物质检查方法—显微鉴别法	2020年289号
	确证方法	
	单一中药制剂中的非法添加物测定	
4	黄芪多糖注射液中非法添加解热镇痛类、抗病毒类、抗生素类、氟喹诺酮类等11种化学药物（物质）检查方法	2016年2448号
5	黄芪多糖注射液中非法添加地塞米松磷酸钠检查方法	2016年2448号
6	柴胡注射液中非法添加利巴韦林检查方法	2016年2448号

（续表）

序号	非法添加物检测方法标准名称	公告
7	柴胡注射液中非法添加对乙酰氨基酚检查方法	2016年2448号
8	柴胡注射液中非法添加盐酸吗啉胍、金刚烷胺、金刚乙胺检查方法	2016年2448号
9	鱼腥草注射液中非法添加甲氧氯普胺检查方法	2016年2448号
10	鱼腥草注射液中非法添加林可霉素检查方法	2016年2448号
11	鱼腥草注射液中非法添加水杨酸、氧氟沙星检查方法	2016年2448号
12	鱼腥草注射液中非法添加庆大霉素检查方法	2017年2494号
13	扶正解毒散中非法添加茶碱、安乃近检查方法	2016年2448号
14	黄连解毒散中非法添加对乙酰氨基酚、盐酸溴己新检查方法	2016年2448号
15	甘草颗粒中非法添加吲哚美辛检查方法	2016年2448号
同类中药制剂中非法添加物测定		
16	中药散剂中非法添加呋喃唑酮、呋喃西林、呋喃妥因检查方法	2016年2448号
17	中兽药散剂中非法添加氯霉素检查方法	2016年2448号
18	中药散剂中非法添加乙酰甲喹、喹乙醇检查方法	2016年2448号
19	肥猪散、健胃散、银翘散等中药散剂中非法添加氟喹诺酮类药物（物质）检查方法	2016年2448号
20	中兽药散剂中非法添加金刚烷胺和金刚乙胺检查方法	2016年2448号
21	麻杏石甘口服液、杨树花口服液中非法添加黄芩苷检查方法	2019年199号
单一品种化药制剂中的非法添加物测定		
22	硫酸卡那霉素注射液中非法添加尼可刹米检查方法	2016年2395号
23	恩诺沙星注射液中非法添加双氯芬酸钠检查方法	2016年2398号
24	氟苯尼考粉和氟苯尼考预混剂中非法添加氧氟沙星、诺氟沙星、环丙沙星、恩诺沙星检查方法	2016年2448号
25	氟苯尼考制剂中非法添加磺胺二甲嘧啶、磺胺间甲氧嘧啶检查方法	2016年2448号
26	氟苯尼考制剂中非法添加烟酰胺、氨茶碱检查方法	2016年2448号
27	氟苯尼考固体制剂中非法添加β-受体激动剂检查方法	2016年2448号
28	氟苯尼考液体制剂中非法添加β-受体激动剂检查方法	2016年2448号
29	乳酸环丙沙星注射液中非法添加对乙酰氨基酚检查方法	2016年2448号
30	阿莫西林可溶性粉中非法添加解热镇痛类药物检查方法	2016年2448号
31	注射用青霉素钾（钠）中非法添加解热镇痛类药物检查方法	2016年2448号
32	硫酸庆大霉素注射液中非法添加甲氧苄啶检查方法	2016年2448号
33	盐酸林可霉素制剂中非法添加对乙酰氨基酚、安乃近检查方法	2016年2448号
34	酒石酸泰乐菌素可溶性粉中非法添加茶碱检查方法	2016年2448号
35	硫酸安普霉素可溶性粉中非法添加诺氟沙星检查方法	2016年2448号
36	硫酸安普霉素可溶性粉中非法添加头孢噻肟检查方法	2016年2448号
37	硫酸黏菌素预混剂中非法添加乙酰甲喹检查方法	2016年2448号
38	阿维拉霉素预混剂中非法添加莫能菌素检查方法	2016年2448号

有研究人员对大连市7个县区的兽药店和兽药生产企业进行监督抽检,从抽检样品中选取检出非法添加物质的3种西药样品进行进一步检测,包括硫酸新霉素可溶性粉、酒石酸泰乐菌素注射用粉、盐酸林可霉素注射液。首先是硫酸新霉素可溶性粉中检出的隐性成分烟酰胺:样品的保留时间和紫外光谱图与对照品烟酰胺一致,判为检出烟酰胺,检出限为0.3 g/kg。烟酰胺属于水溶性维生素,临床主要用于烟酸缺乏引起的糙皮病、抗皮肤真菌感染等功效,而新霉素可治疗皮肤的细菌感染,添加烟酰胺可以增加药效。其次是注射用酒石酸泰乐菌素中检出的隐性成分安乃近:样品的色谱保留时间和紫外光谱图与对照品安乃近的一致,判为检出安乃近,检出限为10 g/kg。安乃近是解热抗炎镇痛药,与阿司匹林类似,与大环内酯药泰乐菌素合用可以增强抗炎效果,同时又具有快速退热的作用。所以在此药大剂量添加安乃近是以提高疗效为目的,但是安乃近超量添加会引起严重的不良反应,导致肝脏功能损伤、粒细胞缺乏症和过敏反应等。最后是盐酸林可霉素注射液中检出的隐性成分盐酸左旋咪唑:样品峰与盐酸左旋咪唑对照品峰的保留时间无差异,紫外光谱图一致,判为检出盐酸左旋咪唑,检出限为0.25 g/L。盐酸林可霉素用于敏感葡萄球菌属、链球菌属、肺炎链球菌及厌氧菌所致的呼吸道感染、皮肤软组织感染。添加盐酸左旋咪唑针对动物肠道球虫病所致的感染有增效作用,还可以提高免疫,但添加的剂量无法控制,超量导致动物死亡的报道常有。

小结:兽药非法添加隐性成分以增强药用效果是长久以来一直存在并亟待解决的问题。将高分辨质谱法运用到兽药隐性成分检查中,利用高分辨质谱法,建立高通量筛查和确证方法,建立质谱数据库。这种兽药隐性成分筛查方法体系可以有效筛查出绝大部分兽药非法添加物,降低动物源性食品兽药残留和耐药性等生物安全风险。但新的兽药隐性成分筛查方法操作相较于传统方法更为复杂、适用范围有所局限,同时还存在着部分兽药残留物筛查参数未确定以及兽药隐性成分获取成本较大等问题,未来需要政府部门引导及多个实验室共同参与。

参考文献

冯红, 潘桂湘, 2012. 高分辨质谱在中药化学成分分析中的应用[J]. 辽宁中医药大学学报, 14(8): 40-42.

冯月超, 王建凤, 乔祎娜, 等, 2013. 基于滤过型净化的液相色谱-串联质谱法测定畜禽肉中89种兽药残留[J]. 分析试验室.

郭萌萌, 国佼, 吴海燕, 等, 2016. 通过式固相萃取-液相色谱-四极杆/静电场轨道阱高分辨质谱快速筛查鱼肉中全氟化合物及其前体物质[J]. 分析化学, 44(10): 1504-1513.

李宏, 向俊, 李丹, 等, 2023. QuEChERS-UPLC-MS/MS同时测定鸡肉中80种兽药残留[J]. 食品与机械, 39: 48-54, 80.

涂祥婷, 杨鸿波, 郭峰, 等, 2021. 超高效液相色谱-高分辨质谱法同时测定鱼肉中16种全氟烷基化合物[J]. 分析化学, 49(4): 528-537.

王强, 王旭峰, 蔡楠, 等, 2023. 同位素稀释/超高效液相色谱-四极杆-飞行时间质谱法测定牛蛙中50种兽药残留[J]. 食品安全质量检测学报, 14(1): 187-195.

张微, 肖曼, 吴丹, 等, 2022. 固相萃取/超高效液相色谱-串联质谱法同时测定水产养殖"非药品"投入品中37种禁限兽药[J]. 分析测试学报, 41(12): 1751-1757.

赵善贞, 盛永刚, 张旖, 等, 2020. 基质分散固相萃取-同位素稀释-液相色谱-高分辨质谱法测定水产品中的100种兽药[J]. 同位素, 33(5): 312-327.

郑洁, 2021. 2019—2020年大连市几种新兽药非法添加物质分析[J]. 畜牧兽医科学(电子版) (17): 14-16.

MEZCUA M, MALATO O, GARCÍA-REYES J F, et al., 2009. Accurate-mass databases for comprehensive screening of pesticide residues in food by fast liquid chromatography time-of-flight mass spectrometry[J]. Analytical chemistry, 81(3): 913-929.

SENYUVA H Z, GÖKMEN V, SARIKAYA E A, 2015. Future perspectives in Orbitrap™-high-resolution mass spectrometry in food analysis: a review[J]. Food addititives contaminants part A, 32(10): 1568-1606.

（四）农产品中农兽药残留风险评估

1. 农兽药风险评估内容

CAC的程序手册将食品安全风险分析过程分为风险评估、风险管理和风险交流。CAC对风险性评估的定义：对人体暴露于食源性危害而产生的损害人体健康的已知或潜在作用的发生可能性及其严重程度的科学评估。风险评估是风险分析的科学基础和关键。对于风险评估，CAC程序手册中规定了明确的步骤：危害识别、危害特征描述、暴露评估和风险特征描述4个步骤。首先是确定食物中的有害物，并对食物中的有害物进行定量分析和定性的分析；然后对人体可能摄入的有害物进行生物学评估和毒理学的评估，并定量和定性的估计对人体产生的不良影响的严重性，也包括以此相关的不确定性，从而为制定食品安全标准提供科学的依据。农产品中农兽药等化学物质风险评估是评价农产品生产、加工、贮藏、运输、销售、消费过程中，使用的农兽药等化学物质可能对人群产生的安全风险，提出治理对策。联合国粮食及农业组织（FAO）和世界卫生组织（WHO）特别成立了2个专家委员会专门开展农兽药风险评估，它们分别是农药残留联席会议（JMPR）和食品添加剂联合专家委员会（JECFA）。JECFA主要对食品中的添加剂、兽药残留开展化学、毒理学等方面的评估和分析。JMPR主要对食品中的农药和环境污染物开展化学、毒理学等方面的评估和分析。

（1）危害识别。农兽药的危害识别在于确定摄入农兽药的化学性质、使用情况以及对人体的不利影响，产生这种不利影响的可能性。以农兽药的风险评估为例，危害识别阶段充分考虑该农兽药的危害史、化学性质、使用情况以及毒害作用。通常按照下列顺序对不同的研究给予不同的重视：流行病学研究、动物毒理学研究、体外实验以及最后的定量结构-反应关系。

（2）暴露评估。农兽药的暴露评估主要是确定可能产生接触的途径，以及在一定条件下估算接触量的大小、接触时间的长短、接触的频率等，估计膳食摄入量，农产品消费量和这些农产品中相关农兽药的浓度，也要求评定不同人群（如年龄、性别等）的接触可能性。在农产品安全风险评估中，所用到的农产品消费与农产品中农兽药的存在及其浓度这两大数据类别之间并没有直接的关系。饮食成分的暴露评估经常需要建立模型来代表真实的暴露情况。

膳食暴露评估是指对经由食品或其他相关来源摄入的生物、化学和理物性物质进行的定性和/或定量评估。评估时，首先整合目标人群的食物消费量数据与食物中化学物浓度数据，计算出膳食暴露量的估计值，再将该估计值与相关的健康指导值（relevant health-based guidance value）进行比较，则可做出相应的风险特征描述。其一般表达式：摄取的化学物质=Σ（残留浓度×摄取食物量）。

总的来说，膳食暴露评估模型可分为两类，一是确定性模型（deterministic model），其结果为一点值；二是概率模型（probabilistic model），结果表现为对消费暴露分布的描述。

点估计：点估计是从各种来源的摄入量等于一个农产品消费量（如平均的或较高的消费量数据）的固定值乘以一个残留物质含量或浓度（通常是平均残留量水平或耐受或法规允许值的上限）。当考虑到急性毒性作用终点时（如农兽药残留物），在急性作用时间里（通常指一餐或一天）不应超过急性参考剂量（ARfD）。因此，急性摄入量模型必须使用代表每一种农产品、每一餐饮食、每一天和每一单个物质调查的数据。高含量急性膳食暴露可以用一个保守的浓度值乘以单餐或单日消费量的上限百分数来评估（如"最差情况"点评估方法）。这种方法在对不作为重点的化学危害物进行暴露筛选时很重要。然而，在高消费量农产品中具有高水平浓度的暴露发生时，这一方法提供不了什么信息。虽然存在大量的残留物数据，但点评估却利用不上这些数据。

概率分布：由于食物消费量数据和残留物浓度数据来自不同的监测网，用点估计或单一分布进行暴露量的计算都发生偏高或偏低的误差。为了减小模型的变异性和不确定性，现在越来越多的学者使用概率分布方法。概率分析包括对于各参数变化性与不确定性参数分布的描述，通过发生的概率对模型的每一个参数可能引发的各种结果进行考虑。

对于减小模型的变异性和不确定性，主要运用的是蒙特卡罗模拟方法（monte carlo

method），进行大量随机抽样计算来分析数据的变异性；利用使用bootstrap方法多次从样本含量 n 的原始数据中有放回地随机抽取 i（$i \leq n$）观察单位组成新样本，然后对每个样本进行monte carlo method，分析数据的不确定性。bootstrap方法基于样本再抽样，只要样本代表性好，多次抽样能够有效降低标准误差，减少不确定性；monte carlo method一般先拟合分布，然后进行抽样，可以认为是从总体中抽样，能够有效地量化变异性。但monte carlo method的运用也可能会成为不确定性的一个来源。

（3）危害特性。农兽药危害特性主要研究某农兽药在什么条件下导致产生某种毒害作用，并试图了解接触量与毒性反应之间的定量关系，即剂量效应关系。对于同一种外源性农兽药，不同剂量对机体可以造成不同性质的和不同程度的损害作用。

大多数致癌物除非是零接触，否则在任何量下都可能产生风险，对此可通过风险评估制定一个极低而可忽略不计、对健康影响甚微或社会能接受的农兽药的风险水平。相反，接触非致癌物要超过一定的剂量即阈剂量才产生毒作用。对阈效应而言，剂量-反应评价需要确定每日允许摄入量（acceptable daily intake，ADI），也可称为参考剂量（reference dose，RfD）。另外，危害特性阶段还应完成外剂量和内剂量的评估、最敏感种属和品系的确定、种属差异的确定、从高剂量到低剂量以继续完成实验动物到人的外推。

（4）风险描述。对于农产品中化学性危害来说，风险特征描述的结果是提供人体摄食农兽药对健康产生不良影响的可能性估计，可根据暴露量与每日允许摄入水平（可接受风险水平）判断。风险描述还应当根据评估对象进行等级评估，如根据健康状况，年龄等进行分类。作为风险评估的最后一步，风险描述还应当对评估过程中的不确定性和变异性进行阐述，也可以进行敏感性分析，找出影响评估结果的关键步骤，这对农产品安全的监控具有实际的意义。

2. 评估方法

（1）农兽药毒理评估数据。检出农兽药的慢性和急性参考剂量综合参照了JMPR评估报告、欧洲食品安全局（EFSA）的评估报告以及我国GB 2763—2021《食品安全国家标准　食品中农药最大残留限量》中的参考剂量。

（2）消费量及人群体重数据。特色农产品消费量数据参照2012年GEMS/FOOD公布的消费组G09（东亚地区包括中国在内）的消费数据。特色农产品的大份餐消费数据参照CAC公布的IESTI计算器中中国人群的大份餐消费量。若特色农产品在膳食消费中占据比例较小，慢性风险如果将农产品作为单一来源进行风险评估，则是对风险的低估，因此将以风险最大化原则，假设所有同类农产品中含有同量的农兽药残留进行计算。人群体重数据依《第四次中国总膳食研究》中儿童、20~50岁成人平均体重分别以33.1 kg、63 kg计。

（3）慢性膳食暴露风险评估方法。慢性膳食暴露评估是指基于整个生命周期的暴露方式，人体终身摄入某种物质的摄入量，并对一般人群和特殊亚人群的摄入情况进行风险评估。按照国际上普遍认可的风险评估原理和方法，用式（2-1）每日估计摄入量（EDI）：

$$EDI = \frac{\sum(C_i \times F_i)}{bw} \quad (2\text{-}1)$$

式中：EDI为每日估计摄入量，单位mg/（kg bw·d）；C_i为第i种食物的平均残留值，单位mg/kg；F_i为第i种食物的消费量，单位kg/d；bw为体重，单位kg。

慢性摄入风险用每日估计摄入量与每日允许摄入量的比值表示，按式（2-2）计算：

$$\%ADI = \frac{EDI}{ADI} \times 100\% \quad (2\text{-}2)$$

式中：ADI为每日允许摄入量，单位mg/（kg bw·d）。

基于整体考量和不确定度分析（数据来源不确定度、未检出值的估算、膳食暴露量的不确定度、急慢性风险评估时一些假设等），从食物种类（米及其制品、面及其制品、其他谷类、薯类、干豆及其制品、深色蔬菜、浅色蔬菜、腌菜、水果、坚果、畜禽类、奶及其制品、蛋及其制品、鱼虾类、植物油、动物油、糖+淀粉、食盐、酱油19大类）、膳食量、参考限量、国家估算每日摄入量（NEDI）、每日允许摄入量、风险概率来计算慢性膳食风险（表2-4）。

表2-4 慢性膳食风险熵计算方法

食物种类	膳食量（kg）	参考限量（mg/kg）	限量来源	国家估算每日摄入量（mg）	每日允许摄入量（mg）	风险概率（%）
米及其制品	0.239 9	A		B（0.239 9×A）	ADI×63	
面及其制品	0.138 5					
其他谷类	0.023 3					
薯类	0.049 5					
干豆及其制品	0.016					
深色蔬菜	0.091 5					
浅色蔬菜	0.183 7					
腌菜	0.010 3					
水果	0.045 7					

（续表）

食物种类	膳食量（kg）	参考限量（mg/kg）	限量来源	国家估算每日摄入量（mg）	每日允许摄入量（mg）	风险概率（%）
坚果	0.003 9					
畜禽类	0.079 5					
奶及其制品	0.026 3					
蛋及其制品	0.023 6				ADI×63	
鱼虾类	0.030 1					
植物油	0.032 7					
动物油	0.008 7					
糖、淀粉	0.004 4					
食盐	0.012					
酱油	0.009					
合计	1.028 6			C	D	E（C/D）

当%ADI≤100%时，表示风险可接受，%ADI越小，风险越小；当%ADI>100%时，表示有不可接受的风险，%ADI越大风险越大。

（4）急性膳食暴露风险评估方法。急性膳食暴露风险评估是计算在一天食物消费中摄入的食物和水中的某物质残留的摄入量，并对一般人群和特殊亚人群的摄入情况进行风险评估，多用于农药残留的暴露评估。

急性膳食暴露风险评估采用式（2-3）每日估计摄入量（ESTI）：

$$ESTI = \frac{LP \times HR}{bw} \qquad (2-3)$$

式中：$ESTI$为每日估计短期摄入量，单位mg/（kg bw·d）；HR为采用食物的P97.5残留值，单位mg/kg；LP为食物的大份餐消费量，单位g/d；bw为体重，单位kg。

急性摄入风险用$ESTI$与$ARfD$的比值表示，按式（2-4）计算：

$$\%ARfD = \frac{ESTI}{ARfD} \times 100\% \qquad (2-4)$$

式中：$ARfD$的单位mg/（kg bw·d）。

（5）多残留累积性风险评估。针对机理相同的农药，采用风险指数法，即不同单个农药的风险熵相加。目前，国际上没有通用一致的联合暴露风险描述的方法，通常认为，联合指数大于1时，可能存在潜在风险，反之，则无须关注风险。

$$cHI = \sum_{n}^{1} HQ \qquad (2-5)$$

（6）产品安全等级评价。从单个产品的角度，评价单个产品的规范性和安全性。考虑了每种样品的农药检出值、残留限量标准以及多种农药同时检出的情况，主要目的是确定该样品农药使用的规范性和安全性。采用了样品中农药检出值与其限量比值相加得到的安全指数。安全指数分为A、B、C、D共4个级别（表2-5）。

表2-5 产品质量安全指数分布

分数阈值	等级划分	等级描述
<0.1	A	无农药检出或基本无检出，无超标
0.1~1	B	农药检出种类少，无超标
1~3	C	农药检出种类多，有超标
>3	D	农药检出种类多，超标多

3. 评估结果

（1）草莓、杨梅等水果中农药风险评估。从草莓、杨梅全产业链风险排查和隐患因子抽检结果看，生产基地产品好于市场环节产品，但农药检出率较高，多农药残留现象较突出，个别禁限用农药仍有检出。市场上杨梅共检出农药40种，包括杀虫剂22种、杀菌剂14种、植物生长调节剂4种。其中检出登记农药3种，分别是嘧菌酯、噻嗪酮和阿维菌素，其余37种均未登记。检出农药中已经制定限量的有甲氰菊酯、啶虫脒、氧乐果、甲胺磷、2,4-滴5种，未制定限量的农药有35种。检出禁限用农药5种，氧乐果、氟虫腈、甲胺磷各1批次，杀扑磷5批次、灭多威4批次。草莓检出农药品种40种。呈现"两头高、中间低"现象，即刚上市时及下市前检出农药数量多，其他时间较少。草莓中农药多残留现象普遍，5%草莓样品中有10种及以上农药残留，最多1个草莓样品中检出13种农药，平均每个草莓样品检出4.36种农药，均低于美国环境工作组（EWG）公布的相关草莓数据。

示范基地的葡萄样品检出农药种类数量上明显好于非示范基地和流通环节。8批次示范基地葡萄样品总体合格率100%，共检出23种农药，农药检出率22.8%，检出农药中未登记农药占比43.5%，未制定限量的农药占比26.1%；52批次非示范基地葡萄样品总体合格率98.1%，不合格批次为1批次，不合格项为苯醚甲环唑，共检出38种农药，农药检出率37.6%，检出农药中未登记农药占比44.7%，未制定限量的农药占比34.2%；40批次流通环节葡萄样品总体合格率100%。但检出禁限用农药毒死蜱1项次，共检出39种农药，农药检出率38.6%，检出农药中未登记农药占比38.5%，未制定限量的农药占比33.3%。多残留检出结果中，7~10种农药有检出的样品占比情况：示范基地12.5%、普通基地55.8%、流通环节27.5%，总体来说，示范基地多残留情况相对较好。

示范基地葡萄样品中检出农药的慢性风险（%ADI）范围为0.000 03%~0.28%，急性膳食风险（%$ARfD$）范围为0.059%~19.88%，均小于100%，表示风险均可以接受。全膳食慢性风险评估结果显示风险可接受（<100%），最高的慢性膳食风险为氯氰菊酯（98.6%），其次是戊唑醇（91.8%）；普通基地葡萄样品中检出农药的慢性风险（%ADI）范围为0.000 07%~0.32%，急性膳食风险（%$ARfD$）范围为0.000 2%~17.73%，均小于100%，表示风险均可以接受。全膳食慢性风险评估结果显示风险可接受（<100%），最高的慢性膳食风险为氯氰菊酯（98.6%），其次是戊唑醇（91.8%）；流通环节葡萄样品中检出农药的慢性风险（%ADI）范围为0.000 03%~0.15%，急性膳食风险（%$ARfD$）范围为0.001 3%~23.83%，均小于100%，表示风险均可以接受。全膳食慢性风险评估结果显示风险可接受（<100%），最高的慢性膳食风险为氯氰菊酯（98.6%），其次是戊唑醇（91.8%）。

产品质量安全等级评价结果显示，处于A级示范基地（37.5%）明显比非示范（21.2%）和流通环节（25.0%）好。处于B级分别占比62.5%、73.1%和72.5%，大部分均属于这一类。处于C级、处于D级占比均较少，示范基地明显优于非示范与流通环节。

（2）牛、羊等草食动物产品中兽药风险评估。围绕牛、羊等草食动物产品中风险因子，开展浙江省牛、羊等草食动物产品中风险因子膳食暴露评估，并结合膳食风险评估结果，分析牛、羊等草食动物产品潜在的风险隐患，进行风险因子排序并对检出率较高的风险因子开展膳食暴露风险评估，明确膳食摄入风险程度。在养殖基地、屠宰场、农贸市场和批发市场等场所共采集牛肉、羊肉和兔肉等样品300批次（牛肉118批次、羊肉126批次、兔肉56批次），检测项目包括兽药53种和重金属5种，检出率为17.0%，超标率为7.3%，明确了浙江省牛肉、羊肉和兔肉产品质量安全风险因子类型，提出了预警清单和管控建议。

违禁药物有检出，部分羊肉和兔肉样品超标，存在质量安全隐患。羊肉：氯霉素检测126批次，超标9批次，残留浓度0.25~1.48 μg/kg；五氯酚酸钠检测126批次，超标5批次，残留浓度1.12~14.89 μg/kg。兔肉：氯霉素检测56批次，超标8批次，残留浓度0.29~165.14 μg/kg。超标羊肉样品来源于省内农贸市场和屠宰场，超标兔肉样品来源于省内养殖场。中华人民共和国农业农村部公告第193号规定氯霉素在所有食品动物中禁止检出。中华人民共和国农业农村部公告第250号规定食品动物中禁止五氯酚酸钠检出。

常规药物有检出，但均未超标。抽检的牛肉中恩诺沙星、环丙沙星、甲砜霉素、氟苯尼考检出率分别为0.85%、1.69%、0.85%、2.54%。抽检的羊肉中恩诺沙星和金霉素检出率分别为3.12%和1.58%。抽检的兔肉中恩诺沙星、磺胺嘧啶、磺胺二甲嘧啶、磺胺甲噁唑检出率分别为7.14%、3.57%、12.50%、5.36%。常规药物在抽检的牛、羊和兔肉样品中残留浓度均未超过GB 31650—2019《食品安全国家标准 食品中兽药最大残留限量》规定。

牛肉、羊肉和兔肉中恩诺沙星和氯霉素检出频率较高，但膳食风险可接受。牛肉、羊肉和兔肉中恩诺沙星检出率为3.0%（9/300），残留均值为0.8 μg/kg，氯霉素检出率为5.6%（17/300），残留均值为1.57 μg/kg。恩诺沙星的ADI为6.2 μg/（kg bw·d），氯霉素的ADI为29 μg/（kg bw·d）。基于点评估模型，膳食评估结果表明，恩诺沙星和氯霉素的风险熵（%ADI）值分别为0.019 6%～0.056 7%和0.008 2%～0.023 8%，均小于100%，食品安全风险均为可接受。

（3）禽蛋产品中高风险农兽药风险评估。2021年共采集浙江省11个地市24个县市154批次禽蛋样品检出农兽药残留不合格样品7批次，总体合格率95.5%，检出农兽药样品12批次，农兽药检出率7.8%。检出超标药物包括产蛋期不得使用药物氟苯尼考（含氟苯尼考胺）和恩诺沙星，以及禁用抗病毒药物金刚烷胺。检出药物除上述超标药物外，还包括5批次灭蝇胺检出。本项目筛查了3种重点兽药参数，恩诺沙星、氟苯尼考和金刚烷胺，结果表明禽蛋产品中兽药残留的合格率为95.5%，5批次氟苯尼考、1批次恩诺沙星和1批次金刚烷胺超标。其中金刚烷胺检出1批次，残留值达258 μg/kg，属于不得检出药物。蛋禽用药需非常谨慎，确因雏鸡期使用上述药物导致产蛋期延续产生药物残留，应保证做到足够间隔期，检测合格后方可上市。慢性膳食安全风险评估显示，鸡蛋中氟苯尼考、恩诺沙星、金刚烷胺、灭蝇胺的兽药残留膳食风险均小于0.5%，远低于100%，处于可接受水平。

通过验证试验对禽蛋中灭蝇胺和氟虫腈的污染形成机制研究和安全性评价。结果显示，饲喂蛋鸡含推荐剂量5 mg/kg灭蝇胺（环丙氨嗪）的饲料后，鸡蛋中1 d发生检出，3 d达峰值0.15 mg/kg（合格）；在5倍和10倍推荐剂量残留最高可达0.8 mg/kg和1.6 mg/kg（超标），停药3 d后即降至限量值以下。试验证明灭蝇胺在推荐剂量下使用不会造成超标风险。氟虫腈在蛋鸡养殖场属于不得使用药物，限量为0.02 mg/kg。通过模拟低剂量0.5 mg/kg氟虫腈污染饲料，饲喂蛋鸡后所产鸡蛋5 d时氟虫腈达到峰值，蛋黄和蛋清中分别可达0.459 mg/kg和0.034 mg/kg，经21 d蛋清中氟虫腈不再检出，但蛋黄中仍有0.124 mg/kg氟虫腈残留，一旦发生氟虫腈污染鸡饲料，鸡蛋中氟虫腈超标问题无法避免。

参考文献

张峰祖, 朴秀英, 2023. 国内外农药膳食风险评估技术现状[J]. 现代农药, 22(4): 14-20, 43.
张磊, 李凤琴, 刘兆平, 2011. 食品中化学物累积风险评估方法及应用[J]. 中国食品卫生杂志, 23(4): 5.
张星联, 杨桂玲, 陈晨, 等, 2016. 农产品质量安全风险评估技术研究现状及发展趋势[J].

农产品质量与安全(5): 3-7.
VAN STRAALEN N M, DEN HAAN K H, HERMENS J L M, et al., 2022. Risk assessment scknowledging variability in both exposure and effect[J]. Environmental science & technology, 56(20): 14223-14224.
HAMILTON D, AMBRUS A, DIETERLE R, et al., 2010. Pesticide residues in food-acute dietary exposure[J]. Pest management science, 60(4): 311-339.

二、病原微生物风险筛查与评估

（一）病原微生物风险筛查

1. 传统微生物检测方法

（1）显微镜检测法。显微镜检测是微生物检测的最早使用的方法之一，可以直观的观察微生物形态并计数。涂片染色油镜镜检简便快速，但在普通光学显微镜下无法正确判断微生物的死活，该方法需要操作者具有丰富的理论基础和实践经验，在基层食品检验中占据重要的地位。

（2）培养法。培养法是食品微生物检测最经典的方法之一，通过这种方法可以对微生物的具体生存状态，数量以及种类等进行明确的判断。该方法工作量大、操作繁琐、培养环境苛刻、培养时间长，而且自然环境中只有不1%的微生物能用常规平板培养方法检测到，非可培养状态菌（VBNC）也无法通过琼脂平板培养检测到，导致食品中致病微生物的数量被低估，从而带来潜在的食品安全风险。

2. 现代微生物检测技术

（1）免疫学检测技术。免疫学检测技术最早在20世纪食品安全检验中就已经得以应用，又被称作酶联免疫吸附检测技术（ELISA），主要是将已知的抗原或抗体吸附在固相载体（聚苯乙烯微量反应板）表面，使酶标记的抗原抗体反应在固相表面进行，用洗涤法将液相中的游离成分洗除。常用的ELISA法有双抗体夹心法和间接法，前者用于检测抗原，后者用于测定特异抗体。免疫学检测技术具有成本低廉、操作简单的优势，已经在多种食源性病原菌检测中应用，如大肠杆菌、沙门菌等。

（2）聚合酶链式反应检测技术。聚合酶链式反应检测技术主要是使用了DNA复制原理，在微生物的体外进行DNA复制过程，然后将目的基因当作模板进行扩增，对扩增完成后的结果使用染色观察，由于这种技术在使用过程中成本相对较低，并且操作也相对较为简单，在现阶段我国食品微生物检测中得到广泛的应用。

（3）基因探针检测技术。基因探针技术的原理主要是利用一段带有检测标记、顺序已知、与目的基因互补的核酸序列，通过分子杂交与目的基因结合，产生杂交信号，完整显示目的基因。该技术具有准确性高、特异性好等优势，但也存在如成本高、对实验室环境与设备要求较高、同位素标记会发生放射性污染等不足，因此在实际筛查中该技术还未得到广泛应用。

（4）生物芯片技术。目前用于微生物检测的生物芯片技术主要是基于核酸探针杂交的基因芯片技术，通过将多种待检微生物的特异性16S rRNA基因序列固定到芯片上，通过增菌和PCR扩增制备待检微生物的特异DNA序列，然后与芯片上的探针序列杂交，最后通过荧光或其他信号方式进行检测确认。因此生物芯片是PCR技术与基因探针技术的集成，虽然其灵敏度与PCR技术相当，但其具有高通量、多参数、高精确度和快速分析等特征，所以备受青睐。

（5）ATP生物荧光法。ATP是各种生命活动能量的直接来源，存在于所有生物体中，所以通过检测ATP，可以间接地证明生物体的存在。ATP生物荧光法是通过荧光素-荧光素酶系统和样品中的ATP发生一系列生化反应，最终产生氧化反应导致光的发射，利用高灵敏度的仪器测量光量子的大小（光强度），以定量样品中的ATP浓度，即以ATP表示生物量或生化活性的大小。ATP生物荧光检测能快速和方便得到微生物的增长水平，及时采取有效措施控制微生物的繁殖，从而可以有效防治微生物大量繁殖引发的一系列问题。由于所有有生命的生物体都可产生ATP，所以ATP生物荧光法只能用来估算总的微生物量，而不能判定是否有特定细菌或病原菌存在。

（二）病原微生物风险评估

1. 微生物风险评估基本框架

微生物风险评估是以科学数据为基础，对食品中危害人类健康的病原微生物进行的科学分析研究，并经由下列的4种过程。

（1）危害识别。识别可能存在于某种或某一类特定食品中，可能对人体健康造成不良作用的生物因子过程。危害识别包括以下几部分：识别微生物特性，即影响微生物生长、生存的最适条件和环境因素等；食源性疾病作为危害暴露的结果；传播模式，即微生物如何影响宿主；发生频率和爆发数据。

（2）暴露评估。个体暴露于微生物危害的可能性及可能摄入量的估计。暴露评估起始于原料中病原菌流行或加工过程中病原菌数量，如果缺乏监测数据，可通过预测微生物学来模拟加工过程中病原菌的流行和浓度，因此预测微生物模型是暴露评估模型中的关键输入参数。结合有消费频率的消费数据和食品与危害物关系的数据，即可进行暴露估计。食品消费模式是进行暴露评估的一部分，评估需要关于食品消费范围，每周或每年的消费率。社会经济和文化背景、民族、季节、地区差异、消费习惯和行为都有可能影响消费模式。

（3）危害特征描述。阐述致病菌进入人体后所导致的负面健康作用，以及严重性和耐受性，并且找到它的剂量-反应关系。危害描述的目的是对食品中病原菌的存在所产生的不良作用的严重性和持续时间进行定性或定量的评价。许多因素影响剂量-反应关系，如菌株致病性的变异、个体差异等。指数模型（exponential）、泊松模型（beta-poisson）及weibull-gamma模型为应用较为广泛的剂量效应模型。

（4）风险特征描述。根据危害识别、危害特征描述和暴露评估步骤中所描述的观点和资料来进行，风险特征描述是特定危害因子对特定人群产生不良作用潜在可能性和严重性的一个定量估计，这一结果可表述为个人风险或每餐风险。危害特征描述的不确定性又主要包括2个部分。一是健康指导值制定过程中的不确定性，这部分主要与试验结果的外推（包括从实验动物外推到人以及从一般人群外推到特定人群）和试验数据的局限性有关；通常采用一定的不确定系数或特异性调整系数进行校正等方案解决。二是剂量-反应评估过程的不确定性，不确定因素可通过统计学方法，如概率分布或概率树进行定量分析和表述。

2. 病原微生物风险评估工具

微生物风险评估模型中影响评估结果的参数众多，各参数的不确定性对最终结果影响显著。传统的方法是以单一的点值（如均值）估计参数，但一般来说参数都是随机因素，点值估计的最终结果往往使评估结果偏离，不能表现出风险的不确定性。蒙特卡罗过程是以一个或多个概率分布为基础的产生随机变量值的过程。蒙特卡罗模拟是用多次多个不同输入数值来计算模型输出值的过程，目的是利用所有可能的完整假设。例如，微生物风险评估中会有2个或多个变量（如病原菌的分布和浓度），将他们多次综合在一起生成进一步计算的概率范围。国际上知名的风险评估软件包括美国Palisade公司的@RISK软件和Decisioneering公司的Crystal Ball软件等。@RISK是一种内置于Excel的软件，采用蒙特卡罗模拟技术，利用全面的随机信息计算各种可能的结果。在模型中，以概率分布函数来表示变量的不确定性，一次模拟包括成千上万次运算，每次运算都从概率分布中随即抽取数值，精确地进行评估计算。@RISK软件能够有效利用致病菌流行数据和食源性疾病临床检测数据，系统、客观地评价风险评估模型的性能，该软件能够提供关于置信区间的信息，或对不同假设的概率设定范围，评估的概率输出结果为风险管理者提供了更为科学的风险管理依据。

3. 病原微生物风险评估技术应用现状

20世纪末，WHO和FAO与欧美发达国家陆续开展食品微生物风险评估工作并相继发布报告。我国微生物风险评估技术研究工作起步较晚，目前与发达国家还存在一定差距。根据食源性疾病监测数据，副溶血性弧菌和沙门菌是我国细菌性疾病的主要风险因子，微生物风险评估相关研究也相对集中在这2种细菌上。

副溶血性弧菌（VP）引发的食物中毒事件在我国细菌性食物中毒中占首位。目前，美国、日本、泰国以针对牡蛎、竹荚鱼、雪蛤等海产品中VP展开了定量风险评估并相继发布报告。虽然目前各国进行微生物风险评估都遵从CAC制定的原则，但是还没有适用于各国的风险评估通用模型。FAO和WHO将美国FDA建立的生食牡蛎VP风险评估模型应用在加拿大、澳大利亚、新西兰和日本等国的数据上，以探索其是否也可应用于其他国家。结果显示，由于气候条件、地理位置、生产方式的差异以及数据缺乏等原因，风险评估模型并不适用于其他国家。在我国，陈艳等首先发布了福建省零售生食牡蛎中VP定量风险评估报告，模拟了生食牡蛎从零售到消费环节的污染率和污染水平的变化，预测出不同季节食用牡蛎后引发疾病的风险；邵玉芳等开展了浙江省生食牡蛎中VP的定量风险评估，预测生食VP污染的牡蛎的致病风险并定量评价了风险缓解措施；宁芊等开展了福建省文蛤从零售到消费环节VP的风险评估，预测出每人每年因食用生文蛤而导致的致病概率。

2002年FAO/WHO首次开展肉鸡养殖至消费全过程的沙门菌风险评估，评估数据来源于各国沙门菌的污染及消费情况统计。美国农业部食品安全与检测服务中心（USDA-food safety and inspection service，USDA-FSIS）基于美国实际污染和消费数据发布了肉鸡从养殖到消费环节的风险评估报告。Jeong等评估了韩国市场肉鸡零售至消费环节的沙门菌致病风险，确定了零售环节的初始污染率是影响风险的关键因素。Oscar构建了美国肉鸡消费环节的风险评估模型，研究发现消费环节的交叉污染是关键风险控制点。已发布的肉鸡养殖至消费全过程的风险评估模型不适用于对我国肉鸡沙门菌致病风险的预测。在我国，2009年吴云凤等应用半定量风险评估软件（risk ranger），结合流行病学调查和微生物检测的数据，对鸡肉中沙门菌污染的风险进行半定量评估。国家食品安全风险评估中心朱江辉等最早开展我国鸡肉从零售到餐桌环节的定量风险评估，表明厨房加工过程的交叉污染可显著增加沙门菌的致病风险。

4. 特色农产品中的病原微生物污染风险

病原微生物对特色农产品安全影响不容忽视。草莓、杨梅基本是徒手采摘，分级和包装场所卫生条件较差，存在微生物交叉污染风险。2018年针对浙江省杨梅和草莓开展了病原微生物污染风险筛查，结果显示，杨梅中大肠杆菌平均污染率为54.38%，污染样品的大肠菌群含量均超过欧盟微生物限量标准；同时，样品中存在大量霉菌和酵母，是导致杨梅腐败的主要微生物，此外，杨梅中还存在一定量的肠杆菌科致病菌或者条件性致病菌，对免疫力低下的儿童和老年人群侵染力较强。草莓中菌落总数表现出12月至翌年1月污染较重，3—4月污染较轻，常规栽培菌落总数大于基质栽培草莓。此外，草莓表面鉴定到荧光假单胞菌、阴沟肠杆菌等22种致病细菌和冻土毛霉菌、德巴利酵母属球形菌等6种致病性真菌，有一定的潜在食用风险，有待进一步开展定量风险评估。

参考文献

陈艳, 刘秀梅, 2006. 福建省零售生食牡蛎中副溶血性弧菌的定量危险性评估[J]. 中国食品卫生杂志, 18(2): 103-109.

李利霞, 常超, 伍金娥, 2010. ATP 生物荧光法及其应用的研究进展[J]. 食品工业科技(9): 394-397.

宁芊, 李寿愁, 陈守平, 2010. 文蛤中副溶血性弧菌的风险评估[J]. 现代食品科技, 26(11): 1259-1263.

邵玉芳, 汪雯, 章荣华, 等, 2010. 浙江省生食牡蛎中副溶血性弧菌的风险评估[J]. 中国食品学报, 10(3): 193-199.

FORSYTHE S J, 2007. 石阶平, 史贤明, 岳田利, 译. 食品中微生物风险评估 [M]. 北京: 中国农业大学出版社.

吴云凤, 袁宝君, 2014. 零售鸡肉中沙门氏菌的半定量风险评估研究[J]. 食品安全质量检测学报(12): 4157-4162.

朱江辉, 任鹏程, 徐海滨, 等, 2016. 中国鸡肉沙门菌厨房内交叉污染模型初探[J]. 中国食品卫生杂志, 28(3): 382-388.

GUEVARA L, MARTINEZ A, FERNANDEZ P S, et al., 2011. Comparison of probabilistic and deterministic predictions of time to growth of *Listeria monocylo* genes as affected by pH and temperatures in food[J]. Foodborne pathogens and disease, 8: 141-148.

IWAHORI J, YAMANOTO A, SUZUKI H, et al., 2010. Quantitative risk assessment of *Vibrio parahaemolyficus* in finfish: a model of raw horse mackerel consumption in Japan [J]. Risk analysis, 30: 1817-1832.

JEONG J, CHON J W, KIM H, et al., 2018. Risk assessment for salmonellosis in chicken in South Korea: the effect of *Salmonella* concentration in chicken at retail [J]. Korean journal for food science of animal resources, 38(5): 1043.

KOSTIC T, STESSL B, WAGNER M, et al., 2010. Microbial diagnostic microarray for food-and water-borne pathogens [J]. Microb biotechnol, 3(4): 444-454.

OSCAR T P, 2004. A quantitative risk assessment model for Salmonella and whole chickens [J]. International journal of food microbiology, 93(2): 231-247.

RASOOLY A, HEROLD K E, 2008. Food microbial pathogen detection and analysis using DNA microarray technologies [J]. Foodborne pathogens disease, 5(4): 531-550.

SAMPEDRO F, RODRIGO D, MARTINEZ A, 2011. Modelling the effect of pH and pectin concentration on the PEF inactivation of *Salmonella enterica* serovar Typhimurium by using the Monte Carlo simulation [J]. Food control, 22: 420-425.

WANG X W, ZHANG L, JIN L Q, et al., 2007. Development and application of an oligonucleotide microarray for the detection of food-borne bacterial pathogens [J]. Applied microbiology biotechnology, 76(1): 225-233.

YAMAMOTO A, LWAHORI J, VUDDHAKUL V, et al., 2008. Qantitative modeling for risk assessment of *Vibrio parahaemolyticus* in bloody clams in southern Thailand [J]. International journal of food microbiology, 124: 70-78.

ZHU J, BAI Y, WANG Y, et al., 2017. A risk assessment of Salmonellosis linked to chicken meals prepared in households of China [J]. Food control, 79: 279-287.

三、收贮运环节"三剂"风险筛查与评估

"三剂"是指食用农产品采收、贮藏、运输等环节中所使用的防腐剂、保鲜剂和添加剂。《农产品包装和标识管理办法》中对食用农产品中的防腐剂、保鲜剂、添加剂（"三剂"）进行了定义：①农产品中防腐剂是指防止农产品腐烂变质的化学合成物质或者天然物质；②农产品中保鲜剂是指为保持农产品新鲜品质，减少流通损失，延长贮存时间的人工合成化学物质或者天然物质；③农产品中添加剂是指为改善农产品品质和色、香、味以及加工性能加入的人工合成化学物质或者天然物质。近年来，随着产业链的延长，农产品产后减损的需求增加，"三剂"等被广泛应用于产后收、贮、运环节。因此"三剂"的风险筛查评估方法以及结果的利用成为了风险管理的重要手段。

（一）风险筛查评估方法

1. 农药类"三剂"的风险筛查方法

目前，绝大部分农药类化合物已建立了准确度高、检出限低、重复性好的气相色谱法、气相色谱-质谱法、液相色谱法、液相色谱-质谱法等现代仪器分析方法。其中，气相色谱法、气相色谱-质谱技术是以惰性气体为流动相的仪器分析方法。化合物经高温气化后随流动相进入色谱柱，利用与色谱柱的填充材料差异作用力按照不同的时间顺序流出，并进入不同检测器实现化合物定性定量分析。易挥发，且在高温下不发生分解的"三剂"化合物均可使用气相色谱法分析。然而，热稳定性差、非挥发或难挥发的分析物如有需要，则需通过适宜的衍生化（酰化、烷基化、酯化等）手段使目标分析物满足分析条件；液相色谱法、液相色谱-质谱技术是以液体为流动相，基于目标分析物在固定相（色谱柱填充材料）和流动相的作用力差异而实现分离，经色谱柱流出的目标物依次进入检测器而实现定量分析的仪器分析技术，可分析极性、难挥发、热不稳定、大分子量的"三剂"化合物，弥补气相色谱法、气相色谱-质谱技术缺陷，两者互补。

2. 食品添加剂类"三剂"的风险筛查方法

二氧化硫及其亚硫酸盐是常用的食品添加剂，可以作为漂白剂、抗氧化剂、还原剂及防腐剂应用于不同食品中。目前，用于二氧化硫检测方法比较普及的是传统的比色法和滴定法。对于一些检测要求高，传统检测方法不能检出的食品，色谱法应用比较普遍。

（1）比色法。常见的比色法为盐酸副玫瑰苯胺法和蒸馏比色法。盐酸副玫瑰苯胺法利用亚硫酸盐与吸收液生成稳定的络合物，与甲醛、盐酸副玫瑰苯胺反应，生成紫红色络合物，然后进行测定，具有灵敏度高、再现性好、操作简单的优点。但该方法使用的吸收液四氯汞钠是有毒试剂，污染环境，同时此方法不适用于本底有颜色的食品和含有味精的坚果食品；蒸馏比色法采用蒸馏后用氢氧化钠吸收，再用盐酸副玫瑰苯胺比色，此方法的优势是可避免颜色的干扰，但此方法需要控制好蒸馏的温度、氮气和蒸馏的时间，操作繁琐而且不确定性因素导致的测定结果偏差比较大。

（2）滴定法。滴定法是目前国家标准中常用的检测方法，包含有直接滴定法、蒸馏-碱滴定法、蒸馏-碘量法。直接滴定法将食品中二氧化硫转化为亚硫酸盐，以淀粉作为指示剂，用碘标准溶液进行滴定，此方法适用于葡萄酒中游离二氧化硫含量测定，简便快速，成本低廉，但此方法对含有芳香类或芳香类食品中二氧化硫的检测不适用；蒸馏-碱滴定法对样品以蒸馏的方式进行前处理，然后利用吸收液对二氧化硫进行吸收，用碱溶液进行滴定。该方法优点在于检测范围较大，蒸馏时间短，但是需要高度密封的全玻璃蒸馏装置，并且通入氮气纯度也具有一定的要求；蒸馏-碘量法在酸性条件下蒸馏，经水循环冷凝后，用乙酸铅溶液进行吸收，后经浓盐酸酸化，最后碘标准溶液进行滴定。该方法操作简单，成本低，但是实验所用时间较长，不适于大批量的样品检测。且此方法对含有芳香类食品（蒜、辣椒等）中二氧化硫的检测不适用。

（3）色谱法。二氧化硫测定的色谱法主要有气相色谱法、离子色谱法和液相色谱法。气相色谱法利用试剂将样品中亚硫酸盐进行提取后，取部分在密闭容器中，使之成为酸性挥发的亚硫酸，使用顶空自动进样器与火焰光度检测器对顶空气体进行分析测定，实现二氧化硫的定性、定量分析。此方法适用于中草药、葡萄酒和啤酒等中二氧化硫含量测定；离子色谱法对样品进行提取、净化后，经离子色谱检测。此方法的稳定性、重现性较好。但过程繁琐，例如针对含油脂较高的食品需要用石油醚提取去除油脂，含色素类食品需要通过石墨化炭黑小柱去除。且此方法中样品和标样在甲醛中的稳定时间短，仪器检测时间长，样品量大时，需控制检测时间；液相色谱法是以液体为流动相，将待测样品随着流动相进入载有固定相的色谱柱，后进行洗脱分离，最后将信号传递至检测器，后进行检测鉴定的方法。但大多数液相色谱法需要经过提取、净化和柱后衍生，步骤繁多、实验要求条件较高，分析方法较为复杂。

3. 其他"三剂"的风险筛查方法

此外还有一些检测方法，如荧光光度法、电极法、试剂盒法也在"三剂"检测上有广泛的应用。虽然各类"三剂"检测方法层出不穷且日渐成熟,但是"三剂"的检测技术仍存在一定问题。由于食品基质较为复杂,几乎各种分析检测方法的样品前处理较为繁琐,并且大多针对特定基质,处理方法的适用范围相对较窄;"三剂"高通量同步检测技术有待研究。"三剂"品种繁多,现有的检测方法只能测定单一化合物或同类化合物,其检测种类有限,缺乏能够同时检测多种"三剂"的技术方法;缺少针对"鲜活"特性产品的预处理和快速检测方法。生鲜杨梅、草莓、桑葚等产品极易腐败,难以实现远距离运输,影响结果测定;部分食品添加剂类"三剂"检测的方法有待建立。如精油类保鲜剂因成分复杂难以实现良好的分离效果,脱氧保鲜剂由纳米硅基氧化物、活性铁粉、碳酸钠等多种物质混合制成,没有可用的检测方法。因此,急需研究能应用于多种食品基质且可以快速、简便、高通量的测定食品中"三剂"的分析方法,并补充部分"三剂"检测方法的空白。

(二)不同农产品筛查评估结果分析

目前我国对农产品收贮运环节"三剂"的研究尚处于起步阶段,研究的重点主要集中在以农药为基础的杀菌剂、植物生长调节剂和保鲜剂,以食品添加剂为基础的防腐剂、护色剂、被膜剂的风险评估。"三剂"的使用和管理应基于风险评估的结果,欧盟食品安全局(EFSA)、美国国家环境保护局(EPA)、FAO、WHO和食品添加剂联合专家委员会等组织对绝大多数农药类和食品添加剂类"三剂"已开展了风险评估,并持续跟踪、完善。最新研究报道,EFSA重新开展了山梨酸、山梨酸钾、梨酸钙作为食品添加剂的风险评估,同时重新修订了多菌灵、甲基硫菌灵、噻虫胺和噻虫嗪的最大残留限量(MRLs)。我国国家食品安全风险评估中心已公布食品中部分危害因子如铝、反式脂肪酸、苏丹红、丙烯酰胺等膳食摄入的风险评估,但尚未见有关"三剂"的风险评估报告。

近年来,也有不少学者针对农产品的"三剂"开展风险评估,评估方法包括急性膳食风险评估、慢性膳食风险评估、风险评估模型建立等,明确不同农产品中"三剂"对不同人群的膳食暴露风险,并提出相应的建议措施。

(1)水果产品。目前已有学者对草莓、梨、葡萄、猕猴桃、苹果等开展了"三剂"膳食风险评估研究。针对草莓,研究了采收期使用百菌清、腈菌唑和吡唑醚菌酯可能产生的膳食安全风险,进行了残留试验及不同人群的膳食暴露和风险评估,结果表明,喷施腈菌唑和吡唑醚菌酯后7 d内的草莓对2~4岁、18~30岁、60~70岁的人群风险都很低,而喷施百菌清7 d内草莓对2~4岁儿童及1 d内对18~30岁女性的风险是不可接受,建议草莓采收期不使用百菌清。

(2)蔬菜产品。目前对豆芽、莲藕、双孢蘑菇、芹菜、韭菜等开展了"三剂"膳食风险评估研究。利用传统食品安全风险评估法和基于Monte Carlo模拟技术的@risk软件,学者开展双孢蘑菇中亚硫酸盐和二氧化钛、莲藕中柠檬酸和葡萄中抑霉唑的风险评估。结果表明，基于所有蔬菜或水果有相当于双孢蘑菇中二氧化硫和二氧化钛含量、莲藕中柠檬酸含量及葡萄中抑霉唑含量的假设，儿童、青少年、成年人和老年人4类不同人群仅通过食用双孢蘑菇途径摄入二氧化硫和二氧化钛的风险熵平均值分别小于0.254和0.516，仅通过食用莲藕途径摄入柠檬酸的风险熵平均值小于0.305，仅通过食用葡萄途径摄入抑霉唑的风险熵平均值小于0.047；此外，模拟实验条件下成年人摄入二氧化硫、二氧化钛、柠檬酸和抑霉唑的最大风险熵分别为0.035、0.376、0.001和0.190。另有学者采用点评估方法评估了我国不同人群的豆芽中6-苄基腺嘌呤（6-BA）的膳食暴露风险，结果显示近年来我国各类人群的6-BA膳食暴露风险熵平均值为0.001；在豆芽制发中普遍使用6-BA的情况下，其风险熵平均值为0.001~0.003；在极端高残留假设下的风险熵平均值为0.011~0.025；可见，豆芽中6-BA的膳食暴露风险非常低，建议可设定其使用规范和残留限量要求，建议其残留限量设为0.2 mg/kg。

（3）肉制品。为防止腐败变质，常需添加防腐剂来抑制微生物的增殖，以延长其保藏期。山梨酸对霉菌、酵母菌、好气性细菌的生长发育具有良好的抑制作用。有学者评估了河北、浙江和江西3省居民膳食中山梨酸及其钾盐的暴露水平及其潜在健康风险，通过采集的38类食品139 789份样品的监测数据，评估结果显示肉制品中肉灌肠类产品是居民膳食山梨酸及其钾盐暴露的主要来源，从各类食品的膳食暴露综合结果看，河北、浙江和江西3省居民膳食山梨酸及其钾盐暴露风险在人体可接受范围内。

（4）水产品。"三剂"中的亚硫酸盐在水产品贮藏方面尤其是海捕虾保鲜处理中应用十分广泛，在虾捕捞行业中应用较多的仍然是喷洒或者浸泡亚硫酸盐保鲜剂。通过对虾产品中亚硫酸盐的膳食风险评估，对比国内外相关限量标准，从我国居民的饮食习惯来看，虾类产品中一定残留量的亚硫酸盐对人体健康造成危害的可能性较小。建议在规定限量标准的同时，规范使用方法，引导生产者科学、合理、合法使用，有效遏制亚硫酸盐的滥用现象，提高虾类产品使用安全，维护消费者权益。

（三）收贮运环节的安全问题要引起高度重视

农产品收贮运环节产业链条长、范围广，产业不集中，监管难度大。收贮运环节涉及的风险因子较复杂，而非农兽药、非食品添加剂的"三剂"更是监管空白地带。我国收贮运环节风险评估尚处于初期阶段，已有的风险评估数据多针对种植环节，在收贮运环节的数据极其匮乏甚至空白。由于环节的特殊性，一些"三剂"在产后贮藏、运输环节发生代谢，可能产生毒性更强的次级代谢产物，其生成机制和代谢等级都不清楚，需要开展深入评估；对于一些新型的"三剂"产品、包装材料、新发现的生物毒素，更无相关毒理学数据积累，需要通过开展系统的评估工作进行完善。现阶段，我国在限量标准制修订方面的重点主要集中在农兽药残留、食品添加剂等领域，如GB 2763—2021《食品安全国家标准　食品中农药最大残留限量》和GB 2760—2014《食品安全国家标

准 食品添加剂使用标准》等，且主要在种植环节，而针对农产品收购、采后贮藏、冷链运输方面的标准数量较少，无法满足产业的需要。在农产品包装材料评估方面，其挥发性污染物等风险因子也没有在农产品上的限量标准，只能参考环境领域相关标准。

参考文献

陈峰, 蔡秀丽, 杨娟, 等, 2020. 蒸馏-比色法测定新鲜竹笋中二氧化硫[J]. 中国食品添加剂, 31(1): 160-164.

方芳, 2023. 酸碱滴定法测定食品中二氧化硫的条件优化[J]. 广东化工, 50(8): 195-197.

付志明, 黄小芳, 刘贤标, 等, 2022. 高效液相色谱法同时测定食品中7种防腐剂的研究[J]. 现代食品, 28(23): 161-163.

高冰心, 2022. 气相色谱-质谱法测定饲料添加剂中乙氧基喹啉的残留量[J]. 广州化工, 50(11): 85-87.

黄伟素, 楼甜甜, 陆柏益, 等, 2017. 我国农产品防腐剂、保鲜剂和添加剂使用技术研究[J]. 农产品质量与安全(4): 23-30.

励建荣, 李学鹏, 周凯, 等, 2014. 我国虾类产品中亚硫酸盐的安全性评价[J]. 食品安全质量检测学报, 5(8): 2295-2301.

刘玲, 陶松, 刘立民, 等, 2019. 盐酸副玫瑰苯胺法测定中药材二氧化硫残留量研究[J]. 江西中医药大学学报, 31(2): 72-77.

楼甜甜, 2017. 典型果蔬"三剂"风险评估及基于脆弱性评价模型的预警初探[D]. 杭州：浙江大学.

卢嘉, 李敏敏, 刘佳萌, 等, 2021. 我国农产品收贮运环节质量安全风险评估研究现状及监管建议[J]. 农产品质量与安全(1): 32-37

宁晓盼, 姚倩, 许忠祥, 等, 2023. 固相萃取-高效液相色谱法测定水产调味品中7种对羟基苯甲酸酯类防腐剂[J]. 色谱, 41(6): 513-519.

彭晓俊, 邓爱华, 庞晋山, 2011. 柱后衍生-高效液相色谱法测定金针菜中亚硫酸盐[J]. 理化检验(化学分册), 47(12): 1488-1490.

宋金丽, 项怡, 2023. 离子色谱法测定食品中二氧化硫的方法学验证[J]. 中国食品工业, 368(6): 79-85.

魏宇涛, 温泉, 唐维英, 等, 2023. UPLC-MS/MS法同时测定蛋白饮料和液体调味品中36种防腐剂[J]. 食品与发酵工业, 50(1): 279-285.

肖潇, 曾立爱, 宋雁, 等, 2020. 国内三省居民山梨酸及其钾盐膳食暴露风险评估[J]. 毒理学杂志, 34(3): 186-190.

徐大玮, 毕玉琦, 解恒杰, 等, 2022. 基于气相色谱的7种食品添加剂并行检测技术[J]. 粮食与饲料工业, 404(4): 57-67.

杨大鹏, 王慧, 金姗, 等, 2020. 食用菌中二氧化硫检测方法的对比研究[J]. 中国卫生工程学, 19(6): 829-835.

张春荣, 赵月, 李倩, 等, 2023. 山东省聊城市市售韭菜、芹菜、洋葱中农药残留分析及暴露风险评估[J]. 预防医学论坛, 29(1): 28-33.

张志恒, 胡桂仙, 汪雯, 等, 2016. 豆芽中6-苄基腺嘌呤残留的膳食风险评估[J]. 农药学学报, 18(1): 77-85.

张志恒, 李红叶, 吴珉, 等, 2009. 百菌清、腈菌唑和吡唑醚菌酯在草莓中的残留及其风险评估[J]. 农药学学报, 11(4): 449-455.

赵镭, 韩陈, 李文慧, 等, 2021. 气相色谱-串联质谱法快速测定电子电气产品用塑料中45种添加剂[J]. 理化检验(化学分册), 57(11): 989-998.

周元元, 王帅, 邹勇平, 等, 2022. 顶空气相色谱法测定盐渍莲藕中的二氧化硫残留量[J]. 食品安全导刊, 332(3): 86-89.

四、产地重金属风险筛查与评估

重金属是指原子密度大于5 g/cm^{3}的一类金属元素,主要包括金、银、铜、铅、锌、镍、钴、镉、铬和汞等40多种。我国将重金属Cd、Hg、Pb、Cr、Cu、Zn、Ni和类金属As等8种元素作为土壤污染风险筛选值的基本项目及必测项目予以重点关注。重金属污染物由于具有持久性和生物积累的特点,通常在土壤中积累,随着时间的推移转移到农作物中。重金属污染的持续性和生态风险逐渐受到全球的关注,重金属可以经口摄入、呼吸道途径摄入和皮肤接触等途径进入人体产生健康危害风险,但膳食途径摄入是重金属进入人体的主要途径,并可以通过生物蓄积作用而在人体内长期累积,重金属不容易通过生物体代谢的方式排出体外,长期的重金属暴露会对人体健康产生一定的毒害效应,过量摄入可能会引起急性或者慢性毒性。长期低剂量暴露可造成神经系统损伤、肾功能损伤、生殖毒性、骨质密度降低等,严重时可产生致癌、致畸和致突变的"三致"作用。

浙江省地处中国东南沿海长江三角洲南翼,经济迅速发展的同时也带来了环境的恶化。据耕地调查显示,浙江省重金属和农药等污染面积达20%以上,尤其农田土壤Cd、Pb、Zn、As、Cu等重金属污染严重。程街亮等研究了浙江省优势农产区表层土壤重金属分异特征及其现状,对904个代表性样品的分析结果表明,除As和Hg以外,Cd、Cr、Pb、Zn、Cu及Ni的含量均高于浙江省第二次土壤普查得到的表层土壤重金属含量。农产品产地环境风险评价是农业环境评价的一个重要内容,也是生态环境影响评价的一个主要研究领域。对它的研究源于人们对农产品质量安全的关注,目的是为了保障农产品产地的环境安全。一些农业发达国家很早就对此开展了探索,如美国、加拿大、欧盟、澳大利亚、日本等分别制定了一系列详细的农产品产地环境质量标准来保证农产品质量,并建立了从源头治理到最终消费的监控体系,在农产品质量的管理方面基本上实现了"从农田到餐桌"全过程管理。

(一)农产品产地重金属检测方法

1. 重金属检测化学技术

化学方法对土壤中重金属检测比较常见的技术有原子吸收光谱法、电感耦合等离子体质谱法和电感耦合等离子体发射光谱法等。

(1)原子吸收光谱法。原子吸收光谱法在我国已经具备较久的应用时间,成为比较成熟的土壤重金属检测技术。该种方法可以通过微波消解或密封高压消解的方式精准的检测出土壤中Cd、Pb、Cr、Cu、Zn、Ni等元素,满足多种土壤检测需求。原子吸收光谱法也具备一定的缺点,其并不适合对于未知成分样品的检测,且每次检测的时候也只能检测出一种元素,需要多次检测才能够将已知重金属成分的土壤样本的含量都检测出来,而在此过程中需要持续更换光源灯,避免检测结果随着检测次数增多而灵敏度下降的情况。

(2)电感耦合等离子体质谱法。电感耦合等离子体质谱法是检测重金属最有效的方法之一,其具有多元素快速分析、痕量检测、动态线性范围宽、检测限低等优点,可广泛应用于重金属含量检测。电感耦合等离子质谱仪(ICP-MS),其将ICP和质谱仪联合使用,ICP起到离子源的作用,高温的等离子体使大多数样品中的元素都电离出一个电子而形成了一价正离子。质谱是一个质量筛选和分析器,通过选择不同质核比(m/z)的离子通过来检测到某个离子的强度,进而分析计算出该种元素的强度。ICP-MS技术现已广泛用于重金属离子的检测,并成为一种非常强大的元素分析技术,相较于原子吸收光谱法,该项技术分析精密度高、准确度高、受到的干扰较少,线性关系良好、重复性好、回收率高,适用于样品多元素测定。

(3)电感耦合等离子体发射光谱法。电感耦合等离子体发射光谱法是将重金属元素的离子或者是原子放入到光源当中,促使其被激发出特征辐射,然后对该种特征辐射的强度进行判定,从而对土壤当中的各类重金属元素进行定量或者是定性分析。该种方法被应用到土壤重金属检测当中,具备检测速度较快且检测流程简洁的特点,其能够对大批量的样本进行检测。且能检测多种重金属元素,数据重复性较好。

2. 重金属检测物理技术

除了化学技术能够对重金属进行检测以外,学者们也研究出多种可以检测土壤环境重金属的物理方法,其根据待检测土壤样本所具备的物理性质进行分析,从而了解样本的基态原子所产生的特征谱线,对重金属元素进行定量或定性分析。物理技术对重金属进行检测能够直接对土壤样本进行测定，且不会产生检测废液。

（1）X射线荧光光谱法。X射线荧光光谱法主要是通过对待检测土壤样本的基态原子进行特定频率的X射线照射，了解其在该种频率辐射下所激发出的特征谱线，探究其光辐射形式下的特征波长荧光状态。该种检测方法主要是测量样本土壤的共振荧光波长以及荧光强度，从而探究土壤当中所含有的重金属类别以及具体的含量。X射线荧光光谱法所需要花费的检测成本比较低，且检测速度比较快，能够对土壤中的多种重金属元素同时进行检测，从而提升检测的整体效率。但该种方法还存在一定缺陷，X射线本身会对人体健康产生危害，利用该种方法进行土壤重金属检测的工作人员长期处于这种检测环境中可能会受到一定的身体损害。

（2）激光诱导法。激光诱导法对土壤重金属进行检测主要是通过击穿光谱的方式，通过脉冲激发器来发出密度比较高的激光，投射到被检测的土壤表面，此时土壤样本表面所存在的等离子体会喷射出来。在此过程中等离子体会逐渐从热度较高状态转化为冷却状态，从而发射出土壤样品组的信息光谱。此时利用光电探测器对样品的光谱进行采集，并分析等离子体光谱，最终构建出分析重金属元素的定量分析模型。该种检测方法能够得到土壤样品当中的重金属含量信息以及重金属组别分类，具备成本低廉且操作简便的特点，不会对样本造成损伤。

3. 重金属检测生物技术

重金属生物检测技术最常见的方法是酶抑制法和生物传感器法。酶抑制法主要是在检测土壤重金属元素含量过程中，了解重金属在酶活性方面的抑制作用，从而间接性测定重金属含量，在该过程中需要选择合适的酶缓冲系统。生物传感器法属于比较快速的检测技术，其能够在土壤样本现场检测，但也可以在计算机的辅助下进行远程检测。该种方法能够测定土壤当中各个类别的重金属离子，避免对土壤样本进行复杂的预处理，可以直接对土壤样本进行检测。

（二）农产品产地重金属风险评估方法

目前较为常用的产地重金属评价方法，按照评价目的不同可以分为重金属总量评价方法、重金属形态特征评价方法、生态风险和生物有效性评价方法、基于GIS的地理性分布评价方法等。各种评价方法侧重点不同，应用目的不同，为了对土壤污染状况进行比较客观、准确的评价，一般会将几种评价方法相互结合使用，评价结果相互参照，相互补充，以便给出更加客观、准确的评价结论。重金属总量评价方法主要有单因子指数法、地累积指数法、内梅罗综合污染指数法、加权平均综合法、潜在生态风险评价指数法、污染负荷指数法、环境风险指数法、富集因子评价法等。苏辉跃对天津市武清区95个农田表层土中Pb、Cu、Cr、Ni、Zn、Cd和As的含量进行测定并使用地累积指数和潜在生态风险指数进行风险评估，结果表明，Cd和As是研究区生态风险的主要贡献者。对云南会泽铅锌冶炼区土壤重金属污染特征进行重金属评价，结果表明研究区Pb、Zn、Cd均值均超过了云南省土壤重金属背景值，达到重污染级别，具有极高的潜在生态风险。贾亚琪为了解汞矿选冶采矿活动对当地生态环境的影响，以贵州某汞矿区尾矿堆场为研究对象，利用内梅罗综合污染指数法、潜在生态风险评价指数法对土壤重金属污染程度进行评价，结果表明研究区土壤复合污染程度为重污染，Hg贡献最大，Cd次之。刘硕以龙口煤矿区土壤重金属为对象，采用单因子指数评价法和加权平均综合法，并对加权平均方法进行改进，得到更加科学的评价结论。除了总量以外，还可以通过重金属形态来评估风险。重金属形态分析评价常用方法有RAC生态风险评价法等。肖涵对贵州省晴隆县大厂锑矿尾矿进行风险评价，内梅罗综合污染指数法和潜在生态风险评价指数法评价结果为存在重度污染和严重环境生态风险。王蕊采集了龙岩市某矿区周边表层土壤及配套农作物样品，在分析土壤Pb、Cd和As等3种重金属总量和形态的基础上，采用潜在生态风险评价指数法、基于地球化学统计学划分生态风险等级的方法，对土壤重金属Pb、Cd和As的生态风险与人体健康风险评估。结果表明，研究区土壤重金属超出环境质量标准的元素为Pb和Cd，除残渣态外的4种生物可利用形态占比排序：Pb>Cd>As，谷物籽粒重金属含量超出食品限量标准值的元素主要为Pb，基于重金属总量和生物可利用形态的生态风险评估结果均显示Cd是最主要的生态风险因子。

1. 基于污染水平的重金属风险评估

（1）评价标准。土壤环境质量评价按照GB 15618—2018《土壤环境质量 农用地土壤污染风险管控标准（试行）》二级标准执行；农产品质量评价按照GB 2762—2022《食品安全国家标准 食品中污染物限量》执行。

（2）评价方法。土壤依据单项污染指数、综合污染指数进行污染程度分级评价。相关计算公式和分级标准如下。

$$土壤单项污染指数 = \frac{土壤污染物实测值}{污染物质量标准} \tag{2-6}$$

$$土壤综合污染指数 = \sqrt{\frac{(平均单项污染指数)^2 + (最大单项污染指数)^2}{2}} \tag{2-7}$$

表2-6 土壤污染分级标准

等级	综合污染指数（内梅罗）P综	单项污染指数 Pi	评价等级	污染水平
1	P综≤0.7	Pi≤1	安全	清洁
2	0.7<P综≤1.0	1<Pi≤2	警戒限	尚清洁

（续表）

等级	综合污染指数（内梅罗）P综	单项污染指数 Pi	评价等级	污染水平
3	1.0<P综≤2.0	2<Pi≤3	轻污染	土壤污染物超过背景值，视为轻度污染，作物开始污染
4	2.0<P综≤3.0	3<Pi≤5	中度污染	土壤、作物均受到中度污染
5	P综≥3.0	Pi≥5	重度污染	土壤、作物污染已严重

2. 基于膳食暴露风险的重金属风险评估

采用EPA人体暴露污染物的健康风险评估方法来评估重金属对人体累积健康风险，可用该方法对非致癌（THQ）风险评价，如下。

$$THQ = \frac{ADD}{RfD} \times 10^{-3} \tag{2-8}$$

$$ADD = \frac{C \times IR \times EF \times ED}{bw \times AT} \tag{2-9}$$

式中：THQ为人体暴露非致癌物的累计健康风险；ADD为污染物的日平均暴露剂量，单位mg/（kg·d）；RfD为在某种暴露途径下污染物的参考剂量，单位mg/（kg·d）；IR为摄入量，单位g/d；C为某污染物的浓度，单位mg/kg；EF为暴露频率；ED为暴露持续时间，单位a；bw为体重，单位kg；AT为平均暴露时间，单位d。

风险模型评价结果为$THQ \leq 1.0$则表明长期食用对健康没有明显的负面影响；$THQ > 1.0$则表明长期食用对健康产生负面影响可能性很大；$THQ > 10.0$则表明存在慢性毒性作用。

（三）农产品产地重金属风险评估案例分析

在浙江某地区采集土壤样品164个、农产品45个，调查分析该地区主要产地环境的重金属污染风险。

1. 基于污染水平的重金属风险评估

该地区采集土壤样品pH值3.86～8.57，镉含量范围0.05～0.58 mg/kg，汞含量范围0.02～1.04 mg/kg，砷含量范围0.86～15.1 mg/kg，铅含量范围14.3～77.6 mg/kg，铬含量范围9.7～209 mg/kg，铜含量范围5.7～147 mg/kg，锌含量范围37.9～224 mg/kg，镍含量范围2.9～125 mg/kg。依据GB 15618—2018《土壤环境质量 农用地土壤污染风险管控标准（试行）》中的土壤污染风险筛选值为标准值判定，土壤总体超标率17.7%，其中Hg、Cd、Cr、Cu、Zn、Ni、Pb出现超标，污染指标以Cu为主，超标样点13个，占总样品量的7.9%，其他指标超标率分别为Hg 4.3%、Cd 3.7%、Ni 2.4%、Cr 1.8%、Zn 1.2%、Pb 0.6%。Cu占超标指标总数的29.5%，其次为Hg和Cd。具体各污染物超标从高到低依次为：Cu>Hg>Cd>Ni>Cr>Zn>Pb，As未出现超标。

土壤依据单项污染指数、综合污染指数进行污染程度分级评价。从土壤污染程度来看，该地区土壤质量状况良好，安全土壤样点占68.3%，警戒限占17.7%。但部分点位也存在不同程度污染，其中，中度污染8个，占4.9%，而轻度污染样点15个，占9.1%，未出现重污染。

农产品样品包括稻谷、蔬菜、水果、茶叶及其他粮食作物（红薯）等，以稻谷为主，其次为蔬菜，依据GB 2762—2022《食品安全国家标准　食品中污染物限量》标准，根据农产品重金属Hg、As、Pb、Cd、Cr判定限量标准，发现1个稻谷样品超标，超标率2.22%，超标指标为Cd。

2. 基于膳食暴露风险的重金属风险评估

从调查个体的消费量、体重和食物中污染物含量等数据着手，对该地区重金属膳食暴露量进行了评估。中国居民体重和消费量数据来自2004年"中国健康与营养调查"结果，儿童（3～12岁）、青壮年（18～45岁）和中老年居民（>45岁）人均每日蔬菜消费量分别取值223.4 g/（d·人）、355.0 g/（d·人）和366.4 g/（d·人），人均体重儿童（3～12岁）、青壮年（18～45岁）和中老年居民（>45岁）分别为24.5 kg/（d·人）、60.3 kg/（d·人）和59.4 kg/（d·人）。以该地区农产品样品中的重金属平均含量、中位数、99.5百分位点值，计算Cd、Cr、Pb、As、Hg、Cu、Zn、Ni的膳食暴露风险熵。

结果表明，农产品中重金属膳食暴露风险熵的大小顺序为Cd>Pb>Cr>Ni>As>Cu>Zn>Hg。风险较大的是Cd、Pb、Cr和Ni，以99.5百分位点值计算暴露风险熵（THQ）时，儿童、青壮年、中老年的THQ均大于1。As、Cu、Zn和Hg的风险相对较小，THQ均小于1。

（1）Cd膳食摄入风险评估。根据JECFA推荐的Cd的每月耐受摄入量PTMI 25 μg/（kg bw），计算Cd的月膳食暴露风险熵。从平均值、中位值、99.5百分位点值比较来看，暴露风险熵（THQ）均是儿童>中老年>青壮年。儿童属于Cd敏感人群，青壮年和中老年对Cd的敏感性差异不大。以99.5百分位点值计算暴露风险熵（THQ）时，儿童THQ已大于1。当THQ大于1，即认为会对人体产生风险来推算，摄入高于Cd浓度农产品会对儿童带来危害。

（2）Cr膳食摄入风险评估。根据美国科学院提出的Cr的日摄入限量200 μg，成人平均体重60 kg，得出每月耐受摄入量PTMI为100 μg/（kg bw），计算Cr的月膳食暴露风险熵。从平均值、中位值、99.5百分位点值比较来看，暴露风险熵（THQ）均是儿童>中老年>青壮年。儿童属于Cr敏感人群，青壮年和中老年对Cr的敏感性差异不大。以99.5百分位点值计算暴露风险熵（THQ）时，儿童THQ大于1。以THQ大于1时可能对人体产生风险来推算，摄入高Cr浓度农产品会对儿童带来较大危害。

（3）Pb膳食摄入风险评估。根据JECFA推荐的Pb的每周耐受摄入量PTWI 25 μg/（kg bw），计算Pb的周膳食暴露风险熵。从平均值、中位值、99.5百分位点值比较来看，暴露风险熵（THQ）均是儿童>中老年>青壮年。儿童属于Pb敏感人群，青壮年和中老年对Pb的敏感性差异不大。以99.5百分位点值计算暴露风险熵（THQ）时，儿童大于1。摄入高Pb浓度农产品会对儿童带来较大危害。

（4）Ni膳食摄入风险评估。根据Ni每日耐受摄入量TDI值12 μg/（kg bw），计算镍的日膳食暴露风险熵。从平均值、中位值、99.5百分位点值比较来看，暴露风险熵（THQ）均是儿童>中老年>青壮年。儿童的THQ平均值分别是青壮年和中老年的1.55倍和1.48倍，中老年的THQ平均值是青壮年的1.05倍，儿童属于Ni敏感人群，青壮年和中老年对Ni的敏感性差异不大。以99.5百分位点值计算暴露风险熵（THQ）时，儿童的THQ大于1。以THQ大于1时可能对人体产生风险来推算，摄入高Ni浓度的农产品会对儿童带来危害，而对青壮年和中老年的膳食健康风险在可接受的范围。

As、Cu、Zn和Hg的风险相对较小，从平均值、中位值、99.5百分位点值比较来看，暴露风险熵（THQ）均是儿童>中老年>青壮年，且无论是儿童、中老年、青壮年THQ均小于1，说明该地区农产品As、Cu、Zn和Hg这4个指标对人群的膳食健康风险在可接受的范围。

参考文献

程街亮, 史舟, 朱有为, 等, 2006. 浙江省优势农产区土壤重金属分异特征及评价[J]. 水土保持学报, 20(1): 103-107.

苏辉跃, 王璐, 钱欢, 等, 2021. 武清区典型蔬菜种植区土壤重金属的风险评估和空间分布特征[J]. 农业资源与环境学报, 38(6): 1122-1131.

董海洁, 2021. 土壤重金属检测技术与生态修复技术研究进展[J]. 环境科学与管理, 46(7): 110-113.

龚亮, 2022. 土壤重金属检测技术研究现状及发展趋势[J]. 中国金属通报, 23(12): 159-161.

黄丹, 刘栩彤, 黄河, 等, 2022. 安全利用区和严格管控区稻米重金属健康风险评价[J]. 农业环境科学学报, 41(6): 1184-1192.

贾亚琪, 程志飞, 刘品祯, 等, 2016. 煤矿区周边农田土壤重金属积累特征及生态风险评价[J]. 土壤通报, 47(2): 474-479.

刘硕, 吴泉源, 曹学江, 等, 2016. 龙口煤矿区土壤重金属污染评价与空间分布特征[J]. 环境科学, 37(1): 270-279.

王菲, 吴泉源, 吕建树, 等, 2016. 山东省典型金矿区土壤重金属空间特征分析与环境风险评估[J]. 环境科学, 37(8): 3144-3150.

王蕊, 陈楠, 张二喜, 2023. 龙岩市不同利用类型土壤及农作物Pb, Cd和As污染风险与贡献分析[J]. 环境科学, 44(4): 2252-2264.

肖涵, 韩志伟, 熊佳, 等, 2022. 贵州晴隆锑矿尾砂中锑和砷的生物有效性及生态风险评价[J]. 环境工程, 40(5): 123-132.

赵阳, 刘占旗, 武晓燕, 等, 2016. 重金属环境健康风险评估[J]. 职业与健康, 32(6): 858-860.

朱彤, 2022. 土壤重金属污染现状及检测技术研究[J]. 化工设计通讯, 48(6): 200-202.

五、品质营养分析与评价

在"一县一品一策"项目实施过程中，工作的内涵和内容也在不断的扩大，从最初的主攻农产品质量安全与管控，后来逐渐发展成为农产品质量安全与农产品品质的挖掘与调控，从而提高农产品的竞争力，保障绿色优质农产品供给，提升农产品的品牌美誉度和标准化程度。

（一）农产品品质营养成分检测技术

1. 香气成分检测技术

气相色谱-质谱联用仪（GC-MS）是由气相色谱和质谱串联而成，具有较高灵敏度、分离效能和较强的定性能力，在香气分析中应用广泛。Xiang等通过GC-MS法分析了不同性别鸡蛋中挥发性物质的差异；Xie等采用GC-MS法对不同加工阶段的绿茶进行分析，鉴定出184种挥发性化合物。基于气相色谱-质谱法已建立的相关挥发物质的测定标准有GH/T 1398—2022《薰衣草蜂蜜风味挥发物质的测定　气相色谱质谱联用法》。

气相色谱-离子迁移谱（GC-IMS）技术以离子迁移谱仪作为检测器，通过色谱保留时间和离子迁移谱相对迁移时间来反映挥发性成分的二维信息，从而实现定性定量，具有响应快、灵敏度高及定性能力强等优势。朱丽娜等通过GC-IMS技术对冷藏白杏果实风味物质种类进行鉴定，共鉴定出酯类、酮类、醇类等50余种风味物质；王海波等基于GC-IMS技术对经过热激处理的香蕉中挥发性物质的变化进行探究，结果表明，处理后的香蕉中苯甲醇等风味物质含量显著降低，3-甲基-2-丁醇等风味物质的含量明显升高；Liu等采用顶空固相微萃取气相色谱-质谱法（HS-SPME-GC-MS）和顶空气相色谱-离子迁移谱法（HS-GC-IMS）分别从绿茶中鉴定出94种和78种挥发物。

2. 营养成分检测技术

（1）碳水化合物。农产品中碳水化合物主要包括葡萄糖、果糖等单糖，麦芽糖、蔗糖、乳糖等双糖以及淀粉、膳食纤维等。目前对农产品中碳水化合物类物质含量的测定方法主要有化学滴定法、比色法、液相色谱法、离子色谱法、近红外光谱法以及分光光度法等。雷娟利等采用高效液相色谱法（HPLC）测定甘蓝中可溶性糖含量，结果显示甘蓝中蔗糖含量远低于葡萄糖含量和果糖含量；杨志国等建立了马铃薯中4种可溶性糖含量的测定方法，具有较好的重复性、稳定性、精密度和准确度；薛晓锋等建立了蜂花粉与蜂王浆中果糖、葡萄糖、蔗糖和麦芽糖的离子色谱检测技术，果糖、葡萄糖、蔗糖和麦芽糖的检出限分别为0.14 mg/L、0.12 mg/L、0.21 mg/L、0.33 mg/L；卢洁等创建了近红外光谱技术（NIR）测定香菇中总糖含量的分析模型；Diaz等建立了NIR光谱法测定糙米中直链淀粉含量的模型，具有简便快捷、无污染等优势，可提高检测效率。

目前对于糖类、膳食纤维等碳水化合物类物质的检测方法系列标准也获得颁布，如GB 5009.8—2023《食品安全国家标准 食品中果糖、葡萄糖、蔗糖、麦芽糖、乳糖的测定》、GB/T 21533—2008《蜂蜜中淀粉糖浆的测定 离子色谱法》、GB/T 37493—2019《粮油检验 谷物、豆类中可溶性糖的测定 铜还原-碘量法》、NY/T 2742—2015《水果及其制品可溶性糖的测定 3,5-二硝基水杨酸比色法》、NY/T 1278—2007《蔬菜及其制品中可溶性糖的测定 铜还原碘量法》、NY/T 2332—2013《红参中总糖含量的测定 分光光度法》、NY/T 3163—2017《稻米中可溶性葡萄糖、果糖、蔗糖、棉籽糖和麦芽糖的测定 离子色谱法》、NY/T 1594—2008《水果中总膳食纤维的测定 非酶-重量法》、GB/T 37492—2019《粮油检验 谷物及其制品水溶性膳食纤维的测定 酶重量法》。

（2）蛋白类。农产品中蛋白类物质主要包括蛋白质和氨基酸。现有农产品中蛋白含量的测定方法主要有考马斯亮蓝法、凯氏定氮法、近红外光谱法；氨基酸的测定方法主要有分光光度法、高效液相色谱法、气相色谱法以及氨基酸分析仪法等。杜蒙等对凯氏定氮法测定花生蛋白含量的方法进行了优化，结果显示，当浓硫酸的用量为10 mL，消解温度为420℃，消解时间为1.5 h时，回收试验和重复性试验等结果较好；朱玫等采用考马斯亮蓝法对大米中水溶性蛋白质含量进行测定，试验得到的最佳条件为提取温度40℃、称样量0.5 g、提取加水量25 mL、提取时间0.5 h；Mao等建立了近红外反射光谱测定小麦蛋白质含量的方法，其均方根误差为0.265 76，可以用于贮粮品质评价；Ma等建立了高光谱成像技术在线检测蛋白质含量的方法；汪雨龙等建立了固相微萃取-气相色谱法同时测定了柑橘果肉中16种游离氨基酸含量的方法，检出限为0.85～12.60 μg/kg；师子豪等采用气相色谱法对三文鱼中16种氨基酸含量进行分析，方法检出限为50 mg/kg；张佳等建立了茶叶中游离氨基酸的气相色谱-质谱法测定技术；陈然等采用氨基酸分析仪对市售29种茶叶中35种游离氨基酸含量进行了测定。目前多个农产品中蛋白质和氨基酸检测方法标准已获得颁布,例如:NY/T 2007—2011《谷物、豆类粗蛋白含量的测定 杜马斯燃烧法》、SN/T 3926—2014《出口乳、蛋、豆类食品中蛋白质含量的测定 考马斯亮蓝法》、NY/T 3298—2018《植物油料中粗蛋白质的测定 近红外光谱法》、GB/T 24870—2010《粮油检验 大豆粗蛋白质、粗脂肪含量的测定 近红外法》、SN/T 5223—2019《蜂蜜中18种游离氨基酸的测定 高效液相色谱-荧光检测法》、NY/T 2794—2015《花生仁中氨基酸含量测定 近红外法》、NY/T 1618—2008《鹿茸中氨基酸的测定 氨基酸自动分析仪法》、GB/T 8314—2013《茶 游离氨基酸总量的测定》。

(3)脂类。农产品中脂类物质主要为脂肪,其由甘油和脂肪酸组成,现研究中对农产品脂类物质含量的测定方法主要有酸水解法、脂肪仪法、气相色谱法、近红外光谱法以及气相色谱-质谱法等。吴鸿敏等建立了氯仿-甲醇法测定禽蛋制品中脂肪含量的方法,相对标准偏差在0.91%~1.62%,相比传统酸水解法具有较高的精密度和较好的重复性;张澜等对酸水解法测定大豆中脂肪含量的方法进行了优化,优化后的条件较国家标准条件相比具备更稳定的检测结果;夏辉等优化了自动脂肪抽提仪测定菜籽中脂肪含量的条件,得到抽提最优条件为沸腾时间45 min、淋洗时间20 min、回收时间10 min;Zhao等建立了基于近红外光谱快速测定鸡蛋蛋黄中脂肪含量的方法。同时,针对不同农产品中脂肪及脂肪酸等含量的测定,已建立了系列标准,例如:GB 5009.6—2016《食品安全国家标准 食品中脂肪的测定》、GB/T 29405—2012《粮油检验 谷物及制品脂肪酸值测定 仪器法》、GB/T 24902—2010《粮油检验 玉米粗脂肪含量测定 近红外法》、NY/T 1797—2009《油菜籽中游离脂肪酸的测定 滴定法》、NY/T 3566—2020《粮食作物中脂肪酸含量的测定 气相色谱法》。

(4)维生素。农产品中维生素类物质主要包括B族维生素和维生素C等水溶性维生素,以及维生素A、维生素D、维生素E、维生素K_1等脂溶性维生素,目前对农产品中维生素类物质含量的测定方法主要为高效液相色谱法。于翰宗等基于高效液相色谱-荧光检测法对大白菜中维生素K_1的含量进行检测,此方法检出限为0.29 μg/100 g,定量限为0.95 μg/100 g,回收率为97.5%~101.8%;武传香等采用高效液相色谱-荧光法快速准确地检测鸡蛋中维生素B_1的含量,该方法检出限为0.015 mg/kg,定量限为0.050 mg/kg,灵敏度高;El-Hawiet等建立了高效液相色谱-质谱联用技术测定蜂蜜中9种水溶性维生素含量的方法,回归分析显示线性良好,相关系数均大于0.999。基于液相色谱等技术,已建立的食品中维生素测定相关方法标准有GB 5009.84—2016《食品安全国家标准 食品中维生素B_1的测定》、GB 5009.82—2016《食品安全国家标准 食品中维生素A、D、E的测定》、GB 5009.158—2016《食品安全国家标准 食品中维生素K_1的测定》、SN/T 0549—1996《出口蜂王浆及干粉中维生素B_6检验方法》等。

(5)营养元素。农产品中矿物质元素主要包括钙、磷、镁、钾等常量元素,以及铁、锌、硒等微量元素，现研究中对农产品矿物质类物质含量的测定方法主要为原子吸收法、电感耦合等离子体发射光谱法等。在此基础上已建立了多种农产品及食品中元素检测标准，例如：GB/T 35871—2018《粮油检验 谷物及其制品中钙、钾、镁、钠、铁、磷、锌、铜、锰、硼、钡、钼、钴、铬、锂、锶、镍、硫、钒、硒、铷含量的测定 电感耦合等离子体发射光谱法》、GB/T 30376—2013《茶叶中铁、锰、铜、锌、钙、镁、钾、钠、磷、硫的测定 电感耦合等离子体原子发射光谱法》、GB 5009.241—2017《食品安全国家标准 食品中镁的测定》；GB 5009.92—2016《食品安全国家标准 食品中钙的测定》。

（6）功能活性成分。农产品中功能成分类物质主要包括黄酮、酚酸等多酚类物质，以及生物碱类、萜类、多糖和皂苷等。液相色谱以及液相色谱-质谱联用是分析生物活性成分最常用技术。Karolkowski等采用超高效液相色谱-高分辨率质谱（UHPLC-HRMS）对蚕豆样品的皂苷和生物碱含量进行了鉴定，该方法比常用的紫外线检测更灵敏，可以鉴定生物碱异构体和检测低浓度样品；贺显书等建立了大豆中大豆异黄酮含量的UPLC-MS/MS检测技术，6种大豆异黄酮分别在0.01～0.5 mg/L（大豆苷、大豆黄苷、染料木苷）和0.002～0.1 mg/L（大豆素、大豆黄素、染料木素）范围内有良好的线性关系，定量限为0.000 1 g/kg。

目前针对不同农产品种类，基于液相色谱法、液相色谱-串联质谱法、分光光度法、近红外光谱法等已建立了多个多酚和黄酮类生物活性成分的检测方法标准，例如：GB/T 8313—2018《茶叶中茶多酚和儿茶素类含量的检测方法》中规定了采用高效液相色谱法测定茶叶中儿茶素类的含量，使用分光光度法测定茶多酚含量；GB/T 19427—2022《蜂胶中12种酚类化合物含量的测定 液相色谱-串联质谱法和液相色谱法》、NY/T 3297—2018《油菜籽中总酚、生育酚的测定 近红外光谱法》、NY/T 3290—2018《水果、蔬菜及其制品中酚酸含量的测定 液质联用法》、GB/T 20574—2006《蜂胶中总黄酮含量的测定方法 分光光度比色法》、GB/T 42114—2022《木薯叶片中黄酮醇的测定 高效液相色谱法》、NY/T 2741—2015《仁果类水果中类黄酮的测定 液相色谱法》、T/SATA 035—2022《蜂蜜中21种生物碱的测定 液相色谱-串联质谱法》、GB/T 33108—2016《海参及其制品中海参皂苷的测定 高效液相色谱法》、NY/T 3676—2020《灵芝中总三萜含量的测定 分光光度法》。

（二）农产品综合品质评价

农产品综合品质评价通常以主成分分析（PCA）、聚类分析（HCA）、相关性分析、熵值法和TOPSIS法，或上述分析相结合的方式实现。其中PCA是一种将多指标线性组合转化为较少的综合指标，进而实现综合评价的统计方法；HCA则是多个评价指标中找出部分能够度量样品或指标间相似程度的统计量，并对相似度较高的样品进行分类；相关性分析是通过对2个及以上相关元素进行分析，衡量两个变量因素的相关密切程度；熵值法是指用来判断某个指标的离散程度的分析方法；TOPSIS法是根据有限个评价对象与理想化目标的接近程度进行排序的方法，进行相对优劣的评价。

温锦丽等以10个软枣猕猴桃品种为试材，对其果实的外观品质和营养品质进行检测分析，并利用相关性分析、PCA和HCA建立了一套综合评价软枣猕猴桃果实品质的方法，结果表明，不同品种软枣猕猴桃果实品质指标具有一定的差异，其中维生素C含量变异系数最大为53.08%，果实色泽亮度（L*）变异系数最小为6.04%，该研究通过PCA将18个品质指标简化为6个主成分，其累计方差贡献率为90.571%；谭艳等采用相关性分析、PCA和HCA等方法对芦笋品质进行综合评价，从32项品质指标中得到了13项核心品质评价指标；徐梦婷等对26个主栽核桃品种的7个表观性状以及19个理化与营养品质性状进行测定，并分析了各性状的变异系数和相关性，结果表明主成分中的5个主成分可解释83.81%的总变异。程文强等分别采用PCA、熵值法和熵权TOPSIS法对浙江省85份柿种质资源进行果实品质综合评价，结果表明基于熵权的TOPSIS模型不仅提高了指标赋权的合理性，而且评价结果客观准确，计算简便，更适合用于柿种质果实品质综合评价；陈志敏等通过测定我国23个脐橙果园中果实的外观、内在品质指标，运用相关性分析、PCA及HCA法筛选出核心指标，并结合层次分析法、主成分权重法建立了果实品质综合评价算法模型。

参考文献

陈然, 孟庆佳, 刘海新, 等, 2017. 不同种类茶叶游离氨基酸组分差异分析[J]. 食品科技, 42(6): 258-263.

陈志敏, 陈晓林, 谭振华, 等, 2023. 不同产区纽荷尔脐橙橘园果实综合品质评价与适宜区域筛选[J]. 中国农业科学, 56(10): 1949-1965.

程文强, 徐阳, 吴开云, 等, 2023. 3种综合评价方法在柿果品质评价中的应用[J]. 南京林业大学学报(自然科学版), 47(4): 61-72.

杜蒙, 孙允超, 李雯雯, 等, 2023. 凯氏定氮法测定花生中蛋白质方法的优化[J]. 食品安全导刊, 383(18): 125-127, 131.

贺显书, 2021. 超高效液相色谱-串联质谱法检测大豆异黄酮含量[J]. 中国食品工业, 322(8): 30-31, 115.

雷娟利, 赵彦婷, 岳智臣, 等, 2023. 甘蓝品种间可溶性糖含量分析[J]. 浙江农业科学, 64(2): 463-465.

卢洁, 田婧, 梁振华, 等, 2021. 近红外光谱法快速测定香菇总糖含量[J]. 食品科学, 42(12): 189-194.

师子豪, 祝伟霞, 魏蔚, 等, 2021. 气相色谱氢火焰离子法测定三文鱼中氨基酸的含量[J]. 河南水产, 141(5): 32-34.

谭艳, 王国庆, 陈赣, 等, 2022. 基于主成分及聚类分析的不同产地芦笋品质综合评价[J]. 现代食品科技, 38(7): 316-326.

汪雨龙, 李晓庆, 李秀娟, 2023. 液液微萃取/固相微萃取-气相色谱法检测柑橘中16种游离氨基酸[J]. 食品工业科技, 44(12): 285-292.

王海波, 邓宝仲, 吴榕榕, 等, 2019. 基于气相离子迁移谱检测热激处理的香蕉挥发性物质[J]. 食品科技, 44(11): 339-344.

温锦丽, 曹炜玉, 王月, 等, 2024. 基于主成分分析与聚类分析的软枣猴猴水果实品质综合评价[J]. 食品工业科技, 45(1): 247-257.

吴鸿敏, 王文特, 任雪梅, 等, 2020. 氯仿-甲醇法和酸水解法测定禽蛋中脂肪的方法比较[J]. 食品安全质量检测学报, 11(20): 7472-7475.

武传香, 薛霞, 卢兰香, 等, 2022. 鸡蛋中维生素B_1的含量检测[J]. 食品工业, 43(5): 306-311.

夏辉, 刘旭, 党献民, 2022. 自动脂肪抽提仪快速测定菜籽中的脂肪含量[J]. 粮食与食品工业, 29(5): 68-71.

徐梦婷, 王强, 郝艳宾, 等, 2023. 基于主成分分析的核桃品种油用性状综合评价[J/OL]. 食品工业科技. http: // doi. org/10.13386/j. issn 1002-0306. 2023030206.

薛晓锋, 赵静, 陈兰珍, 等, 2012. 离子色谱法测定蜂花粉与蜂王浆中的葡萄糖、果糖、蔗糖和麦芽糖[J]. 食品与发酵工业, 38(11): 162-165.

杨志国, 李彩林, 王亮, 2022. 基于高效液相色谱法分析不同品种马铃薯中可溶性糖含量[J]. 食品研究与开发, 43(22): 174-181.

于翰宗, 田蒙, 姜山, 等, 2022. 高效液相色谱-荧光检测法测定大白菜中维生素K_1含量[J]. 湖北农业科学, 61(20): 149-152.

张佳, 王川丕, 阮建云, 2010. GC-MS及GC测定茶叶中主要游离氨基酸的方法研究[J]. 茶叶科学, 30(6): 445-452.

张澜, 贺文娟, 徐美鑫, 等, 2022. 酸水解法测定大豆中脂肪含量的方法优化[J]. 农产品加工, 551(9): 84-86.

朱丽娜, 孟新涛, 徐斌, 等, 2019. 基于气相离子迁移谱检测的轮南白杏气调包装果实采后风味物质变化[J]. 现代食品科技, 35(8): 294-303.

朱玫, 刘子豪, 刘利, 等, 2015. 大米中水溶性蛋白质的测定方法及影响因素探讨[J]. 粮食与饲料工业, 339(7): 64-67.

DIAZ E O, KAWAMURA S, MATSUO M, et al., 2019. Combined analysis of near-infrared spectra, colour and physicochemical information of brown rice to develop accurate calibration models for determining amylose content[J]. Food chemistry, 286: 297-306.

EL-HAWIET A, ELESSAWY F M, EL DEMELLAWY M A, et al., 2022. Green fast and simple UPLC-ESI-MRM/MS method for determination of trace water-soluble vitamins in honey: Greenness assessment using GAPI and analytical eco-scale[J]. Microchemical journal, 181: 107625.

HASSAN N H, CACCIOLA F, CHONG N S, et al., 2022. An updated review of extraction and liquid chromatography techniques for analysis of phenolic compounds in honey[J]. Journal of food composition and analysis, 114: 104751.

KAROLKOWSKI A, BELLOIR C, LUCCHI G, et al., 2023. Activation of bitter taste receptors by saponins and alkaloids identified in faba beans (*Vicia faba* L. *minor*)[J]. Food chemistry, 426: 136548.

LIU N, SHEN S, HUANG L, et al., 2023. Revelation of volatile contributions in green teas with different aroma types by GC-MS and GC-IMS[J]. Food research international, 169: 112845.

MA C Y, REN Z S, ZHANG Z H, et al., 2021. Development of simplified model, for nondestructive testing of rice (with husk) protein content using hyperspectral imaging technology[J]. Vibrational Spectroscopy, 114: 103230.

MAO XIAODONG, SUN LAIJUN, HUI GUANGYAN, et al., 2014. Modeling research on wheat protein content measurement using near-infrared reflectance spectroscopy and optimized radial basis function neural network[J]. Journal of food and drug analysis, 22(2): 230-235.

XIANG X L, HU G, JIN Y G, et al., 2022. Nondestructive characterization gender of chicken eggs by odor using SPME/GC-MS coupled with chemometrics[J]. Poultry science, 101: 101619.

XIE J, WANG L, DENG Y, et al., 2023. Characterization of the key odorants in floral aroma green tea based on GC-E-Nose, GC-IMS, GC-MS and aroma recombination and investigation of the dynamic changes and aroma formation during processing[J]. Food Chemistry, 427: 136641.

ZHAO Q, LV X, JIA Y, et al., 2018. Rapid determination of the fat, moisture, and protein contents in homogenized chicken eggs based on near-infrared reflectance spectroscopy[J]. Poultry science, 97: 2239-2245.

第三章

"一县一品一策"特色农产品标准体系构建

特色农产品全产业链质量安全管控与标准化生产（一县一品一策）的研究与实践

在"一县一品一策"项目实施过程中，农产品标准化是一项重要的实施技术、环节内容和技术支撑。2015年以来，在承担项目的进程中，对杨梅、葡萄、枇杷、甜桔柚、铁皮石斛等多种特色农产品开展技术集成和标准化研究，建立了完善的特色农产品标准体系，促进了特色农产品的标准化生产和新技术新成果的转化应用。

一、特色农产品标准体系编制原则

（一）目的性原则

构建以特色农产品为主线、全程质量控制为核心的现代农业全产业链标准体系，提升特色农产品的质量安全水平及经济效益和生态效益，为保障农产品质量安全、增加绿色优质农产品供给和推动农业高质量发展提供有力支撑。

（二）全面性原则

主要涵盖特色农产品的生产环节（一产），并根据产业的现状和需求进一步覆盖二产、三产等全产业链。一产以安全为底线，以质量为高线，从产地环境、品种选择、栽培（或养殖）技术、病虫害防治、投入品管理、收贮运等方面形成子标准体系；二产围绕初加工、精深加工等两方面构建子标准体系，包括加工工艺、产品标准、包装贮存运输和检验检测等标准；三产则围绕营销、休闲旅游等两方面构建子标准体系，营销方面包括市场信息收集、线上营销服务、线下营销服务等标准，休闲旅游方面则包括采摘体验服务、农家乐服务等标准。此外，农业社会化服务也应纳入标准体系。

（三）系统性原则

充分反映产业发展的总体要求，形成框架合理、层次清晰、内容完整、数量适中，标准间相互联系、相互协调、相互补充的有机整体。

（四）协调性原则

符合我国农业生产现行法律法规和强制性标准的要求，确保与法律法规相衔接。标准体系内的各个子体系之间也要既相对独立，又相互协调，形成有机整体。

（五）先进性原则

跟踪国内外产业的发展情况，应用现代农业理念和技术，提高标准体系的先进性，如健康栽培（养殖）、清洁生产和绿色防控等理念，以及数字农业和智慧农业的应用。

（六）适用性原则

应综合考虑当地在资源条件、生产规模、资金、技术、人才等方面的情况，结合其各自的地理特点，如海拔、种植坡度、山地资源开发条件等，因地制宜，提高标准的适用性。

二、特色农产品标准体系结构制定

（一）前期调研和资料收集

在构建标准体系之前应先收集相关产业的法律法规、规划、政策、标准等文件，以此为依据进行标准化需求分析，确保标准体系的构建是在国家法律框架内，符合行业发展政策和行业组织规划要求。

采取生产一线走访、资料查阅、专家咨询、座谈会等形式，深入了解生产一线的实际情况和实际问题，并广泛收集了国内外相关文献、技术资料及标准等资料。特别是要对现行的相关国家标准、行业标准、地方标准和团体标准进行检索和收集。

（二）分析整理

对调研结果进行分析整理，掌握产业的现状和存在的问题、标准的现状和存在的问题、新技术的发展和应用情况。在此基础上，对现行标准进行复审、整合、调整，对标准未来的技术发展方向进行预测，提出标准制修订计划。

——围绕当今技术的发展水平和趋势以及标准化对象的发展新要求，对标准体系架构进行调整或重构，优化构建科学先进、系统全面并符合当期和未来发展要求的标准体系架构。

——对标准体系中的现行标准和需求标准项目进行全面复审，全面摸清标准体系中标准的适用性情况，给出标准复审结论，评价标准体系中标准的适用性。

——对标准体系进行标准间重复、交叉、矛盾等问题的分析，提出标准间问题的优化整合方案。

——根据标准体系服务对象（产品、服务或管理等）的新应用范围和新作用要求，研究提出标准的制订计划。

（三）特色农产品标准体系结构图的编制

浙江省特色农产品标准体系结构图体现了标准体系总的边界、层次构成、涵盖的专业门类、各层标准的类型、层次之间的关系等众多关键信息，并为体系标准明细表的形成提供了依据。

浙江省特色农产品标准体系共分为3层。第一层为国家和浙江省相关的政策、法律法规以及产业发展的方针目标。第二层为通用基础标准体系和技术保障标准体系，通用基础标准体系包括术语、图形符号、量和单位、标识标志、分类、编码、代码等方面的内容。技术保障标准体系由农产品安全生产、质量水平等标准组成，包括农产品的生产加工、产地环境、质量控制、检验检测、物流系统、追溯体系、市场销售、管理与评价等方面的内容。第三层以具体产业为基础，结合相关政策和浙江省的特色，分为特色粮油产业、特色蔬菜产业、特色水果产业、特色茶叶产业、特色畜禽产业、特色水产产业、特色中药材产业等特色产业。每个产业是作为特色产业体系的一个子体系。第三层子体系中，也包括了相关领域的通用基础、技术保障标准等内容（图3-1）。

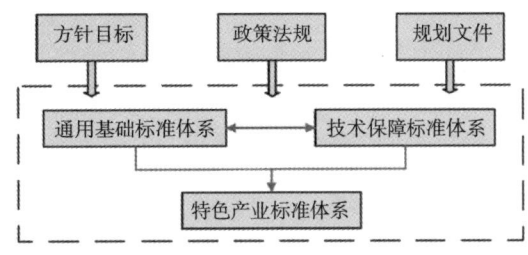

图3-1 浙江省特色农产品标准体系结构图

杨梅、葡萄、枇杷、甜桔柚、铁皮石斛等具体特色农产品标准体系，是浙江省特色农产品标准体系的重点。根据特色农产品的生产实际及生产需求，又将特色农产品标准体系分为基础标准、技术标准、产品标准、方法标准、管理标准、社会化服务标准6个子体系（图3-2）。

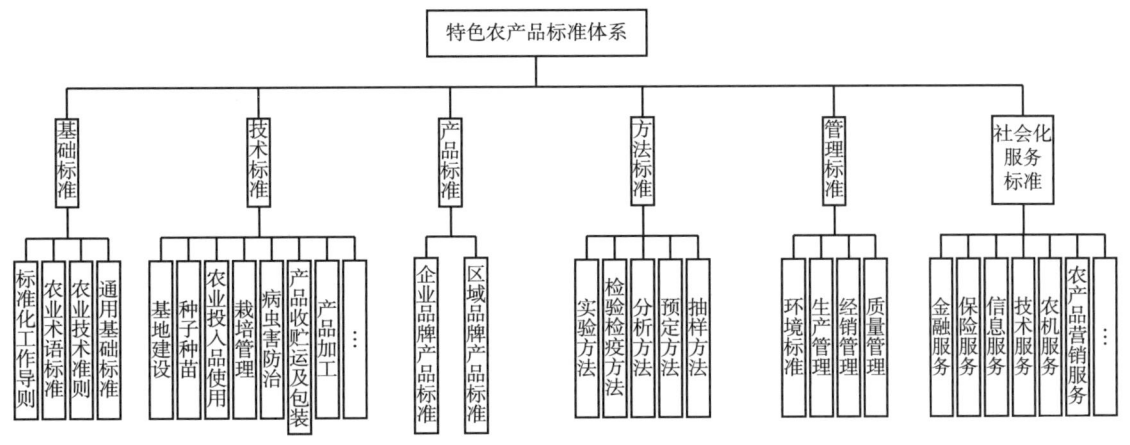

图3-2 特色农产品标准体系

（四）特色农产品标准体系明细表的编制

根据特色农产品标准体系结构图和构成要素，在对现行的相关国家标准、行业标准、地方标准和团体标准进行分析整理和深入研究的基础上编制特色农产品标准体系表，标准明细表的表头可以包含序号、标准体系的编号、子体系名称、标准名称、引用的标准编号、归口部门、缓急程度、宜定级别、标准状态等。对于生产中急需、但尚无标准的，提出标准制订计划；对于需要修订的标准，提出标准修订计划。

1. 基础标准

基础标准是指导特色农产品标准化工作开展的基础，是制定其他相关标准的依据，也是开展农产品标准化工作的支撑和保障。

包括农产品标准化工作导则、农业术语标准、农业技术准则以及基础通用标准（如术语和词汇、图形符号、分类和编码代码、标识标志等）。为保证特色农产品标准化工作有序开展，提升特色农产品质量，制定的其他相关标准都需要以基础标准为依据。以基础标准为保障，在基础标准体系上，延伸至特色农产品标准的各个方面，从而健全完善整个标准体系建设。

2. 技术标准

特色农产品技术标准体系涉及的范围很广，主要包括农产品在种植、生产、加工、流通和销售过程中，对每个关键环节制定的技术准则、规程规范以及质量要求标准等，主要由以下几类技术标准组成。

——基地建设标准：主要包括特色农产品种植（养殖）环境质量要求、基地基础设施建设和配套条件以及在基地建设过程中所涉及的基础设施要求规范等。

——种子种苗：主要包括良种（种子、种苗、种畜、种禽）的培育和繁育技术标准，分为亲本种植、品种选育、亲本繁育、常规制种、杂交制种、种子种苗质量等标准。

——农业投入品标准：农药、兽药、化肥、薄膜等农业投入品的使用及质量要求等标准。

——生产技术标准：主要包括农业种养技术规范，包括特色农产品生产加工技术规范、动植物病虫害和疫情疫病防治、农兽药使用技术规范，以及生产过程中涉及的设备相关技术规范。

——产品采摘、加工标准：主要包括农产品采摘技术要求、采后处理技术要求、各加工环节的技术规范等标准。

——产品流通标准体系：主要指的是特色农产品运输链各环节技术规范，包括特色农产品的储存、包装、运输到市场销售等各个环节的相关标准。

——其他技术标准：是指与其他学科相联系，为农业生产经营服务的配套标准，主要包括农业机械作业质量安全、技术条件、标识规范、农产品信息收集与服务等相关标准。

3. 产品质量标准

特色农产品质量标准按不同阶段的产品划分为鲜食农产品质量标准、加工原料质量标准、初加工产品质量标准、成品产品质量标准等。

此外，农产品产地越来越重视品牌的打造。实施农产品品牌战略，有利于保障农产品质量和宣传推广等，以提升产品品牌的影响力，对推动各地农业生产和经济的发展起到了重要作用。对于有条件的区域，要建立区域品牌特色农产品的质量标准；对于条件还不成熟，选择龙头企业建立企业品牌特色农产品的质量标准，从而带动当地农产品品牌建设，待条件成熟后建立区域品牌特色农产品的质量标准。

4. 方法标准体系

方法标准是以试验、检查、分析、抽样、统计、计算、测定、作业等各种方法为对象制定的标准。在特色农产品标准化领域，主要包括试验方法（如农产品特性的试验方法规程等）、检验检疫方法（如特色农产品的进出口检验方法规程、病虫害检验检疫标准等）、分析方法（如农产品危害控制分析方法等）、测定方法（如农产品中特定成分的测定方法标准等）、抽样方法（如农产品数量抽样计算方法等标准）、工艺方法（如农产品生产过程中所涉及的加工工艺方法标准等）。

5. 管理标准体系

管理标准是为了加强特色农产品生产经营管理、质量控制等需要协调统一的管理事项所制定的标准，包括环境管理标准、生产管理标准、品牌管理标准、经销管理标准、质量控制标准。

——环境管理标准：主要包括特色农产品在种植和加工过程中的环境管理及要求等标准。

——生产管理标准：主要包括农产品生产过程中农药、兽药、化肥等的购买及贮藏、领用，农业废弃物的处置等标准。生产管理标准还包括了特色农产品生产过程中工作人员的工作管理标准，包括员工岗位职责、工作规章制度等管理规范。

——经销管理标准：主要包括特色农产品市场准入、市场管理标准等。

——质量控制标准：主要包括保证特色农产品质量的相关标准，如产品认证、产品质量监测、产品安全卫生、质量溯源等标准。

6. 社会化服务标准体系

农业社会化服务是指与农业相关的经济组织为满足农业生产发展的需要，为直接从事农业生产的经营主体提供的各种服务。提供服务的社会经济组织包括政府公共服务体系，农村自发形成的农业合作经济组织，涉农企业以及农业院校、科研院所等。提供的服务，包括产前的生产资料供应（种子、化肥、农药、薄膜等）、产中的耕种技术、栽培技术、病虫害防治技术等技术服务和产后的销售、运输、加工等服务以及基础设施建设服务、技术推广服务、投融资服务、信息服务、政策和法律服务等。

三、农业团体标准的发展与作用

（一）农业团体标准概念及发展历程

培育和发展团体标准是国务院深化标准化工作改革过程中激发市场主体活力、完善标准供给结构的一项重要举措。2015年3月，国务院印发的《深化标准化工作改革方案》，首次将团体标准作为国家标准体系的一部分，提出培育发展团体标准的要求。新修订的《中华人民共和国标准化法》于2018年1月1日起正式实施，其中明确了团体标准在我国标准体系中的法律地位。2019年1月，国家标准化管理委员会、民政部联合印发的《团体标准管理规定》提出了引导、规范和监督团体标准化工作的明确要求。其中，规定团体标准为：依法成立的社会团体为满足市场和创新需要，协调相关市场主体共同制定的标准。2021年10月10日，中共中央、国务院印发的《国家标准化发展纲要》也提出了大力发展团体标准，实施团体标准培优计划，推进团体标准应用示范，充分发挥技术优势企业作用，引导社会团体制定原创性、高质量标准。健全团体标准化良好行为评价机制。强化行业自律和社会监督，发挥市场对团体标准的优胜劣汰作用，为提高团体标准质量提升和发展指明了方向。

（二）农业团体标准的发展和作用

1. 满足多样化要求，农业团体标准在数量上快速增长

国务院《深化标准化工作改革方案》发布后，标准由政府一元供给向政府与市场二元供给转变。团体标准作为一种新的标准类型，与国家标准、行业标准、地方标准、企业标准共同构成我国新型标准体系，团体标准作为国家标准和行业标准的重要补充，是满足市场多样化需求的有效措施。从近年发展看，团体标准得到市场积极响应，在很多领域展现出良好的发展潜力。在农业领域，由于农产品种类多、品种杂、地域性强、市场需求多样，传统的标准体系难以满足发展要求，迫切需要团体标准体系的保障和支撑。因此，农业团体标准在促进产业发展和质量提升中的地位和作用逐步提升。

据全国团体标准信息平台（www.ttbz.org.cn）统计，截至2023年7月，通过全国团体标准信息平台公布的农业团体标准9 865条，与2019年时统计的1 614条相比，数量大幅增长（图3-3）。

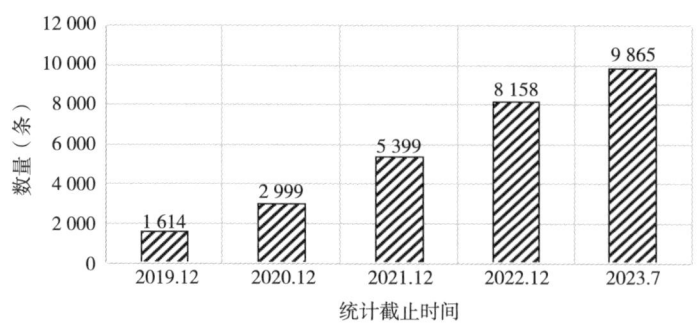

图3-3　农业类团体标准数量统计

2. 团体标准内容广泛，标准供给能力持续增强

农业具有量大面广的特点，对标准需求量大。长期以来，标准缺乏和标准更新慢在一定程度上影响了农业标准化作用的发挥。相比于国家标准、行业标准和地方标准等政府供给标准，团体标准制定机制更灵活、制定周期更短，随着社会对团体标准认可度的提升，各类涉农主体制定团体标准的积极性进一步提高，农业团体标准供给能力持续增强，成为政府供给标准之外，农业标准化、产业化、规模化发展的重要技术依据来源。目前农业团体标准在不同地区、产业之间发展仍不平衡、不充分，随着国家培育和发展团体标准相关政策宣传引导力度不断加大，特色农产品发展对团体标准的需求成为农业团体标准的重要增长点。

在产品领域上，农业团体标准主要涉及农产品和农用物资两大类，农产品主要包括种植业产品、畜牧业产品、水产品。种植业产品以水果、蔬菜、粮谷、茶叶、中草药为主，畜牧业产品以畜肉、乳、禽肉、蛋为主，水产品以淡水养殖鱼、虾、蟹为主，海产品关注较少。农用物资主要包括农业机械、实验动物、饲料、肥料、农药、兽药、农膜、农用建筑材料。

在标准类型上，农业团体标准以操作规程和产品标准为主，此外，还涉及管理标准、方法标准及其他标准等。

3. 突出质量和效率要求，绿色高效导向明显

在高质量农业发展态势下，农业从增产导向转向提质导向，高质、高效、绿色可持续成为农业发展主基调。农业团体标准发展过程中，参与主体更加多元，产业链、技术链、标准链融合性不断增强，对高效、节约型、绿色环保、智慧农业等领域技术创新和应用的关注度不断提升。高效农业方面，农业耕种收机械、设施农业设备、植保无人机产品标准和农业机械化栽培技术规程、植保无人机作业规范、农业机械化社会服务规范等团体标准的制定，为提高农业机械化水平、提高农业生产效率提供有力抓手。节约型农业方面，增效缓释肥料、节水灌溉器材、水肥一体化灌溉系统、减肥减药操作规程等团体标准的建立，为减少资源消耗、提高农业资源利用效率提供重要保障。绿色环保农业方面，病虫害绿色防治、秸秆沼气工程、畜禽废弃物资源化利用、种养殖温室气体排放和减排监测等团体标准的发展，为减少农业污染、发展环保型农业提供良好的示范样板。智慧农业方面，针对农产品种类智能识别、农产品成熟度智能识别、农业物联网、智慧农机等领域建立的团体标准，为提升农业产业链智能化水平，助推农业产业管理和技术手段升级提供实践基础。

4. 丰富农产品质量内涵和标准内涵，品牌支撑作用更加突出

农业品牌的发展与农业团体标准密不可分，近1/2的农业产品标准与特色产业发展和品牌建设有关，如"丽水山耕""天赋河套"等区域公用品牌均制定了比较全面的团体标准体系；寿光大葱等一批彰显地域特色的地理标志证明商标产品也以团体标准的形式对品牌保护范围、产品过程控制和产品质量等提出了明确要求，这些团体标准的制定和实施，对明确产品质量特色、树立品牌形象、促进品牌推广、提升品牌市场竞争力提供了有力支撑。2018年，农业农村部发布关于加快推进品牌强农的意见，确立了打造300个国家级农产品区域公用品牌、500个国家级农业企业品牌、1 000个农产品品牌的发展目标，并提出农产品品牌发展要坚持特色与标准相结合，鼓励支持行业协会、品牌主体等开展标准制定。2022年，农业农村部办公厅印发的《农业品牌精品培育计划（2022—2025年）》中提出，持续提升供给质量，加快实施农业生产"三品一标"提升行动，以高质量供给筑牢品牌根基。计划中还提出加快品牌标准制定，其中，加快农业品牌标准化建设，引领品牌主体运用先进理念和科学方法开展品牌创建；推动农业品牌国家标准和行业标准研究制定，建立完善农产品区域公用品牌建设评价标准和管理规范；鼓励制定农业品牌地方标准，服务区域产业发展；引导社会团体和行业组织制定相关团体标准；支持企业制定发布具有创新性、先进性和国际性的相关企业标准；做好标准宣贯和实施，提升农业品牌建设的标准化和国际化水平。

随着农业品牌打造的深入推进，以团体标准为载体，立足资源条件和产业基础建立体现产品差异化优势的标准体系，将成为塑造品牌独特性和凝聚品牌价值的重要途径，进一步凸显团体标准在农产品品牌发展中的技术引领和信誉保证作用，成为品牌强农战略的重要引擎。

四、浙江省特色农产品团体标准体系建设

（一）总体情况

自2015年以来，浙江省农业农村厅通过实施特色农产品全产业链安全风险管控（"一县一品一策"）项目，对杨梅、草莓、"浙八味"、蜂产品等特色农产品进行质量安全风险管控。组织科研机构、行业协会、生产企业共同建立保障农产品质量安全的标准和生产基地，解决了以往农业标准化"自上而下"难以落地的问题，为农业标准化的改革和团体标准的实施提供了工作基础。例如，《大棚草莓安全用药指南》团体标准是在"一县一品一策"项目的基础上，针对草莓生产病虫害防治环节标准缺失的问题提出制定的。

项目设计之初就确定了运用"标准化+"模式。按照"一个产品一套管控策略"的思路，建立了以"风险检测、风险评估、风险管控、精准施策"为核心的农产品质量安全科学管控体系，形成农产品安全"一县一品一策"的监控模式，取得良好社会经济效益。项目前期主要针对杨梅、草莓、铁皮石斛、蜂产品、茭白、葡萄、鸡蛋、杭白菊、浙贝母、猕猴桃、禽肉等11种农产品开展隐患排查，技术集成和示范推广。2020

年该项目进一步深化,提升为"农业标准化示范县创建"("一县一品一策")行动,2021年项目覆盖蜜梨(余杭区、海宁市)、甜桔柚(庆元县)、柑橘(黄岩区)、胡柚(常山县)、葡萄(富阳区)、枇杷(兰溪市、莲都区)、杨梅(文成县、乐清市、仙居县)、猕猴桃(上虞区、遂昌县)、桃(吴兴区、南湖区、嘉善县)、缙云黄茶、莫干黄芽、天台黄茶、平湖芦笋、瑞安花菜、黄岩茭白、长兴湖羊、江山鸡蛋等23个县(市、区)15种农产品。2022年研究范围扩展至22个县(市、区)的杨梅(龙湾县、兰溪县)、西瓜(路桥区、平湖市)、无花果(金东区)、猕猴桃(磐安县、江山区)、葡萄(南浔区)等水果类,莲藕(临平区、秀洲市)、芥菜(缙云县)、番薯(淳安县)、茭白(黄岩区、衢江区)、香菇(庆元县、松阳县)等蔬菜类,竹林鸡(安吉县)、鸡蛋(建德市)畜禽类,清水鱼(开化县)、太湖蟹(吴兴区)、河蟹(长兴县)、黄精(天台县)等共计16种地方特色主导农产品。针对这地方特色农产品,已经制定了79项团体标准(表3-1)。

表3-1 "一县一品一策"项目已发布团体标准

序号	标准名称	标准编号
1	浙贝母主要病虫害防治用药建议	T/ZJZYC 001—2018
2	杨梅主要病虫防治用药规范	T/ZNZ 001—2019（修订T/ZNZ 001—2017）
3	茭白主要病虫防治指南	T/ZNZ 002—2018
4	葡萄主要病虫防治用药建议	T/ZNZ 003—2018
5	茭白采收与贮运技术规范	T/ZNZ 004—2018
6	浙贝母病虫害综合防治规范	T/ZNZ 005—2018
7	铁皮石斛病虫害综合防治规范	T/ZNZ 006—2018
8	铁皮石斛主要病虫防治用药建议	T/ZAQSAP 003—2016
9	"一品一策"农产品质量安全示范基地建设规范	T/ZNZ 011—2019
10	蛋鸡健康养殖和安全生产技术规范	T/ZNZ 012—2019
11	绿色食品 柑橘生产技术规范	T/ZNZ 013—2019
12	海昌蜜梨生产技术规程	T/HNNXH 001—2020
13	海昌蜜梨病虫害防治技术规范	T/HNNXH 002—2020
14	磐安云峰茶生产技术规程	T/PAYF 002—2020
15	磐安云峰茶加工技术规程	T/PAYF 003—2020
16	杭白菊采收加工与贮运技术规范	T/ZNZ 031—2020
17	大棚芦笋生产基地建设规范	T/ZNZ 039—2020
18	芦笋秸秆农业综合利用技术规范	T/ZNZ 040—2020
19	鲜鸡蛋收集与贮运技术规范	T/ZNZ 042—2020
20	出口杨梅包装贮运技术规范	TZNZ 047—2020
21	出口杨梅生产基地建设规范	TZNZ 048—2020
22	兰溪枇杷绿色生产技术规程	T/LXSGCYXH 001—2021
23	兰溪枇杷生产基地建设规范	T/LXSGCYXH 002—2021

（续表）

序号	标准名称	标准编号
24	兰溪枇杷病虫害防治技术规范	T/LXSGCYXH 003—2021
25	甜桔柚病虫害综合防治规范	T/LSSG 0011—2021
26	甜桔柚生产基地建设规范	T/LSSG 0012—2021
27	桃主要病虫害综合防治规范	T/ZNZ 053—2021
28	梨绿色生产技术规范	T/ZNZ 054—2021
29	天台黄茶	T/ZNZ 055—2021
30	葡萄病害防治技术规范	T/ZNZ 061—2021
31	葡萄害虫防治技术规范	T/ZNZ 062—2021
32	葡萄生长调控技术规范	T/ZNZ 063—2021
33	绿色食品　枇杷生产技术规范	T/ZNZ 064—2021
34	庚村阳桃生产技术规范	T/ZNZ 065—2021
35	黄桃生产基地建设与管理规范	T/ZNZ 066—2021
36	设施草莓生产质量安全控制技术规范	T/ZNZ 081—2021
37	茭白生产标准综合体	T/ZNZ 087—2021
38	蛋鸡抗菌药使用减量化技术规范	T/ZNZ 100—2021
39	阳光玫瑰葡萄质量等级	T/ZNZ 105—2021
40	茭白生产全程质量控制技术规范	T/ZNZ 106—2022
41	猕猴桃生产技术规范	T/ZNZ 107—2022
42	妙西黄桃	T/ZNZ 108—2022
43	庆元甜橘柚	T/ZNZ 109—2022
44	兰溪枇杷	T/ZNZ 117—2022
45	芦笋生产质量全程控制技术规范	T/ZNZ 118—2022
46	莲都枇杷标准综合体　第1部分：总则	T/ZNZ 121.1—2022
47	莲都枇杷标准综合体　第2部分：苗木	T/ZNZ 121.2—2022
48	莲都枇杷标准综合体　第3部分：建园	T/ZNZ 121.3—2022
49	莲都枇杷标准综合体　第4部分：土肥水管理	T/ZNZ 121.4—2022
50	莲都枇杷标准综合体　第5部分：整形修剪和花果管理	T/ZNZ 121.5—2022
51	莲都枇杷标准综合体　第6部分：病虫害综合防治	T/ZNZ 121.6—2022
52	莲都枇杷标准综合体　第7部分：采收分级和包装标识	T/ZNZ 121.7—2022
53	莲都枇杷标准综合体　第8部分：保鲜贮运	T/ZNZ 121.8—2022
54	莲都枇杷标准综合体　第9部分：枇杷膏和枇杷花茶加工	T/ZNZ 121.9—2022
55	莲都枇杷标准综合体　第10部分：产品追溯	T/ZNZ 121.10—2022
56	地理标志产品　仙居杨梅	T/ZNZ 129—2022
57	杨梅设施栽培技术规范	T/ZNZ 130—2022
58	杨梅农药化肥减量化生产技术规程	T/ZNZ 131—2022
60	平湖西瓜绿色生产技术规程	T/ZNZ 133—2022
61	平湖西瓜生产基地建设规范	T/ZNZ 134—2022
62	甜橘柚苗木生产技术规程	T/ZNZ 150—2022
63	甜橘柚贮运技术规程	T/ZNZ 151—2022
64	农业标准综合体编制指南	T/ZNZ 154—2023

（续表）

序号	标准名称	标准编号
65	绿色食品余杭蜜梨标准综合体　第1部分：总则	T/ZNZ 155.1—2023
66	绿色食品余杭蜜梨标准综合体　第2部分：产地环境	T/ZNZ 155.2—2023
67	绿色食品余杭蜜梨标准综合体　第3部分：苗木	T/ZNZ 155.3—2023
68	绿色食品余杭蜜梨标准综合体　第4部分：建园	T/ZNZ 155.4—2023
69	绿色食品余杭蜜梨标准综合体　第5部分：果园管理	T/ZNZ 155.5—2023
70	绿色食品余杭蜜梨标准综合体　第6部分：采收分级与包装	T/ZNZ 155.6—2023
71	绿色食品余杭蜜梨标准综合体　第7部分：贮藏运输	T/ZNZ 155.7—2023
72	猕猴桃果园建设规范	T/ZNZ 175—2023
73	猕猴桃电商销售技术规范	T/ZNZ 176—2023
74	天台黄精标准化基地建设规范	T/ZNZ 177—2023
75	天台黄精采收与加工技术规程	T/ZNZ 178—2023
76	无花果	T/ZNZ 179—2023
77	无花果绿色生产技术规程	T/ZNZ 180—2023
78	建德鸡蛋	T/ZNZ 202—2023
79	鸡蛋生产标准综合体	T/ZNZ 203—2023

（二）经验总结

1. 以需求为导向，从知名度较高的区域农产品切入

浙江省特殊的农业生产环境孕育了一批极具地域特色的农产品，如西湖龙井、仙居杨梅、庆元香菇、安吉白茶、丽水山耕、临海蜜橘、慈溪杨梅等。在市场中拥有较高的认可度和美誉度。浙江省采取"公司+基地+农户"模式的标准化农产品生产基地和龙头企业拥有的品牌农产品标准化组织程度高，技术力量强，具有实施团体农业标准的生产实践优势和人才优势，从这些知名度较高、产业优势明显的区域农产品入手，可以起到以点带面的辐射带动作用。

2. 以质量安全为重点，开展团体标准制定

农产品的质量安全关系消费者健康和社会安定，农业团体标准与现行的农产品质量安全监测结合，让生产企业、合作社接受社会监督，有利于形成农产品质量安全与标准应用的良性循环。农业团体标准以解决现有国家标准、行业标准、地方标准中缺失或交叉矛盾的生产环节入手，完善一批迎合发展需求、切合生产实际的标准，如农作物病虫害防治用药建议、电子商务农产品等新型农业流通方式下的质量控制、现代农业发展中出现的新型农业生产技术标准等。

3. 产研结合，注重全产业链标准化建设

产研结合是"一县一品一策"项目的特点，从科学研究、经验总结到实践应用，是"一品一策"项目实施的一个循环。以产研结合的方式，围绕"一县一品一策"农产品，构建现代农业全产业链标准化机制，将农业研发、生产、加工、贮运、销售、品牌、体验、消费、社会服务（技术服务、金融、保险）等各个环节和主体链接成紧密关联、有效衔接、耦合配套、协同发展的有机整体，有效延伸全产业链产长度，拓宽产业链宽度，实现农产品的精深加工，提升产品价值。目前我国农产品生产仍旧面临规模小、技术含量不高、生产技术缺乏和科学研究力量不足的现状，开展产研合作，以农业科研促进产业提升是"一县一品一策"项目实施的成功经验。开展产地环境甄别与隐患排查、农业投入品筛选、绿色防控技术的引进与优化等关键环节的研究与成果转化，在此基础上，实施农产品标准化是技术集成应用和产业升级的一个主要方面。试验基地建立明确标识、专家"一对一"联系制度和开展定点技术支持服务，在试验基地推进农资经营许可制度、特色作物用药专柜制度、农资信息化管理制度，从源头保障农户能买好药、用好药。试验基地全面应用"一县一品一策"技术，加强质量安全管理，构建社会共治防线。2016—2018年，试验基地农产品质量安全合格率达到99.5%以上，高于全省98%的平均水平。

4. 在风险评估等科学研究的基础上，以操作规程为主，实施农业标准化

开展质量安全隐患排查是"一县一品一策"项目开展的重要工作，通过调研并进行风险评估是落实"一县一品一策"项目管控技术的基础。如杨梅"一县一品一策"项目的隐患排查工作中，发现杨梅叶面肥中添加植物生长调节剂等隐性成分的现象比较多。经过与农业执法、农药管理等多部门联合和连续跟踪，2018年对抽检的15批次叶面肥样品进行隐性成分筛查，结果发现有1种杨梅水溶肥料中含有植物生长调节剂隐性成分添加，不合格率由2016年的13.3%降低至6.7%，说明浙江省对于投入品的隐性成分监管收到成效。2017年浙贝母"一县一品一策"隐患排查中发现，按照GB 15618—2018《土壤环境质量 农用地土壤污染风险管控标准（试行）》的二级标准限制计算，浙贝母产地土壤中镉超标问题仍然比较突出，47个抽样点位的土壤镉含量均超标。各产区浙贝母样品中的镉含量也均有不同程度的超标。

农业标准化作为落实特色农产品质量安全管控技术的重要手段。按照"一种特色农产品、一个生产标准、一本质量管控手册"的思路，将研究过程中形成的安全生产、质量管控、风险隐患控制技术集成，并制定了大棚草莓、铁皮石斛、浙贝母、茭白、草莓、甜桔柚、枇杷、余杭蜜梨、阳光玫瑰、平湖西瓜、海昌蜜梨、妙西黄桃等特色水果、蔬菜、中药材、畜禽水产等产品的79项团体标准。同时将标准内容进行了转化，形成图文并茂的质量安全风险管控手册，配合标准宣传推广。制作了短视频11部：《庆元甜桔柚标准化生产掠影》《海昌蜜梨标准化生产示范创建在行动》《以标准化助推德清莫干黄芽茶产业发展》《以标准化助推兰溪枇杷产业发展》《以标准化助推磐安云峰茶产业发展》《健全安全管控标准体系 助推杭白菊产业发展》《以标准化助推黄岩蜜桔产业发展》《鸬鸟蜜梨标准化生产示范创建》《标准化生产助力"金平湖"芦笋产业发展》《梯田上的甜桔柚》《又是一年瓜甜时 平湖西瓜孕育振兴蓝图》。通过生产试验基地与农科院专家团队联动，开展技术培训120多场次，培训人次过万，发放管控手册12 000多册，用药指南9 000余份。各地农业农村主管部门抓住特色农事活动开展质量安全宣传活动，发放草莓、杨梅安全生产倡议书10 000余份。

参考文献

初侨, 燕艳华, 翟明普, 等, 2021. 现代农业全产业链标准体系发展路径与对策研究[J]. 中国工程科学, 23(3): 8-15.

丁凯, 程璐璐, 丁炜, 2022. 发挥团体标准或规范优势 促进农业高质量发展: 英国农业标准体系对我国农产品质量提升的启示[J]. 条码与信息系统(1): 28-29.

董云雷, 2022. 我国农业机械标准发展现状及建议[J]. 农业工程, 12(4): 40-42.

郭林宇, 徐学万, 石昊飞, 等, 2020. 农业团体标准发展特征与趋势分析[J]. 农产品质量与安全(4): 3-6.

李丹, 臧明伍, 孙学安, 等, 2023. 中国从发达国家和"一带一路"沿线国家进口食品的食品安全比较研究[J]. 食品工业科技, 44(24): 229-239.

孙彩霞, 戴芬, 姚晗珺, 等, 2017. 对浙江省农业团体标准发展的思考[J]. 浙江农业科学, 58(5): 733-735.

王宁, 王敏, 陈松, 2017. 推进农产品团体标准发展的对策研究[J]. 农产品质量与安全(6): 19-22.

吴声敢, 赵学平, 杨桂玲, 等, 2015. 浙江省农业团体标准《大棚草莓安全用药指南》解读[J]. 浙江农业科学, 56(11): 1718-1720, 1723.

燕艳华, 王亚华, 云振宇, 等, 2023. 新时期我国农业标准化发展研究[J]. 中国工程科学, 25(4): 202-213.

五、绿色农产品绩效评价探索与应用

项目的实施需要一个闭合的管理，对"一县一品一策"项目实施来说，如何有效地评价项目实施的效果，对项目的进展及可持续来说也是至关重要的。为此，借鉴绿色农产品绩效评价的方法，并结合"一县一品一策"的实际，提出"一县一品一策"项目实施的评价方法。

绿色生产是"一县一品一策"的基本特征和要求。对于从事种植、养殖的规模化生产主体，如农业生产企业、农民专业合作经济组织和家庭农场等，可以开展绿色农产品绩效评价。可分产地环境、农资管理、标准化生产、农产品质量安全、社会经济效益、其他附加项等6个部分分别进行评分。评分的要求和细则如表3-2所示。绿色农

产品生产绩效评价结果可分为A级（综合得分在90分以上）、B级（70~89分）、C级（60~69分）、D级（60分以下）4个等级。为了使绩效评价工作有效开展，对于C级及以下的生产主体，可以不得参与政府的各项奖评，不得予以奖补资金来推进此项工作，并采取措施促进其提高绿色生产水平。

表3-2　绿色农产品绩效评价表

	要求	分值	评分细则
一、产地环境（10分）	1.选址科学、布局合理、环境整洁，与周边自然环境和美丽乡村建设相协调，农产品产地环境符合对应农产品性质要求（根据申报内容选择）。 （1）种植基地条件：生态环境良好，远离工矿区和公路、铁路干线，避开污染源，具有可持续生产能力的农业生产区域，产地灌溉用水、土壤等符合相应农产品种植生产标准，定期或不定期开展产地环境监测工作，并保存检测报告。 （2）畜禽养殖场地条件：环保和农业农村主管部门畜禽粪污生态化治理达标或通过验收，相关畜禽养殖的证件齐全，养殖基地位置图、养殖场所布局平面图，养殖场周边环境无噪声、臭气、污水等污染。 （3）水产养殖基地条件：产地环境及周边良好，没有对产地环境构成威胁的污染源，养殖基地来源及证明材料齐全，有明确的养殖区域图（养殖区域形状、大小、边界、养殖品种及周边利用情况等），水产养殖相关许可证齐全，定期开展渔业用水检测和底泥检测，并保存检测报告。	6	（1）种植基地：有明确的基地位置图和地块分布图，得1分；位于具有可持续生产能力的农业生产区域（"两区"），得3分；定期或不定期开展产地环境监测，得2分。 （2）畜禽养殖场地：有养殖基地位置图、养殖场所布局平面图，得1分；有相关环评手续和土地备案手续、防疫条件合格证，得3分；无噪声、臭气、污水等污染，得2分。 （3）水产养殖基地条件：有明确的养殖区域图（养殖区域形状、大小、边界、养殖品种及周边利用情况等），没有对产地环境构成威胁的污染源，得3分；水产养殖相关许可证齐全，得1分；定期开展渔业用水检测和底泥检测，得2分。
	2.生产区域、办公区域、生活区域布局科学合理，法律法规有要求的按要求隔离，生产资料存放、生产、检验、贮藏以及环保等设施齐全、措施完备。	2	布局合理，有功能区示意牌、指示标志牌，生产区内各功能区块之间划分明显，得1分；生产资料存放、生产、贮藏以及环保设施齐全、措施完备，得1分。
	3.农业生产废弃物资源化利用技术或者无害化处理达标排放技术、设施先进，运转正常，能够按照减量化、无害化、资源化原则，实现生态种养殖循环发展。	2	实施生态种养结合、实现废弃物循环利用，或者有农业废弃物处理设施设备并正常使用的，或者委托有资质的处理机构、有正式协议、运转正常，得2分。
二、农资管理（10分）	4.设有专门的农业投入品（农药、肥料、兽药、饲料及饲料添加剂等）管理用房或仓库，并有专人管理。投入品分类摆放，标记清晰，整齐有序。未贮存违禁投入品。	2	提供布局图，有专门存放仓库或管理用房，得1分；有专人管理，投入品分类摆放，标记清晰，整齐有序的，得1分；或者无农资存放仓库但由专门的农资经营店统一即时配送的，得2分；发现有违禁投入品的，该项不得分。

（续表）

	要求	分值	评分细则
二、农资管理（10分）	5. 农业投入品来源正规，采购、保管、使用记录内容全面、完整，且记录保存3年以上。	6	农业投入品来源正规，保留相关的记录或者发票，得2分；采购、保管、使用记录内容全面完整记录保存3年以上，得4分。
	6. 种子种苗、畜禽引种、水产苗种及加工原料来源明确，并符合相关规定。	2	有生产经营许可证的种子种苗场或者种畜禽场引种并保留相关记录，得2分；水产种苗有苗种购买合同及证明或者自繁自育苗种，应提供苗种繁育规程（水肥种类及施用量、苗种疾病预防、水质监测等），得2分。
三、标准化生产（44分）	7. 结合自身生产实际，按照规定标准实施相关生产技术标准。	4	施行国际标准、国家（行业）生产标准或者省级地方生产标准的，得3分；施行市、县地方生产标准的，得2分；施行企业标准且严于国家（行业）标准或者地方标准的，得4分。
	8. 有绿色标准化生产技术，建立生态化智慧型生产企业，从源头降低农产品质量安全风险。 （1）种植基地：安装天敌友好型杀虫灯等绿色防控技术，使用节水、节能的种植工艺。配备智能化信息管理系统。 （2）养殖基地：采用现代化养殖、环控、节水、节能等工艺、设施和设备。重点区域和粪污资源化利用或者无害化处理区域进行全天候实时监控。 （3）水产养殖：采用节能、节水的养殖工艺，建有养殖尾水循环使用和利用系统并运行完善，建立智慧养殖数据平台。	8	（1）种植基地：诱虫灯、防虫灯等绿色防控设施装备先进并有效运行，得2分；使用节水、节能的先进种植工艺或者主推种植技术，得2分；建有智慧种植数据平台并运用自动监控系统实时调控的，得4分。 （2）养殖基地：养殖场的养殖、环控、自动喂料、机械清粪等设施齐全，得2分；使用先进养殖技术或者主推技术，得2分；建有智慧养殖数据平台并运用自动监控系统实时调控的，得4分。 （3）水产养殖：水产养殖基地节能、节水等自动化设施齐全并运行良好，得2分；建有养殖尾水循环使用和利用系统并运行完善，得2分；建有智慧养殖数据平台并运用自动监控系统实时调控的，得4分。
	9. 农药、化肥、兽药使用量低于同行业全省平均水平。 （1）种植业：开展病虫害监测，科学合理使用化学农药。合理使用有机肥，兼顾元素平衡，开展测土配方施肥，单位种植面积化肥用量（折纯）执行相关作物省定额制标准。 （2）养殖业：开展畜禽、水产的疾病预防，合理选择兽药，严格执行休药期规定。	9	（1）种植业：严格按照农药管理规定选择农药品种，严格执行安全间隔期，得3分；合理使用有机肥，开展测土配方施肥，单位种植面积化肥用量（折纯）未超过相关作物省定额制最高限量标准，得3分；在农药化肥减量方面取得显著成果，获得省级以上单位认可的，得3分；使用禁限用农药和假冒伪劣农药化肥的，该项不得分。 （2）养殖业：采购的兽药有证有文号，得3分；不超范围、不超剂量使用兽药，严格执行休药期，得3分；在兽药减量等使用方面有技术创新，获得省级以上单位认可的，得3分；使用违禁药物和假冒伪劣兽药的，该项不得分。

（续表）

	要求	分值	评分细则
三、标准化生产（44分）	10. 有技术人才队伍，科研成果获得县级以上奖励。	4	专职中高级专业技术人员每人得1分，初级人员每人得0.5分，新型职业农民每人得0.2分，总分不得超过2分、同一人不重复计分；科研成果获得县级以上奖励的，每项得1分，不得超过2分。
	11. 产品通过绿色食品、有机产品或者地理标志产品认证且在有效期内。	7	种植或养殖总量/总产值90%以上的农产品通过认证的，得7分；70%以上、不满90%的，得5分；50%以上、不满70%的，得3分；不满50%的，得1分。
	12. 积极参与国家标准、行业标准、地方标准、团体标准的制修订。	3	作为第一起草单位的一项得1分；第二起草单位的每项得0.5分；总分不得超过3分。
	13. 有经注册的农产品品牌，有品牌宣传包括电视大众媒体宣传、户外媒体网络宣传。	5	产品包装明确生产执行标准的，得2分；品牌10年以上的，得2分；获得省以上名牌农产品称号的再得1分；3年以上、不满10年的，得1分；获得省以上名牌农产品称号的再得1分；不满3年但获得省以上名牌农产品称号的，得1分。
	14. 销售去向可追查，实现统一售后服务。	4	有销售记录，做到去向可追查的，得2分；有专门售后服务制度并落实的，得2分。
四、农产品质量安全（21分）	15. 执行农产品质量安全追溯制度并纳入追溯体系，追溯信息填写准确、完整。	3	生产主体全部纳入省级农产品质量安全追溯平台管理，得3分。
	16. 产品严格按照产品标准及有关规定进行检验，合格的产品出具销售凭证或合格证等产地准出证明。	3	实施"一证一码"等为主要形式的合格证，得3分。
	17. 建有内部自控检测实验室并能开展快速检测、必要指标的自行检测；或者建立农产品质量安全第三方检测计划，定期送由第三方检测机构送检并保存检测记录。	3	建有内部检测实验室并开展定量检测，结果记录完整的，得3分；或者定期送由有第三方检测机构检测并保存检测记录，得3分。
	18. 加强质量安全风险管控，建有农产品质量安全管控制度并配有管理员，建设有现代化信息管理系统。针对农产品质量安全风险管控实行"一品一策"。	7	建有农产品质量安全风险管控制度并配有质量管理员，得2分；针对自身产品特点实行"一品一策"管理体系，建有农产品质量安全标准化生产记录的，得5分。
	19. 主要农产品的质量指标达到国内领先或国际先进水平。	5	质量指标严于国家标准及国际标准的，每项得1分，总分不超过5分。

（续表）

	要求	分值	评分细则
五、社会经济效益（15分）	20. 辐射带动规模：积极主动为周边农户（养殖户）提供绿色种植技术或者健康养殖技术咨询服务，定期开展示范培训和质量监督。	5	通过建立合同、合作、股份合作等利益联结方式带动农户的数量500户以上，联系和示范带动周边养殖渔民200户以上的，得5分；联系和示范带动周边畜牧养殖场户50户以上的，得5分；每降低20%，得分减1分。
	21. 标准化生产绩效：实施标准化生产并定期开展绩效评价，标准化生产效益明显。	5	每三年自行或委托第三方开展标准化生产绩效评价并取得良好社会经济效益，得5分。
	22. 绿色生产成效显著：在农业标准化和绿色生产方面取得显著经济社会效益，减少生产成本，提升农产品质量安全水平。	5	相关技术获得省级以上标准化生产奖励或示范试点，得5分；获得市级以上奖励或示范试点，得3分；获得县级以上奖励，得1分。
六、附加项（10分）	实施卓越绩效管理、GAP、ISO 9001等质量管理体系且在有效期内。	10	实施卓越绩效管理、GAP或者ISO 9001等质量管理体系且在有效期内的，得10分。

六、特色农产品"一县一品一策"规范

为推进浙江省特色农产品质量安全管控和标准化生产的新起点，总结浙江省农产品质量安全管控领域又一条可借鉴可推广的"浙江经验"，研究制定特色农产品"一县一品一策"规范。以区域为单位开展的农产品质量安全管控工作为研究对象，规定了特色农产品质量安全管理的基本原则、风险隐患排查、技术集成、示范基地建设、质量安全管理要求，系统总结了2015年浙江省实施特色农产品质量安全风险管控（"一品一策"）项目以来，按照"一个产品一套策略"的要求，加强产学研结合，在科学研究、试验基地示范、标准化生产技术集成的工作模式下，探索从生产源头出发抓质量安全管理的工作新思路。在各地市农业农村局的支持配合下，"一县一品一策"项目以特色农产品质量安全提升为中心，联合基层农技推广力量和省级专家团队，建立示范技术推广"帮扶区"，搭建"一县一品一策"微信平台，为其他农户提供农产品质量安全知识普及、生产技术指导、业务咨询等线上线下服务。

（一）基本要求

选择当地具有一定规模的区域优势特色农产品为实施对象，建立适宜的农产品质量安全风险管理机制，并通过示范基地建设提升当地特色农产品标准化生产和质量安全水平。

（二）风险隐患排查

1. 排查范围

应涵盖产地环境、基地生产、采收贮藏、产地初加工等关键环节，特别是消费者和社会舆情反映较多的问题及农产品质量安全监测的关注点，如产地环境，农业投入品，产品中的农兽药、重金属、真菌毒素和病原微生物等。

针对出口贸易量较大的农产品，应关注不同国家和地区质量安全标准差异较大的指标。

2. 排查方法

采取调查问卷、资料查询、抽样调查、试验研究、历年监测数据分析研判等方式进行风险隐患排查和评估，确定特色农产品的风险隐患因子、污染途径和污染程度。

3. 技术集成

（1）绿色生产。推行生态种养、种养结合，科学施肥、饲喂，减少化学肥料用量。优先采用农业防治、物理防治和生物防治等病虫害综合防治措施，科学合理地使用化学农药、兽药、渔药。

采用秸秆无烟处理、废弃物分类回收和综合利用等技术措施，加强生物资源的循环利用。对病死动物采取无害化处理方式及时处置。

（2）药物残留控制。按照"生产必须、防治有效、安全为先、风险最小"的原则选择使用农药。绿色食品生产基地应选择NY/T 393—2020《绿色食品 农药使用准则》推荐的农药。根据主要病虫害的发生情况，适期防治，掌握适用农药的品种、剂型、施药剂量（或浓度）、使用方法、防治适期、每季最多用药次数、安全间隔期、注意事项等，宜交替轮换使用不同作用机理的农药，农药使用应符合GB/T 8321（所有部分）的要求，或制定相关的技术标准。

水产养殖环境管理和兽药残留控制：应按照NY/T 1167—2006《畜禽场环境质量及卫生控制规范》、NY/T 3616—2020《水产养殖场建设规范》的要求合理规划畜禽场、水产养殖场，合理布设生产养殖区、工作场所及辅助基础设施。定期开展养殖环境、用水和底质的监测，科学合理确定养殖密度。生产养殖区应做好疫病的监测与防治，落实生物安全管理措施，防止交叉污染。兽药使用应符合GB 31650—2019《食品安全国家标准 食品中兽药最大残留限量》的规定，水产养殖用药参照《水产养殖用药明白纸2022年1、2号》（农渔养函〔2022〕115号）的规定。

（3）产地环境污染控制。定期开展土壤质量监测，对于酸碱度不适宜的土壤，宜采取土壤改良措施。对于存在重金属污染的土壤，选择重金属低积累的适栽品种，并开展土壤修复、施用土壤钝化剂、改变作物种植方式等措施。肥料使用方面，宜开展测土配方施肥，并按照NY/T 496—2010《肥料合理使用准则 通则》和NY/T 525—2021《有机肥料》的规定执行。

畜禽养殖和水产养殖场所的污染控制，遵照NY/T 1167—2006《畜禽场环境质量及卫生控制规范》、NY/T 3616—2020《水产养殖场建设规范》的要求。

4. 标准集成

针对特色农产品生产过程中的风险隐患因子，制定质量安全管理技术标准、模式图和质量管控手册。标准应涵盖生产的全过程，包括产地环境、农业投入品、种养环节、产品检测、分拣分级、包装和贮运等全产业链的各个环节。协调采纳现行有效的国家标准、行业标准和地方标准，并针对性研制更加有针对性的团体标准或企业标准。

5. 示范基地建设

选择具有一定生产规模，配备相应的技术人员和农机装备的生产基地，作为示范基地，进行示范带动。示范基地应加强标准化生产，落实相应的质量安全控制措施，并在数字化和机械化方面也有一定的示范效应。

6. 质量安全管理要求

食用农产品应符合相关国家标准的质量安全要求。产品上市前应检测，检测合格的农产品上市前根据DB33/T 2334—2021《食用农产品合格证管理规范》的要求开具食用农产品合格证；不合格产品不得上市销售，及时处置。

生产主体根据DB33/T 2311—2021《农产品生产主体追溯管理规范》的要求，做好追溯管理。生产记录应至少保留2年。

（三）绩效评价的成效——以铁皮石斛为例

"一县一品一策"铁皮石斛项目实施以来，大大提高了铁皮石斛的质量安全水平，取得了良好的经济和社会效益。根据浙江省农业农村厅的要求，对"一县一品一策"铁皮石斛项目进行了绩效评价，得分为满分，见表3-3。

表3-3 绩效评价一览表

指标类型	评价指标				抽评情况	
	指标名称	指标值	分值	评分标准	完成值	抽评得分
产出指标（70分）	风险评估和对策建议报告	1份	10	评价指标全部完成10分，未完成0分。	1份	10
	《铁皮石斛主要病虫用药建议》团体标准	1个	10	评价指标全部完成10分，未完成0分。	1个（T/ZAQSAP 003—2016）	10
	铁皮石斛全产业链安全风险管控技术	1份	10	评价指标全部完成10分，未完成0分。	1份	10

（续表）

指标类型	评价指标				抽评情况	
	指标名称	指标值	分值	评分标准	完成值	抽评得分
产出指标（70分）	编制主要病虫用药优先清单	1份	10	评价指标全部完成10分，未完成0分。	1份	10
	建立示范基地	建立示范基地8个，示范面积500亩	10	评价指标全部完成10分，指标未全部完成得分减半。	建立建立示范基地8个，示范面积550亩	10
	铁皮石斛质量安全示范推广	1~2次	10	评价指标全部完成10分，指标未全部完成得分减半。	培训2次、共计120人次	10
	铁皮石斛"一县一品一策"管控技术手册	1本	10	评价指标全部完成10分，未完成0分。	1本	10
效益指标（30分）	产品合格率	98%	15	合格率低于97%得0分，合格率97%~98%得6分，合格率98%以上得12分。	100%	15
	农药使用规范性	无禁限用农药检出，推荐用药使用种类占比40%以上	15	评价指标全部完成10分，禁用农药检出0分，推荐农药使用种类占比20%~40%，得分减半。	无禁限用农药检出，推荐用药使用种类占比50%	15
绩效抽评得分合计						100

（1）通过风险评估基本摸清了铁皮石斛生产中的主要风险隐患为农药残留（主要来源为农药的不规范使用）和重金属（主要来源为羊粪等肥料的不规范使用）。

（2）通过标准化和质量安全管控技术大大提升了铁皮石斛的质量安全水平。通过光照、基质含水量、温度和湿度等生长条件的控制，以及色板、性诱剂和杀虫灯，科学选择和使用农药等病虫害绿色防控技术，大大降低了农药的使用量和铁皮石斛产品中的农药残留；通过控制羊粪的使用量和羊粪中的重金属，降低了铁皮石斛产品中的重金属含量；此外，基本杜绝了植物生长调节剂的使用。

（3）取得了良好的经济效益和社会效益。

①经济效益。据生产基地统计，使用病虫害绿色防控技术，病虫害为害减少40%~55%，产量和经济效益增加5%~10%；减少肥料等投入品使用，成本减少10%~20%。

②社会效益。使用病虫害绿色防控技术，农药使用次数和使用量减少；同时杜绝了生长调节剂的使用，减少了肥料的使用，大大提高了铁皮石斛的质量安全水平，取得了良好的社会效益和生态效益。

第四章

"一县一品一策"特色农产品品质研究与品牌建设

特色农产品全产业链质量安全管控与标准化生产（一县一品一策）的研究与实践

随着我国进入高质量发展阶段，国民的食品需求由生存导向向健康导向转变，食品供应由保证吃得饱、到吃得安全进入了更要吃得营养和健康的第三阶段。国民食物消费中70%以上是农产品，在"健康中国2030"以及乡村振兴国家战略的双重推动下，以"农业—营养—健康"模式的健康导向成为农业发展方向。农产品品质是反映农业生产活动满足人类高品质生活需求程度的重要方面，是衡量农业高质量发展水平的重要指标。

农产品品质是农产品质量优劣的统称，农产品品质评价是根据农产品外观、质构、风味、营养等要素对农产品进行评价和等级划分的过程。我国现阶段农产品品质评价还是以各级农产品质量标准的形式发挥作用，尤其是农产品质量分级或等级规格标准。近年来，浙江省农业科学院农产品质量安全与营养研究所依托"浙江省农业标准化基地建设安全风险管控（"一县一品一策"）"项目，围绕地方产品，开展农产品营养品质研究工作，协助地方开展竹林鸡、河蟹、清水鱼、杨梅、猕猴桃、无花果、香菇等特色农产品营养成分和品质指标研究，建立相应营养品质评价体系并制定相关产品标准。

一、开化清水鱼品质特征指标研究

开化清水草鱼主要是指利用开化山区常年流动的清澈山泉、溪水，以纯天然绿色植物进行喂养的草鱼，因其肉质鲜美、风味独特，在浙江、上海等地有较高的知名度，产品供不应求。针对目前清水鱼未有相关的品质特征指标现状、统一的清水鱼产品评估标准和认定办法，制定清水鱼产品等级规格相关标准；并对清水鱼的营养品质、风味差异、腥味指标和外观差异与其他鱼进行研究，挖掘水清鱼的关键特征营养参数与风味因子。

（一）开化清水鱼不同生长阶段营养成分分析

（1）体重分析。开化清水鱼不同生长阶段体重变化情况如图4-1所示，随着开化清水鱼月龄的增加，体重也在持续的增加，且48月龄的鱼体重是1月龄体重的7.9倍。

（2）水解氨基酸分析。开展了鱼肉不同生长阶段水解氨基酸含量分析，结果见表4-1。结果显示，鱼肉的水解氨基酸总含量范围在22.229～29.104 g/100 g；且不同年龄阶段的开化清水鱼肉氨基酸含

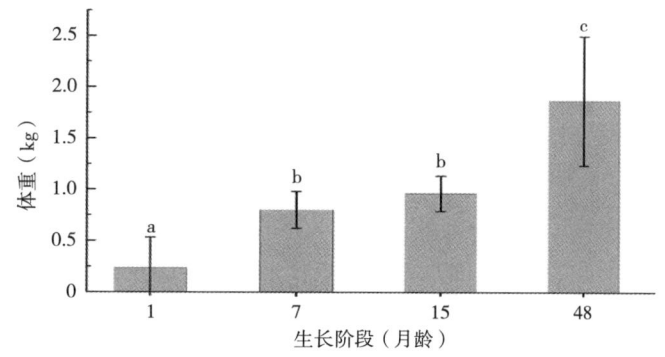

图4-1 不同生长阶段开化清水鱼体重

量呈现年龄变化趋势，主要表现为其水解氨基酸含量，如苏氨酸、天冬氨酸等在15月龄含量最高，在48月龄时，其氨基酸水平有所下降。

表4-1　开化清水鱼不同生长阶段水解氨基酸含量　　　　　　　　　　　　单位：g/100 g

水解氨基酸	1月龄	7月龄	15月龄	48月龄	水解氨基酸	1月龄	7月龄	15月龄	48月龄
天冬氨酸	2.328	2.736	3.016	2.420	异亮氨酸	1.111	1.321	1.441	1.145
苏氨酸	1.014	1.187	1.317	1.069	亮氨酸	2.002	2.343	2.591	2.055
丝氨酸	0.928	1.083	1.201	0.975	酪氨酸	0.807	0.925	1.025	0.821
谷氨酸	3.532	4.003	4.430	3.604	苯基丙氨酸	0.982	1.125	1.254	1.023
甘氨酸	1.136	1.391	1.728	1.222	赖氨酸	2.247	2.620	2.884	2.347
丙氨酸	1.423	1.670	1.919	1.450	组氨酸	0.663	0.749	0.803	0.735
胱氨酸	0.189	0.213	0.232	0.202	精氨酸	1.536	1.781	2.047	1.575
缬氨酸	1.085	1.288	1.401	1.146	脯氨酸	0.779	0.945	1.171	0.878
蛋氨酸	0.466	0.527	0.643	0.509	总计	22.229	25.905	29.104	23.177

（3）游离氨基酸分析。开展了开化清水鱼不同生长阶段游离氨基酸含量分析。结果显示，鱼肉的游离氨基酸含量范围在3.849～4.541 mg/g。如表4-2所示，游离氨基酸含量变化趋势与水解氨基酸相似；在15月龄时，游离氨基酸含量较高，48月龄时大部分氨基酸含量有所下降。

表4-2　开化清水鱼不同生长阶段游离氨基酸含量　　　　　　　　　　　　单位：mg/g

游离氨基酸	1月龄	7月龄	15月龄	48月龄	游离氨基酸	1月龄	7月龄	15月龄	48月龄
磷酸丝氨酸	0.010	0.010	0.012	0.008	蛋氨酸	0.020	0.022	0.026	0.011
牛磺酸	1.342	1.201	1.972	0.413	胱硫醚	0.011	0.015	0.015	0.040
磷酸乙醇胺	0.012	0.014	0.014	0.012	异亮氨酸	0.027	0.038	0.041	0.018
尿素	0.005	0.000	0.000	0.000	亮氨酸	0.045	0.059	0.070	0.037
天冬氨酸	0.000	0.002	0.000	0.000	酪氨酸	0.036	0.029	0.042	0.040
苏氨酸	0.022	0.062	0.007	0.223	苯基丙氨酸	0.025	0.029	0.040	0.094
丝氨酸	0.083	0.072	0.103	0.159	β-丙氨酸	0.000	0.000	0.005	0.000
谷氨酸	0.076	0.075	0.085	0.114	β-氨基异丁酸	0.003	0.002	0.000	0.000
肌氨酸	0.082	0.018	0.050	0.002	γ-氨基正丁酸	0.002	0.000	0.000	0.000
α-氨基己二酸	0.000	0.000	0.000	0.000	乙醇胺	0.033	0.011	0.002	0.010
甘氨酸	0.440	0.488	0.526	0.684	羟赖氨酸	0.102	0.016	0.089	0.000
丙氨酸	0.153	0.224	0.202	0.125	鸟氨酸	0.113	0.137	0.215	0.100
瓜氨酸	0.000	0.000	0.000	0.000	赖氨酸	0.012	0.084	0.000	0.376
α-氨基正丁酸	0.001	0.000	0.000	0.000	1-甲基组氨酸	0.000	0.000	0.000	0.000
缬氨酸	0.043	0.050	0.057	0.051	组氨酸	1.177	1.075	0.874	1.453
胱氨酸	0.000	0.000	0.000	0.000	3-甲基组氨酸	0.000	0.000	0.000	0.000

（续表）

游离氨基酸	1月龄	7月龄	15月龄	48月龄	游离氨基酸	1月龄	7月龄	15月龄	48月龄
鹅肌肽	0.000	0.000	0.000	0.000	羟脯氨酸	0.014	0.002	0.000	0.000
肌肽	0.000	0.000	0.000	0.000	脯氨酸	0.184	0.065	0.000	0.330
精氨酸	0.158	0.048	0.093	0.176	总计	4.227	3.849	4.541	4.476

（4）鲜味氨基酸分析。进一步统计分析发现，如表4-3所示，鲜味氨基酸包括谷氨酸、天冬氨酸、丙氨酸和甘氨酸含量在清水鱼15月龄时最高，表明该时间段或可为开化清水鱼的最佳捕获期。

表4-3　开化清水鱼不同生长阶段鲜味氨基酸含量　　　　　　单位：mg/g

鲜味氨基酸	1月龄	7月龄	15月龄	48月龄	鲜味氨基酸	1月龄	7月龄	15月龄	48月龄
谷氨酸	3.532	4.003	4.430	3.604	甘氨酸	1.136	1.391	1.728	1.222
天冬氨酸	2.328	2.736	3.016	2.420	总计	8.419	9.800	11.093	8.696
丙氨酸	1.423	1.670	1.919	1.450					

（5）脂肪酸分析。对开化清水鱼肉不同生长阶段脂肪酸含量组成分析，结果见表4-4。结果显示，鱼肉的脂肪酸较为丰富，其中主要以油酸、亚油酸为主。大部分脂肪酸在生长阶段初期含量较高，随着年龄递减。

表4-4　开化清水鱼不同生长阶段脂肪酸含量组成　　　　　　单位：%

脂肪酸种类	1月龄	7月龄	15月龄	48月龄	脂肪酸种类	1月龄	7月龄	15月龄	48月龄
丁酸	—	0.026	0.011	—	十七碳烯酸	0.112	0.268	0.262	0.154
己酸	0.266	0.089	0.137	0.046	硬脂酯酸	4.661	4.040	4.036	4.469
辛酸	0.398	0.165	0.293	0.220	反油酸	0.136	0.177	0.149	0.100
癸酸	0.023	0.003	—	—	油酸	36.022	39.210	39.432	34.486
十一烷酸	0.041	0.007	0.013	0.014	反-9-十八碳一烯酸	0.020	—	—	—
月桂酸	0.973	0.356	0.263	0.044	亚油酸	22.080	20.183	19.351	20.967
十三烷酸	0.018	0.002	—	—	反亚油酸	0.179	0.148	0.113	0.057
肉豆蔻酸	1.625	1.416	1.537	1.560	γ-亚麻酸	—	0.053	—	—
肉豆蔻烯酸	0.176	0.195	0.212	0.429	亚麻酸	1.343	1.229	1.460	0.662
十五烷酸	0.056	0.115	0.050	0.325	花生酸	2.113	1.771	1.898	2.031
十五碳烯酸	0.072	0.030	0.069	0.088	二十碳三烯酸	0.090	0.194	0.038	0.043
棕榈酸	16.551	17.042	16.816	17.810	二十碳烯酸	1.222	1.051	1.304	0.287
棕榈油酸	3.901	5.295	5.966	9.270	花生四烯酸	0.158	0.392	0.145	0.325
十七烷酸	0.177	0.196	0.195	0.248	二十碳五烯酸	1.337	1.014	1.115	0.645

（续表）

脂肪酸种类	1月龄	7月龄	15月龄	48月龄	脂肪酸种类	1月龄	7月龄	15月龄	48月龄
二十一烷酸	—	0.005	—	—	二十二碳六烯酸	0.100	0.171	0.129	1.341
顺-顺-11-14-二十碳二烯酸	0.167	0.375	0.144	1.919	二十三烷酸	0.174	0.217	0.235	1.668
山嵛酸	3.074	2.389	2.552	1.537	二十四烷酸	1.492	0.807	0.949	0.318
芥酸	0.008	0.022	0.009	0.123	二十四碳烯酸	1.221	1.048	0.999	3.923
二十二碳二烯酸	—	0.065	—	—					

其中，开化清水鱼中不饱和脂肪酸总量为28.646%～31.624%；饱和脂肪酸在68.344%～74.819%。其不饱和脂肪酸在1月龄时最高，不饱和脂肪酸在48月龄时最高（图4-2）。

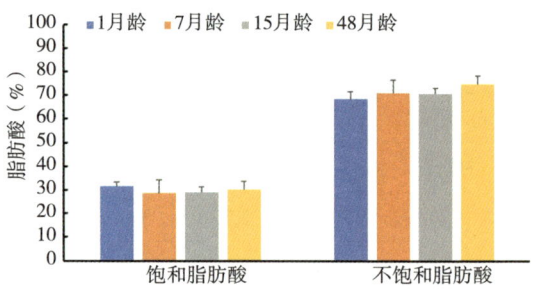

图4-2 开化清水鱼中饱和脂肪酸与不饱和脂肪酸总量变化

（二）开化清水鱼优势营养品质特征分析

（1）开化清水鱼及不同地区来源草鱼的体重对比分析。如图4-3所示，同一生长阶段的开化清水鱼相比于安徽、德清及千岛湖等地的草鱼体重，差异不明显。

（2）开化清水鱼及不同地区来源草鱼的水解氨基酸含量对比分析。收集开化、安徽、德清及千岛湖等地的草鱼进行水解氨基酸含量对比分析，结果见表4-5，相对于其他地氨基酸含量变化，开化清水鱼中水解氨基酸含量较高，为其他地区的1.7倍左右。

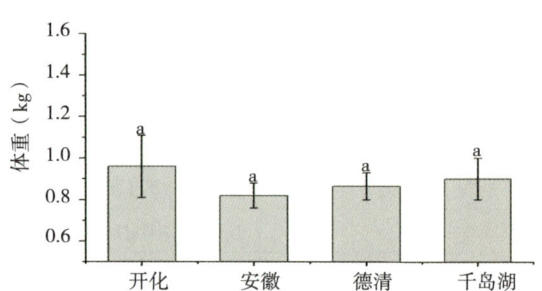

图4-3 开化清水鱼及不同地区来源草鱼的体重对比分析

表4-5 开化清水鱼及不同地区来源草鱼的水解氨基酸含量　　　　　单位：g/100 g

水解氨基酸	开化	安徽	德清	千岛湖	水解氨基酸	开化	安徽	德清	千岛湖
天冬氨酸	3.016	1.728	1.859	1.859	胱氨酸	0.232	0.222	0.260	0.245
苏氨酸	1.317	0.748	0.811	0.807	缬氨酸	1.401	0.805	0.874	0.868
丝氨酸	1.201	0.692	0.746	0.744	蛋氨酸	0.643	0.234	0.396	0.445
谷氨酸	4.430	2.700	2.934	2.954	异亮氨酸	1.441	0.726	0.799	0.799
甘氨酸	1.728	0.991	0.913	0.900	亮氨酸	2.591	1.295	1.429	1.432
丙氨酸	1.919	1.065	1.094	1.098	酪氨酸	1.025	0.530	0.603	0.597

（续表）

水解氨基酸	开化	安徽	德清	千岛湖	水解氨基酸	开化	安徽	德清	千岛湖
苯基丙氨酸	1.254	0.668	0.728	0.730	精氨酸	2.047	1.033	1.092	1.096
赖氨酸	2.884	1.610	1.781	1.773	脯氨酸	1.171	0.662	0.620	0.624
组氨酸	0.803	0.484	0.540	0.563	总计	29.104	16.193	17.476	17.534

（3）开化清水鱼及市场不同来源草鱼的鲜味氨基酸含量对比分析。如表4-6所示，进一步统计开化及不同地区来源的草鱼的鲜味氨基酸含量，对比分析发现，开化清水鱼的鲜味氨基酸包括谷氨酸、天冬氨酸、丙氨酸、甘氨酸等，其含量远高于其他地区。

表4-6 开化清水鱼及不同地区来源草鱼的鲜味氨基酸含量　　　　　单位：g/100 g

鲜味氨基酸	开化	安徽	德清	千岛湖	鲜味氨基酸	开化	安徽	德清	千岛湖
谷氨酸	4.430	2.700	2.934	2.954	甘氨酸	1.728	0.991	0.913	0.900
天冬氨酸	3.016	1.728	1.859	1.859	总计	11.093	6.484	6.800	6.811
丙氨酸	1.919	1.065	1.094	1.098					

（4）开化清水鱼及不同地区来源草鱼的脂肪酸含量对比分析。收集开化、安徽、德清及千岛湖等地的草鱼进行脂肪酸含量对比分析，结果见表4-7。丁酸、己酸、庚酸、芥酸等脂肪酸在开化清水鱼中检测出，而在其他地区的草鱼中均未检出。

表4-7 开化清水鱼及不同地区来源草鱼的脂肪酸含量组成　　　　　单位：%

脂肪酸种类	开化	安徽	德清	千岛湖	脂肪酸种类	开化	安徽	德清	千岛湖
丁酸	0.011	—	—	—	十七烷酸	0.195	0.026	0.245	0.304
己酸	0.137	0.293	0.121	0.094	十七碳烯酸	0.262	0.032	0.336	0.389
辛酸	0.293	0.404	0.205	0.224	硬脂酯酸	4.036	4.375	2.922	3.463
癸酸	—	0.005	0.082	0.004	反油酸	0.149	0.118	0.112	0.114
十一烷酸	0.013	0.012	0.002	0.003	油酸	39.432	37.132	40.850	39.423
月桂酸	0.263	0.033	2.091	0.069	反-9-十八碳一烯酸	—	0.095	—	—
十三烷酸	—	—	0.033	0.015	亚油酸	19.351	22.613	19.295	22.518
肉豆蔻酸	1.537	0.634	2.431	0.871	反亚油酸	0.113	0.343	0.164	0.137
肉豆蔻烯酸	0.212	0.327	0.274	0.313	γ-亚麻酸			0.014	0.010
十五烷酸	0.050	0.149	0.115	0.125	亚麻酸	1.460	1.289	1.423	1.246
十五碳烯酸	0.069	0.261	0.002	0.008	花生酸	1.898	1.813	2.256	2.000
棕榈酸	16.816	17.141	16.265	17.289	二十碳三烯酸	0.038	0.252	0.138	0.151
棕榈油酸	5.966	3.449	4.173	3.949	二十碳烯酸	1.304	0.570	0.979	0.912
花生四烯酸	0.145	0.588	0.198	0.302	二十二碳二烯酸	—	—	—	—
二十碳五烯酸	1.115	1.309	1.187	1.078	二十二碳六烯酸	0.129	0.058	0.186	0.149

（续表）

脂肪酸种类	开化	安徽	德清	千岛湖	脂肪酸种类	开化	安徽	德清	千岛湖
二十一烷酸	—	—	—	—	二十三烷酸	0.235	0.163	0.195	0.194
顺-顺-11-14-二十碳二烯酸	0.144	0.110	0.116	0.112	二十四烷酸	0.949	1.809	1.237	1.136
山嵛酸	2.552	3.480	2.019	2.127	二十四碳烯酸	0.999	1.127	0.332	1.261
芥酸	0.009	—	0.010	0.017					

（三）开化清水鱼不同生长阶段肠道菌群分析

（1）开化清水鱼不同生长阶段菌群Alpha多样性分析。由表4-8可知，相比于其他月龄，1月龄的草鱼肠道内含有更多的微生物，且本次测序各个样品的覆盖率指数均大于0.99，说明本次测序样本的覆盖度较全面，能够真实反映检测结果的可靠性。

表4-8　草鱼肠道菌群Alpha多样性分析

样本名称	1月龄	7月龄	15月龄	48月龄	SEM	P值
操作分类单元数	562a	475ab	470abc	270c	39.76	0.050
香农指数	3.74a	3.60a	3.54a	2.30b	0.24	0.027
辛普森指数	0.11ab	0.11ab	0.12ab	0.27a	0.028	0.039
丰度指数	776.00a	611.20b	551.00bc	292.60cd	55.02	0.042

注：同行数据不同小写字母表示差异显著（$P<0.05$）。

（2）开化清水鱼不同生长阶段肠道菌群结构Beta多样性分析。主坐标分析（PCoA分析）可知，不同月龄的草鱼后肠肠道菌群出现了4个明显不同的集群，说明草鱼肠道微生物菌群的多样性和丰富性受月龄的影响（图4-4）。

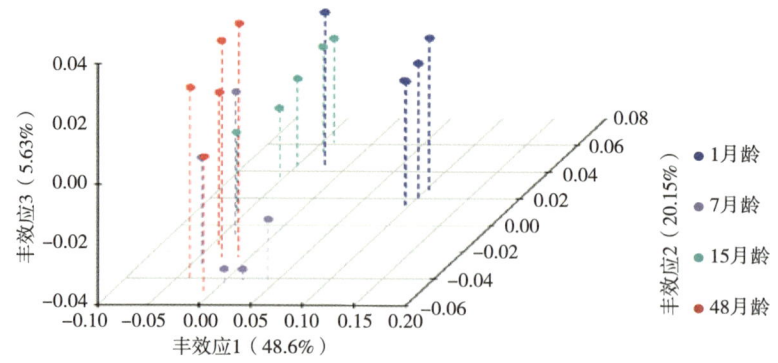

图4-4　不同生长阶段开化清水鱼肠道菌群结构PCoA分析

（3）开化清水鱼不同生长阶段菌群结构分析。由图4-5和图4-6可知，在门水平上，发现变形菌门（Proteobacteria）、厚壁菌门（Firmicutes）、蓝藻门

（Cyanobacteria）、放线菌门（Actinobacteria）、拟杆菌门（Bacterioidetes）、绿弯菌门（Chloroflexi）、梭杆菌门（Fusobacteria）、螺旋体门（Saccharibacteria）、酸杆菌门（Acidobacteria）、浮霉菌门（Planctomycetes）是不同月龄草鱼后肠中的主要优势菌门。其中，在48月龄草鱼后肠肠道中，蓝藻门和厚壁菌门的相对丰度较高，变形菌门的相对丰度较低。而在15月龄草鱼后肠肠道中，变形菌门的相对丰度较高，蓝藻门和厚壁菌门的相对丰度较低。在属水平上，埃希氏-志贺氏菌属、链球菌属、罗斯氏菌属、甲基杆菌属（Cetobacterium）、多枝梭菌属（Erysipelatoclostridium）、微杆菌属（Microbacterium）、砷氧化菌属（Aliihoeflea）、经黏液真杆菌属（Blautia）和拟杆菌属（Bacteroides）是不同月龄草鱼后肠微生物的9个优势属。且在48月龄的草鱼后肠肠道中，链球菌属的相对丰度较高，15月龄中，埃希氏-志贺氏菌属相对丰度明显升高，7月龄中，罗斯氏菌属明显升高，1月龄中，梭状芽孢杆菌属（Clostridium sensu stricto 1）明显升高。

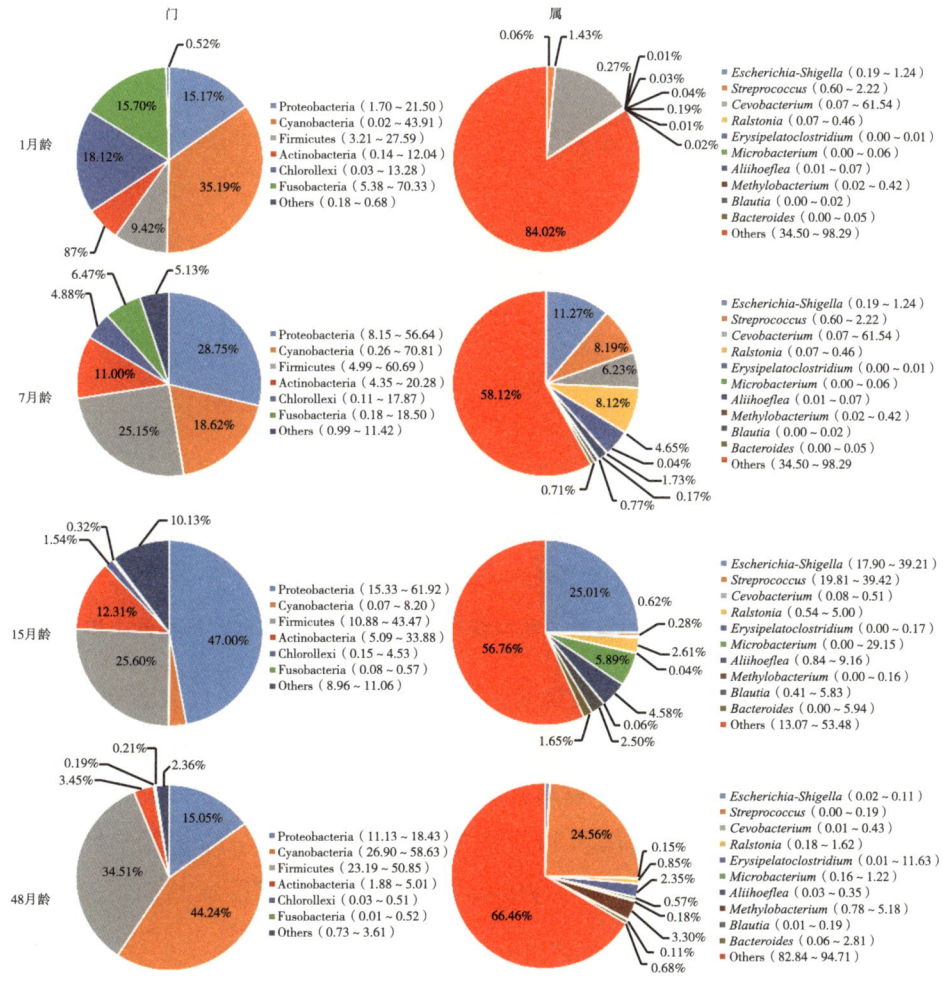

图4-5　开化清水鱼不同生长阶段菌群结构

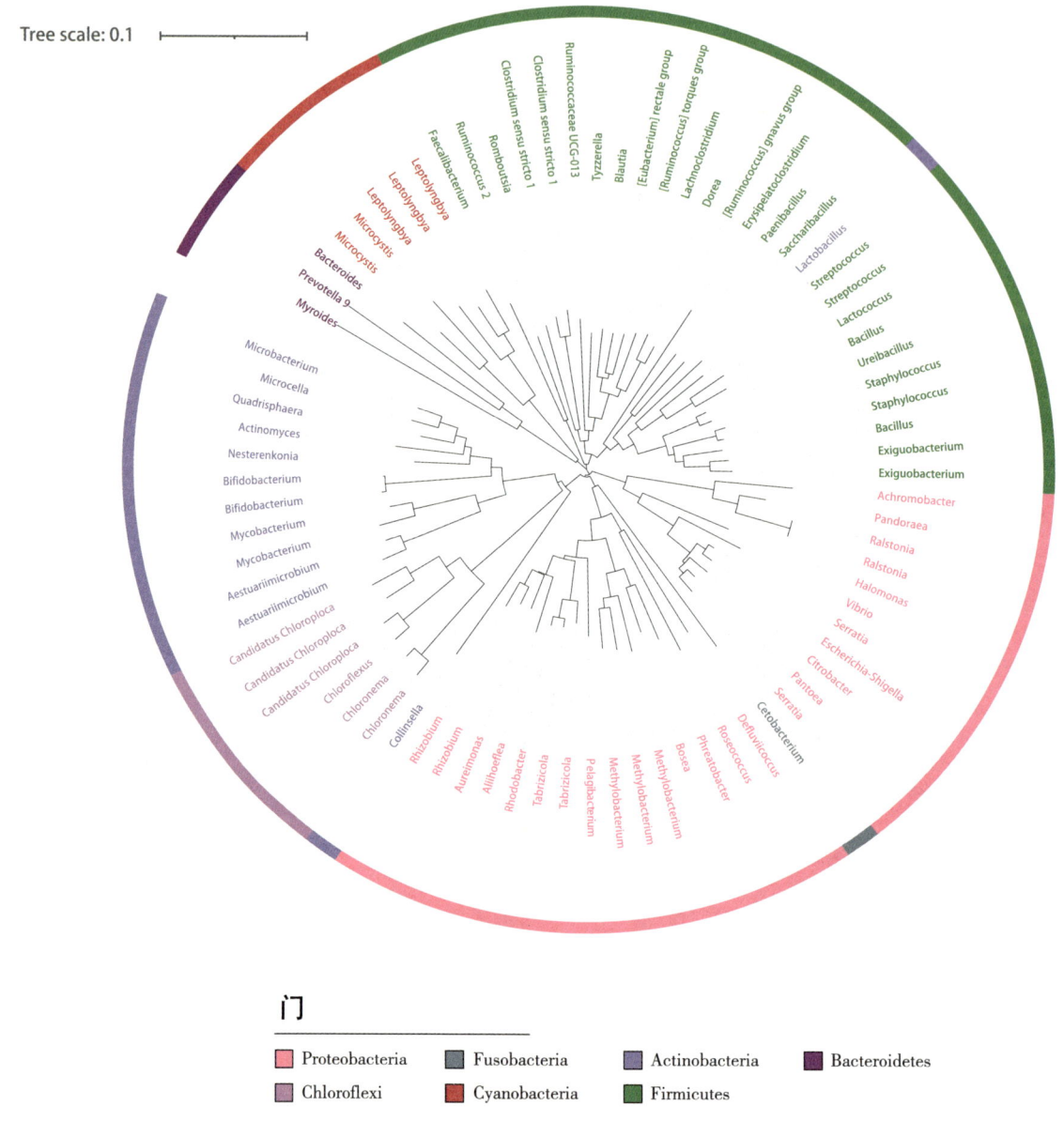

图4-6　不同生长阶段开化清水鱼肠道菌群结构系统发育图（前100个操作分类单元数）

（4）开化清水鱼不同生长阶段优势菌群分析。为了找出不同月龄肠道内具有差异的菌群，进一步进行了热图（图4-7、图4-8）和LeFse分析可知，1月龄中，纤发鞘丝蓝细菌属（*Leptolyngbya*）相对丰度较高，7月龄中，罗斯氏菌属（*Ralstonia*）相对丰度较高，15月龄中，埃希氏-志贺氏菌属和乳杆菌属（*Lactobacillus*）相对丰度较高，48月龄中，链球菌属和甲基杆菌属（Methylobacterium）相对丰度较其他组有明显的升高（$P<0.05$）。

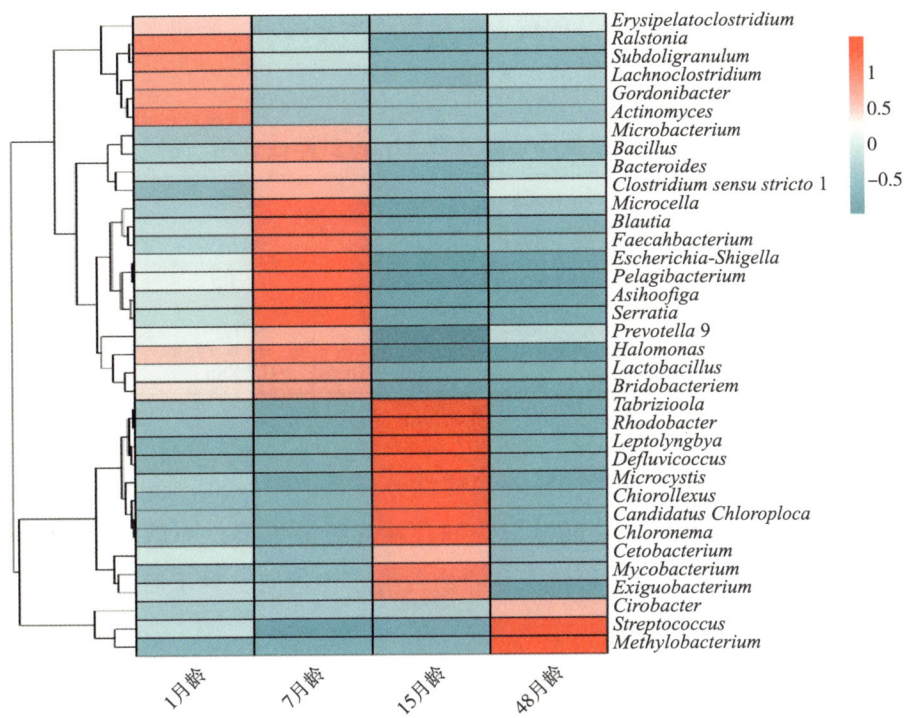

图4-7 不同生长阶段开化清水鱼肠道菌群结构热图（前35种属）

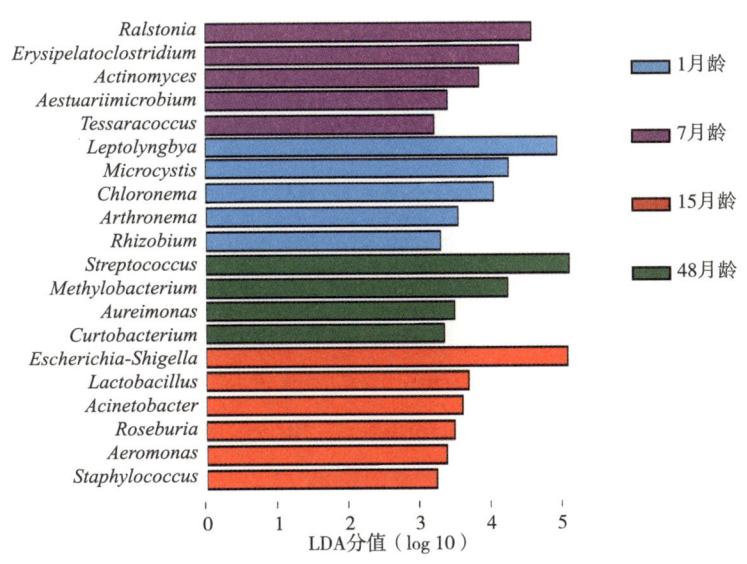

图4-8 不同生长阶段开化清水鱼肠道菌群结构

（四）开化清水鱼各肠段肠道菌群结构解析

（1）开化清水鱼肠道微生物丰度和Alpha多样性分析。由表4-9可知，相比于前肠和中肠，后肠微生物群落的丰度指数、香农指数、操作分单元数指数都是最高的

（$P<0.05$），且本次测序各个样品的覆盖率指数均大于0.99，说明本次测序样本的覆盖度较全面，能够真实反映检测结果的可靠性。

表4-9 草鱼肠道微生物Alpha多样性分析

样本名称	前肠	中肠	后肠	SEM	P值
操作分类单元数	272c	524b	694a	38.19	0.001
香农指数	3.23b	3.51ab	3.93a	0.13	0.031
辛普森指数	0.17	0.11	0.09	0.18	0.131
丰度指数	311.13c	603.13b	917.88a	54.57	0.001

注：同行数据不同小写字母表示差异显著（$P<0.05$）。

（2）开化清水鱼肠道菌群结构Beta多样性分析。由图4-9基于unweighted UniFrac的PCoA分析可知，草鱼前肠和中肠菌群之间存在部分的重叠，而后肠中微生物菌群存在显著不同的聚类，说明草鱼前肠和中肠的物种组成较相似，且于后肠的物种组成差异显著（$P<0.05$）。

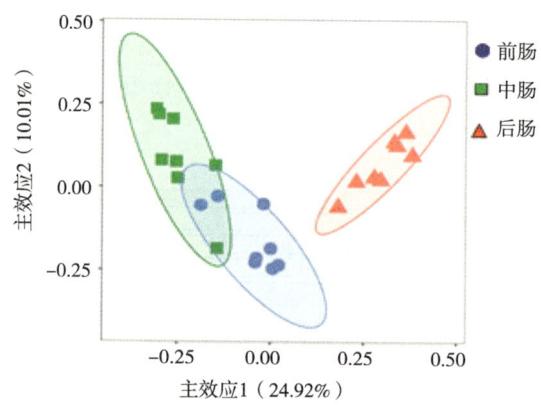

图4-9 草鱼肠道微生物结构PCoA分析

（3）开化清水鱼优势菌群结构和组成分析。由图4-10可知，在门水平，变形菌门（Proteobacteria）、厚壁菌门（Firmicutes）、蓝藻门（Cyanobacteria）、放线菌门（Actinobacteria）、拟杆菌门（Bacterioidetes）和绿弯菌门（Chloroflexi）是草鱼肠道内菌群相对丰度较高的6个门，占草鱼肠道菌群的97.28%～98.61%以上。在属水平，对草鱼肠道菌群相对丰度较高的10个属进行分析可知，埃希氏-志贺氏菌属（*Escherichia-Shigella*）、链球菌（*Streptococcus*）、罗斯氏菌属（*Ralstonia*）、甲基杆菌属（*Methylobacterium*）、根瘤菌属（*Rhizobium*）、葡萄球菌属（*Staphylococcus*）、普雷沃氏菌属（*Prevotella* 9）、芽孢杆菌属（*Paenibacillus*）、阿尔塔米拉金色单胞菌（*Aureimonas*）和微菌属（*Aestuariimicrobium*）占整个草鱼肠道的43.66%～44.59%，是肠道的优势菌属。

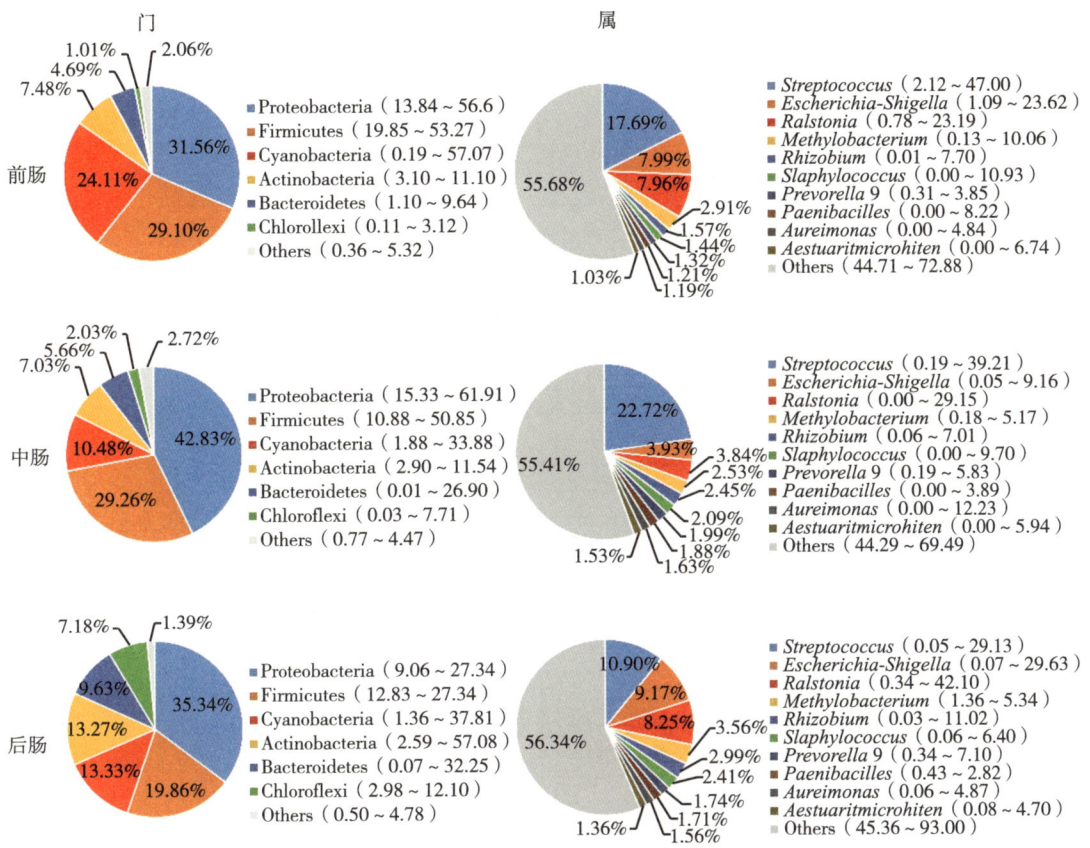

图4-10　清水鱼鱼肠道微生物结构的分析

（4）开化清水鱼各肠段核心菌群结构和组成分析。由图4-11可知，通过对草鱼肠道2 184个操作分类单元数进行线性判断分析（LDA）可知，当LDA值大于3.8时，在前肠中，具有显著差异的操作分类单元数有5个，在中肠中有5个，而在后肠中有11个。由图4-12通过热图分析草鱼前中后肠道菌群相对丰度较高的前35种菌属发现，草鱼前中后肠菌群有明显的分块聚类。

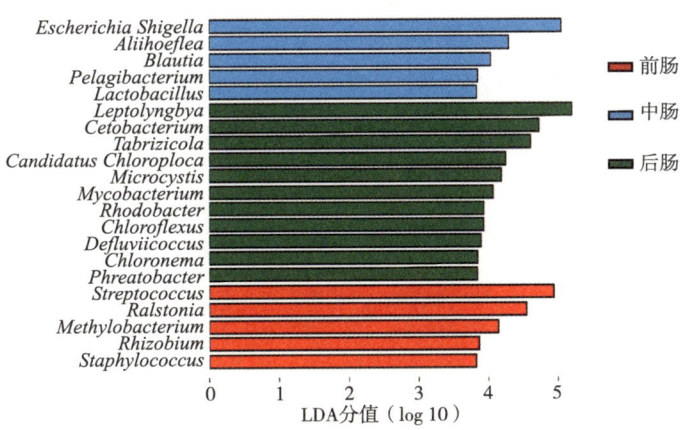

图4-11　清水鱼肠道微生物结构分析

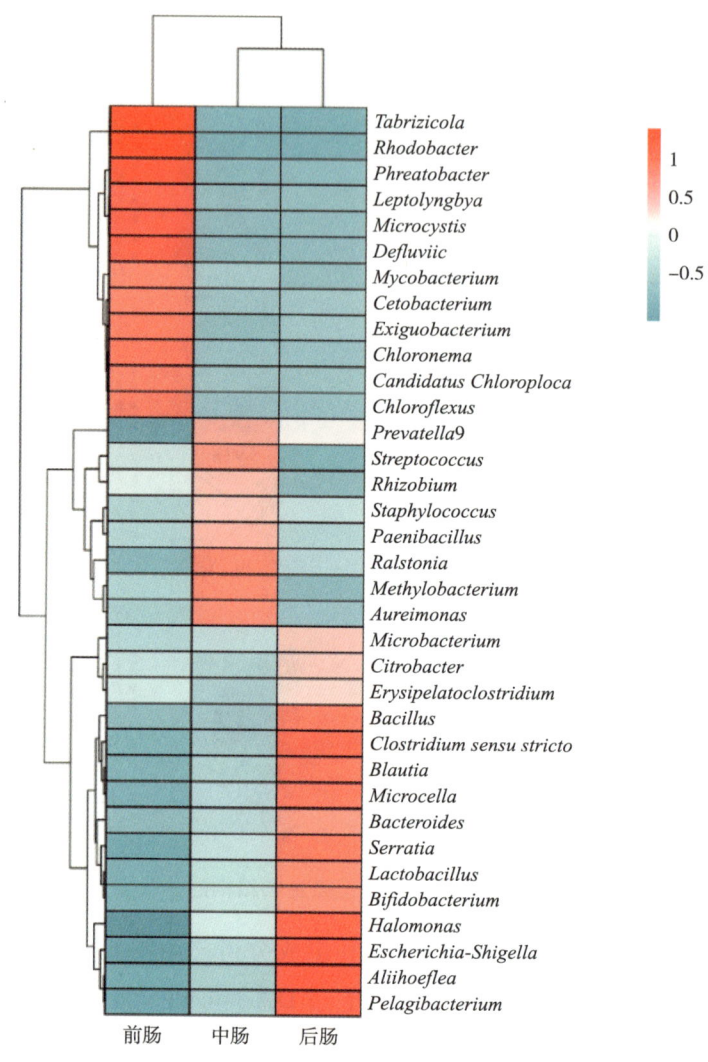

图4-12 草鱼肠道微生物结构热图

（5）开化清水鱼各肠段短链脂肪酸含量分析。由表4-10可知，乙酸是草鱼肠道菌群的主要代谢产物，其次是丁酸和丙酸，且乙酸在草鱼的前中后肠有明显的差异（$P<0.05$）。此外，异丁酸、戊酸、异戊酸的含量总是低于乙酸、丙酸、丁酸的含量，且草鱼肠道中的总SCFAs在后肠中的含量比前肠中增加了78.7%。

表4-10 草鱼肠道中短链脂肪酸的含量 单位：mg/g

项目	前肠	中肠	后肠	SEM	P值
乙酸	0.15b	0.25ab	0.40a	0.46	0.022
丙酸	0.08	0.11	0.10	0.08	0.366
丁酸	0.09	0.13	0.14	0.21	0.339

（续表）

项目	前肠	中肠	后肠	SEM	P值
异丁酸	0.07	0.10	0.09	0.01	0.060
戊酸	0.05	0.06	0.06	0.01	0.636
异戊酸	0.03	0.04	0.05	0.15	0.696
总短链脂肪酸	0.47	0.69	0.84	0.02	0.279

注：同行数据不同小写字母表示差异显著（$P<0.05$）。

二、庆元香菇营养品质研究

香菇是我国食用量最大的珍贵食用菌。香菇味道鲜美、香味浓郁、营养丰富，有显著的药用及滋补作用。香菇的风味由气味和滋味构成，香菇的主要气味成分为含硫化合物、八碳挥发性物质等；主要滋味成分为氨基酸和核苷酸等。有关香菇风味的研究日渐兴起，已鉴定出一系列野生和栽培的香菇的风味组成，发现很多新的化合物。本研究收集庆元野生香菇（编号：1、2、5、7、YX-47、YX-101、YX-151、YX-181、YX-202）共9个样品，以及常规栽培香菇（编号：241、QK20、QK212）共3个样品，对其进行营养品质分析（感官指标：形状、大小、色泽、菌盖、菌柄、菌褶；营养功能指标：蛋白质、灰分、总糖、多糖、多酚、黄酮、微量常量元素、麦角甾醇；非挥发性滋味成分：可溶性糖醇、呈味核苷酸、游离氨基酸；挥发性成分：含硫类、酯类、醛类、醇类、酮类等化合物），研究野生香菇与常规香菇的营养品质差异（表4-11）。

表4-11 野生香菇和常规香菇子实体性状

编号	菌盖形状	菌盖纵切形态	菌盖顶部着色	菌盖紧实度	菌褶	菌褶排列方式	菌褶颜色	菌褶密度	菌柄纵切面	菌柄紧实度	菌盖直径（cm）	菌柄长度（cm）	质量（g）
1	形态自然，呈伞形	凸形	褐色	中	有	波状	暗黄色	中	上下等粗	硬	5.26	2.91	1.97
2	呈扁半球形，偏伞形	凸形	黑褐色	中	有	波状	淡黄色	疏	上细下粗	硬	5.03	2.99	2.07
3	呈伞形平展	凸形	黑褐色	结实	有	波状	暗黄色	中	上细下粗	硬	5.11	3.57	2.53
7	呈伞形	凸形	黑褐色	中	有	波状+直	黄色	中	上细下粗	硬	4.66	3.04	1.75
YX-101	扁半球形平展	凹形	褐色	结实	有	直	黄色	中	上下等粗	硬	5.38	2.69	2.30
YX-181	扁半球形平展	凹形	褐色	疏松	有	直	暗黄色	疏	上细下粗	硬	4.76	3.06	1.28

（续表）

编号	菌盖形状	菌盖纵切形态	菌盖顶部着色	菌盖紧实度	菌褶	菌褶排列方式	菌褶颜色	菌褶密度	菌柄纵切面	菌柄紧实度	菌盖直径（cm）	菌柄长度（cm）	质量（g）
YX-47	呈伞形平展	凸形	褐色	疏松	有	直	淡黄色	疏	上下等粗	硬	5.55	3.09	2.23
YX-151	呈伞形	凸形	褐色	结实	有	波状	淡黄色	中	上下等粗	硬	4.97	2.64	1.83
YX-202	扁半球形平展	凸形	褐色	中	有	波状+直	黄色	中	上下等粗	硬	4.46	3.37	2.25
241	形态圆整，呈微圆形	凸形	黑褐色	结实	有	直	黄色	中	上下等粗	硬	4.92	1.31	2.67
QK20	圆整，菌盖边缘内卷	凸形	褐色	中	有	波状	暗黄色	中	上细下粗	硬	5.17	2.82	2.97
QK212	呈扁半球形	凹形	褐色	结实	有	直	暗黄色	中	上下等粗	硬	6.56	3.21	6.97

（一）香菇感官评价

野生香菇大部分呈伞形，菌盖顶部呈褐色或黑褐色，菌褶呈黄色且较疏松；常规香菇呈扁半球形，较圆整，菌盖边缘内卷，菌盖顶部呈黑褐色，菌褶呈黄色且较紧实。常规香菇菌盖厚度普遍高于野生香菇，子实体较完整，具有较好的商品品质（图4-13）。

图4-13　野生香菇和常规香菇外观

（二）香菇营养品质评价

针对庆元县9个野生香菇和3个常规香菇，对其基本营养品质指标及功能成分进行测定，研究野生香菇和常规香菇之间的营养品质差异。

（1）常量、微量元素分析。对野生香菇、常规香菇中的常量元素（钙、镁、钾）、微量元素（铁、锌）以及灰分含量进行分析；香菇中含有丰富的钙、镁、钾等元素；其中野生香菇中钙、铁含量显著高于常规香菇；整体上，野生香菇中灰分含量高于常规香菇（图4-14）。

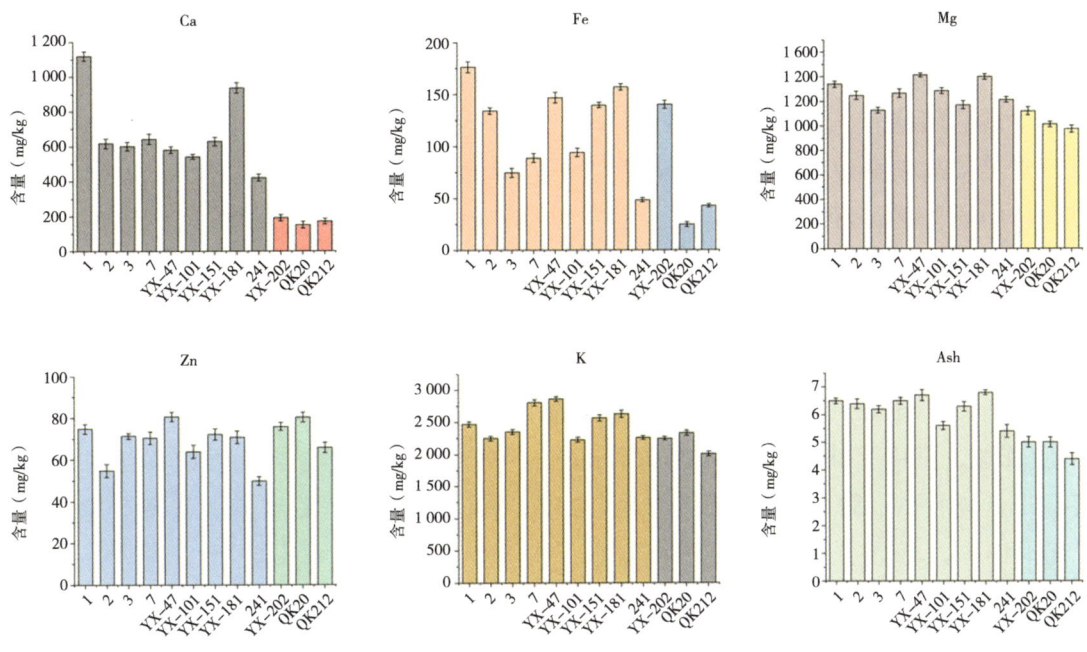

图4-14 野生香菇和常规香菇常量、微量元素及灰分含量

（2）营养功能成分分析。对野生香菇和常规香菇中的蛋白质、总糖、多糖、总多酚、总黄酮、麦角甾醇含量进行了分析；野生香菇和常规香菇之间蛋白质、总糖、总多酚含量整体上没有显著性差异（除QK212样品蛋白质含量显著低于其他样品以及YX-101样品总糖含量显著高于其他样品外），常规香菇中多糖含量显著高于野生香菇，大部分野生香菇总黄酮含量高于常规香菇（图4-15）。

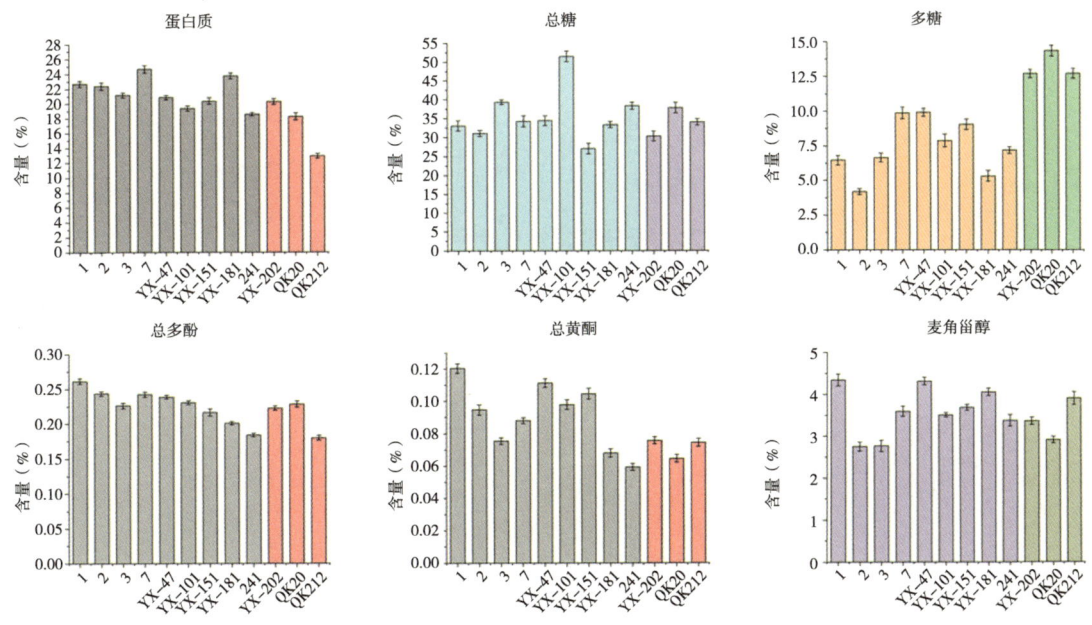

图4-15 野生香菇和常规香菇营养及功能指标含量

（3）非挥发性滋味成分分析。对野生香菇和常规香菇中的可溶性糖醇（岩藻糖、海藻糖、阿糖醇、甘露醇、甘露糖、葡萄糖、阿拉伯糖、核糖）进行了分析；香菇中含有丰富的阿糖醇、甘露醇、葡萄糖和海藻糖，并含有少量的核糖；常规香菇中海藻糖含量显著高于野生香菇，大部分野生香菇葡萄糖含量高于常规香菇（图4-16）。两类香菇中均检测到2种鲜味氨基酸、4种甜味氨基酸、4种苦味氨基酸，以及3种其他氨基酸（共13种游离氨基酸），游离氨基酸总量范围为1.32%～3.58%，其中样品QK212中游离氨基酸含量最低，与蛋白质含量结果一致。香菇中主要含鲜味氨基酸和甜味氨基酸（图4-17），大部分野生香菇中鲜味氨基酸、甜味氨基酸高于常规香菇。香菇中共检测到4种核苷酸（5′-胞苷酸，5′-腺苷酸，5′-鸟苷酸，5′-尿苷酸），含量最高的为5′-胞苷酸，其中呈味核苷酸为5′-腺苷酸和5′-鸟苷酸；大部分野生香菇核苷酸总量显著高于常规香菇；野生香菇样品（1号、2号、YX-181）等鲜浓度值显著高于其他样品（图4-18）。

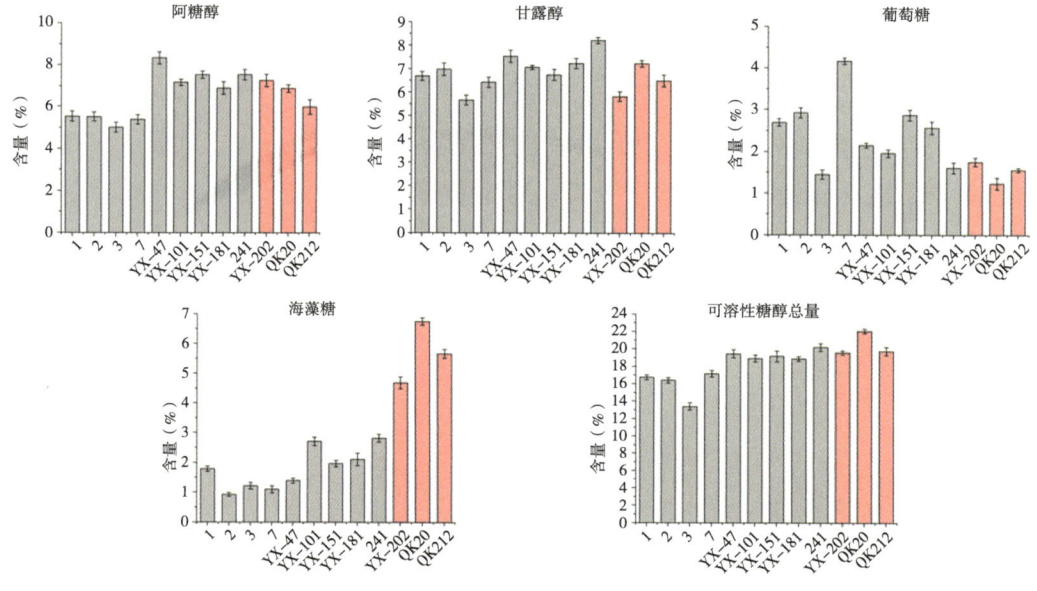

图4-16　野生香菇和常规香菇可溶性糖醇含量

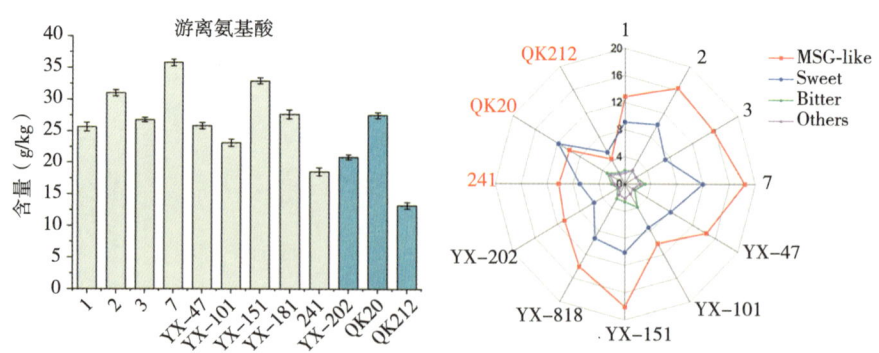

图4-17　野生香菇和常规香菇游离氨基酸组成及含量

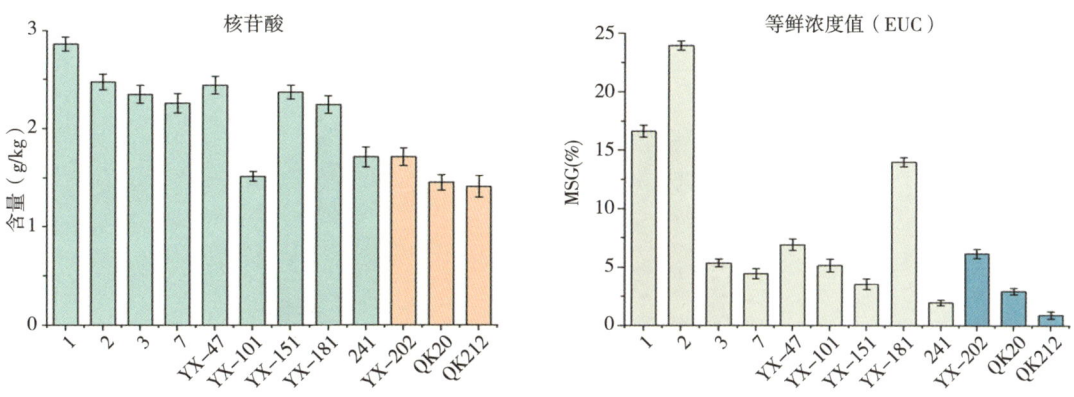

图4-18 野生香菇和常规香菇核苷酸含量及等鲜浓度值

(三) 香菇香气成分分析

采用顶空固相微萃取-气相色谱-质谱联用技术 (SPME-GC-MS) 对野生香菇和常规香菇中的挥发性成分进行分析,香菇中共检测到81种挥发性化合物,主要为含硫类、醇类、醛类、酯类和酮类化合物;其中野生香菇中检测到77种挥发性化合物,主要为含硫类 (17种)、醇类 (8种)、醛类 (18种)、酯类 (12种) 和酮类化合物 (13种);常规香菇中检测到66种挥发性化合物,主要为含硫类 (16种)、醛类 (20种) 和酮类化合物 (12种) (图4-19)。常规香菇中含硫类化合物相对含量显著高于野生香菇,酯类和醇类化合物相对含量显著少于野生香菇,其中常规香菇中酯类化合物种类显著少于野生香菇;而酯类和醇类化合物一般表现出芳香和甜香气味,说明野生香菇具有特有的浓郁芳香气味 (图4-20)。采用多元统计学方法,根据野生香菇和常规香菇中共81种挥发性成分相对含量进行聚类分析,野生香菇和常规香菇分别可以实现较好的聚类,含硫类化合物为主要挥发性成分,常规香菇中己酸甲酯、庚酸甲酯、辛酸甲酯、壬酸甲酯、十五烷酸甲酯、十六烷酸甲酯、环辛醇、1-己醇、1-壬醇、3-壬醇等挥发性成分相对含量显著小于野生香菇 (图4-21)。

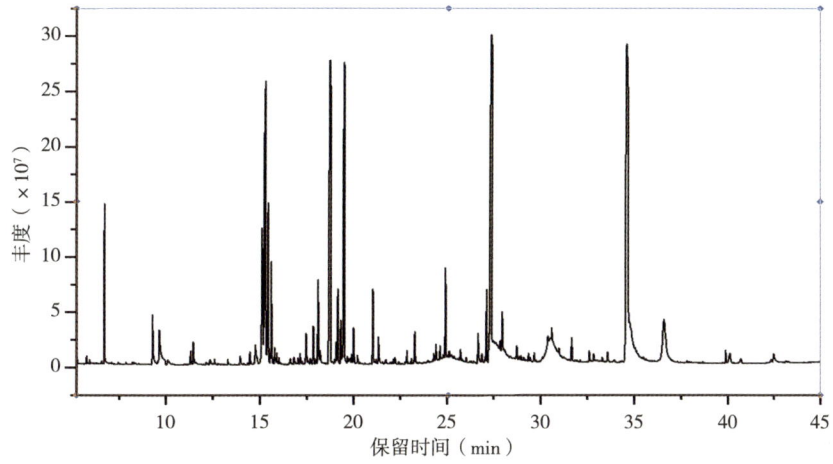

图4-19 香菇挥发性成分总离子流

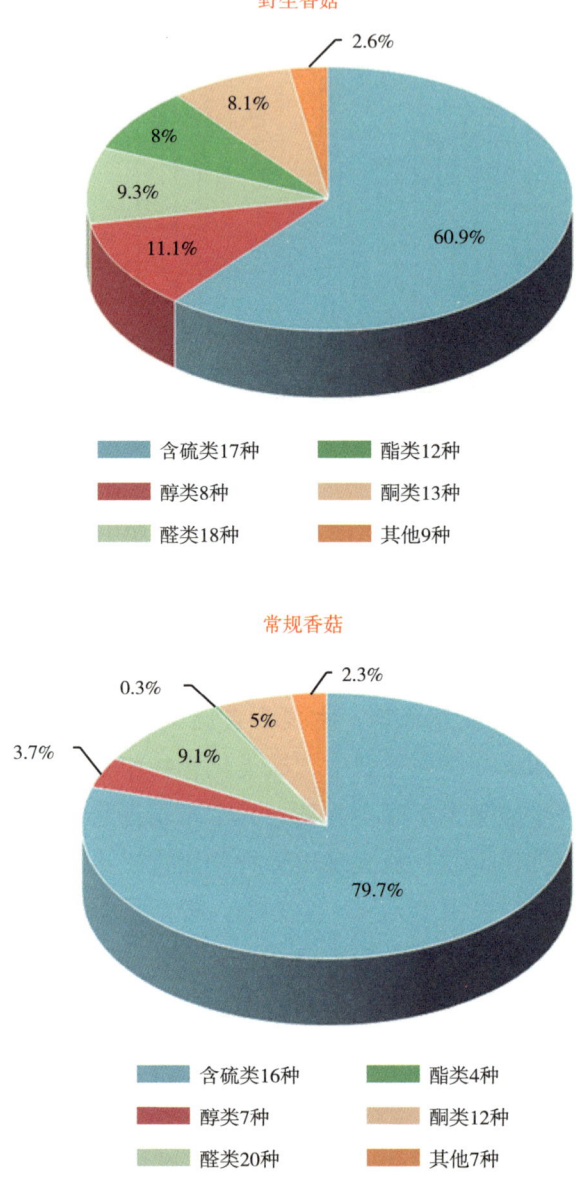

图4-20 野生香菇和常规香菇挥发性成分组成及相对含量

针对庆元香菇，开展了野生品种和常规品种之间的营养品质差异研究，研究表明香菇中含有丰富的钙、铁、镁、锌、钾等元素，其中野生香菇中钙、铁以及灰分含量显著高于常规香菇，同时野生香菇中总黄酮、鲜味氨基酸、甜味氨基酸以及核苷酸含量显著高于常规香菇，而常规香菇中多糖、海藻糖含量显著高于野生香菇。除此之外，野生香菇与常规香菇中在挥发性成分组成方面差异显著，两类香菇中主要挥发性成分均为含硫类化合物，但野生香菇中的醛类、醇类化合物种类和含量显著高于常规香菇，表现出更为浓郁的芳香和甜香气味。

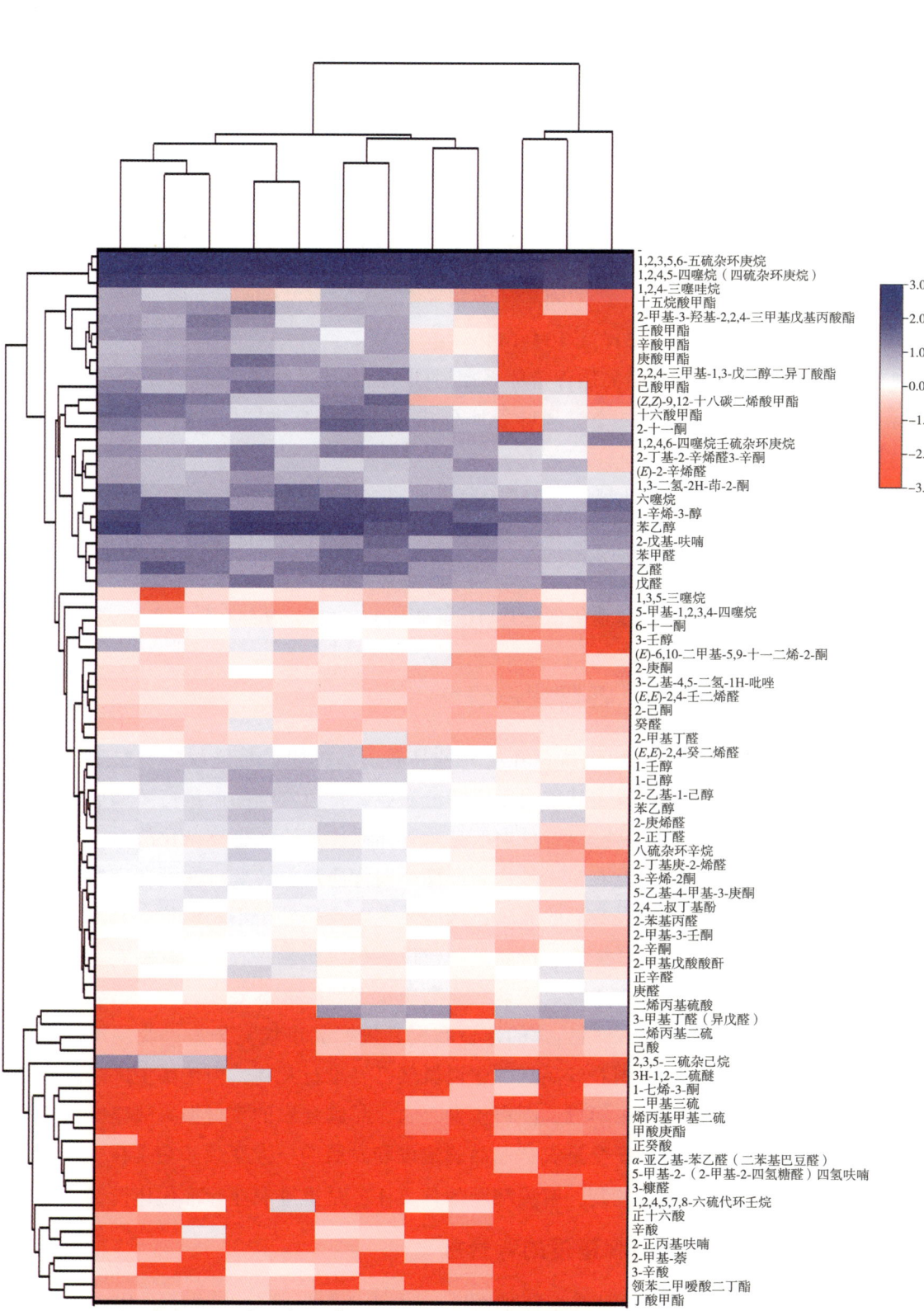

图4-21 野生香菇和常规香菇聚类分析

参考文献

戴淑琳, 2022. 浙江开化山泉流水养鱼系统的价值分析及发展建议[J]. 安徽农学通报, 28(11): 72-74.

郭宇, 周静, 朱晓, 等, 2022. 营养导向型农业发展的路径探析[J]. 农业发展(4): 40-42.

何永, 伍玉明, 高红东, 等, 2010. 香菇营养成分研究进展[J]. 现代农业科技(23): 140-141.

刘芹, 特日根, 师子文, 等, 2022. 不同品种香菇子实体游离氨基酸组成的主成分分析及综合评价[J]. 河南农业科学, 51(7): 134-144.

汤晓艳, 钱永忠, 2023. 农产品品质评价体系探讨[J]. 农产品质量安全(2): 5-9.

薛梅, 杨文建, 胡秋辉, 2023. 香菇风味物质形成过程的研究进展[J]. 食药用菌, 21(6): 349-353.

张金霞, 2009. 中国食用菌产业科学与发展[M]. 1版. 北京: 中国农业出版社.

郑善坚, 胡金春, 叶嘉政, 等, 2023. 开化清水草鱼营养组成及肉质品质分析[J]. 浙江农业科学(64): 1343-1348.

周伟, 凌亮, 郭尚, 2020. 香菇食药价值综述[J]. 食药用菌, 28(6): 461-465, 469.

三、开化"钱江源"品牌建设研究

特色农产品具有鲜明的地域特色和优异的品质,品牌建设是释放特色农产品价值的有效途径。近年来,浙江省尤其重视发展特色农业,特色农产品产量持续增加,各地方围绕优势特色农产品,不断完善特色农产品监管体系,加快实施标准化战略,制定特色农产品标准体系,促使特色农业逐步从高产稳产向优质高效转变。在消费市场日益饱和的情况下,面对国外优质农产品的竞争,国内特色农产品处于不利地位,其主要原因是未能形成良好的品牌效应。加快农产品品牌建设,推进质量兴农、品牌强农,实施品牌提升行动,是实施乡村振兴战略、推动农业高质量发展的必然要求。

如何来提升农产品区域公用品牌的建设和提升农产品市场竞争力是我国现代农业发展中面临的首要问题。我国农产品品牌建设虽然已经推行几年,但传播更广、品质更高、名声更亮的品牌优势远未形成,距离质量兴农、品牌强农的乡村振兴战略要求还有很长的路要走。农产品质量安全是农产品品牌建设和发展的一大瓶颈,它是在生产过程中产生的,根本措施是源头控制,解决问题的首要任务是推进农业标准化建设。

(一)"钱江源"品牌建设的背景意义

开化位于浙江省的母亲河钱塘江的源头,"钱江源"三字也成了开化的独特标识。一直以来,开化县牢记习总书记嘱托,接力传承、全力守护好源头山水,各项生态主要指标一直名列全省前茅,先后创成全国生态文明建设示范区,成为国家生态文明建设领域的双料冠军,荣获中国天然氧吧和全省首批清新空气示范区等称号。得益于优越的生态环境,孕育出了开化龙顶、开化根雕、开化气糕等一批独具地方韵味的优质农产品和特色旅游商品,为开化践行"两山"理论、拓宽"两山"通道提供了有力支撑。2018年,为贯彻落实"绿水青山就是金山银山"发展理念,深入实施"生态立县、产业兴县、创新强县"发展战略,创新生态产品价值实现机制,进一步提升开化全县农副产品、文旅产品的影响力和市场竞争力,开化县委县政府决定开展"钱江源"区域公用品牌建设,通过整合市面上小、散、杂众多有着"钱江源"标识的品牌,进行"钱江源"集体商标注册,以"钱江源"集体商标为基底,打响区域公用品牌。2019年12月30日,开化召开"钱江源"区域公用品牌启用仪式,标志着"钱江源"区域公用品牌正式启用。

品牌是企业的产品、服务、文化等在消费者心中的代表形象或认知,农产品区域公用品牌是农业领域内品牌的总称,通过品牌理念传导、品牌形象打造,引导消费者科学分辨优质产品。为加快培育"钱江源"区域公用品牌(简称"钱江源"品牌),发挥品牌引领作用,高效推进开化县农业转型升级,全面提升农业产业竞争力,开化县人民政府制定了《开化县"钱江源"品牌建设扶持政策》(开政办发〔2021〕8号)和《开化县"钱江源"区域公用品牌建设实施方案(2021—2023)》(开政办发〔2021〕9号)。力争用3年时间,通过规划引领、示范带动、政策保障、合力推进等一系列举措,实现品牌培育成效显著,发展格局基本形成,品质管控卓有成效,品牌效应持续显现,产品价值大幅提升,农民收入稳步提高,成为全国知名县域公用品牌。

"钱江源"品牌定位为"开化限量版生态珍品",品牌口号为"有源,自然相见"。"钱江源"品牌开启了开化乡村振兴升级版和大花园示范县、区域高质量发展的新征程。今后开化将以高端化、精品化、市场化为导向,做足做好"钱江源+"文章,推出高端茶、身份鱼、有机蜜、放心油等一系列精致文旅商品,将"钱江源"品牌真正打造成为一流生态环境的认证标签和美丽经济的金字招牌,发挥品牌引领作用,进一步提升开化农产品的影响力和市场竞争力。

"钱江源"品牌的培育和发展提升,势必要有标准作为支撑。浙江省农业科学院农产品质量安全与营养研究所作为省内农业标准专业研究所,具有丰富的标准研制基础,特别是在全产业链综合标准研制方面有雄厚的技术储备,此次承担《"钱江源"品牌建设和管理通则》系列标准的研制,旨在构建"钱江源"品牌标准体系,为"钱江源"品牌的建设及管理提供标准化的支撑和依据。《"钱江源"品牌建设和管理通则》作为"钱江源"品牌建设和管理中通用的基础性标准,从总体上规范"钱江源"品牌的建设,提供标准化的管理准则,对"钱江源"品牌的建设培育具有重要的指导作用。

(二)"钱江源"品牌建设管理规范制定

"钱江源"商标,指由开化县钱江源生态农林协会和浙江省钱江源实业有限公司提出申请,经国家商标局注册的商标。"钱江源"集体商标持有人为开化县钱江源生态农林协会。

品牌建设原则:根据《开化县"钱江源"区域公用品牌建设实施方案(2021—2023)》,"钱江源"品牌建设的基本原则:①坚持政府主导,充分发挥政府在"钱江源"品牌建设中的主导作用,建立健全"钱江源"品牌发展组织体系和政策体系,加强公共服务、市场监管和品牌保护,创造有利于品牌发展的社会环境;②坚持企业主体,提高企业品牌意识,强化企业在"钱江源"品牌建设中的载体作用,提升企业争创品牌的内生动力和辐射带动能力,全力拓宽市场渠道;③坚持市场运作,组建钱江源品牌发展有限公司,加大"钱江源"品牌创建、宣传和推广力度,积极筛选、开发高端品牌产品,提高"钱江源"品牌影响力和市场竞争力;④坚持品质至上,严格执行高标准的生产技术和高门槛的品牌准入条件,加强示范基地建设,完善质量安全追溯体系,不断巩固和提升区域公用品牌产品质量,打造"开化限量版生态珍品"品牌形象。

品牌认定:《开化县钱江源生态农林协会章程》对生产主体和经营主体分别提出了以下基本条件。①生产主体:成为开化县钱江源生态农林协会会员;取得营业执照或社会团体登记证书;无不良诚信记录、农产品质量安全事故和商标侵权行为;生产基地在开化县行政辖区内,且达到开化县特色优势农产品行业生产和质量标准;纳入质量追溯体系;主体获得县级以上农业龙头企业、示范性农民专业合作社、示范性家庭农场以及行业协会领头企业等主体资格认定;农产品生产主体通过绿色食品、有机产品、无公害农产品、良好农业规范(GAP)等认证、地理标志授权或入选农产品全程质量控制技术体系(CAQS-GAP)试点,食品生产主体应获得食品生产许可证。②营销主体:成为开化县钱江源生态农林协会会员;取得营业执照或社会团体登记证书,食品经营主体需获得食品经营许可证;县内规模农业主体直接或间接参与经营的公司、电商龙头企业;具有与产品相适应的统一采收、分级分选、仓贮运输条件;具备该品牌产品市场开拓、品牌营销能力和稳定的产品营销渠道;认同"钱江源"品牌运营各项机制;诚信经营,近3年内没有监督抽检不合格、食品安全等级事故和商标侵权等违法行为。根据《集体商标、证明商标注册和管理办法》第十七条"集体商标注册人的集体成员,在履行该集体商标使用管理规则规定的手续后,可以使用该集体商标";第十九条"使用集体商标的,注册人应发给使用人《集体商标使用证》"。

品牌管理、监督:农产品区域公用品牌的品牌性质,决定其品牌建设需要有政府高层、职能部门、行业协会、市场主体等多个不同层面、不同性质的机构与实体的分工协作:开化县委、县政府高层领导负责制定战略政策、推动品牌建设。在品牌战略政策制定过程中，品牌创意、符号创意、战略推广、质量追溯、物流体系等策略，以兼有专业素养、市场经验与政府意志的专业智囊团队建议为主，结合高层智慧，形成"钱江源"品牌建设的核心战略，举力推广。开化县委、县政府各职能部门负责配合战略政策、协助品牌建设。依据已制定完成的品牌战略政策分工，所涉及相关职能部门，例如市场监管局、农业农村局、宣传部、经信局、文旅中心、供销社等部门，需顾全大局，配合完成各自任务，齐心协力推动"钱江源"品牌建设以达到带动区域经济社会发展的目标。开化县境内各个农业企业、合作社以及个体农户负责保障产品品质、落实品牌建设。产品的安全优质是区域公用品牌得以发展的基础保障，也是生产者的职责所在；同时，将区域公用品牌建设与自身资源相结合，也是生产者提升自身效益的有效途径。"钱江源"品牌的创建推广工作需要各方单位的分工协作，更需要扎实的运营主体负责整合资源、落实品牌运营的具体工作。钱江源实业有限公司负责执行战略政策、协调品牌建设。依据已制定完成的品牌战略政策，具体——落实战略定位、品牌创意、符号创意、营销策略等，并依照这些策略进行系列品牌推广，同时要全面深入地衔接政府与市场。

（三）"钱江源"品牌建设和管理通则标准研制

2021年4—9月：制订本文件编制工作的整体框架及详细计划，进行相关资料和文献的收集，开展走访调研与咨询，召开标准起草小组内部研讨座谈会，完成《"钱江源"品牌建设管理规范》标准草案。

2021年10月：在广泛调研和收集资料的基础上，修改完善标准草案，形成《"钱江源"品牌建设管理规范》标准文本及其编制说明（征求意见稿）。

2021年10—11月：在"浙江标准在线"向社会广泛征求意见，同时线下向有关行业管理部门、行业协会、专业学会、科研机构、大专院校、消费者和使用者代表等征求意见，根据修改意见，反复斟酌，进一步修改完善，形成《"钱江源"品牌建设和管理通则》标准送审稿。

2021年12月：由开化县市场监管局组织召开专家审评会，根据评审意见对标准送审稿进行修改，形成《"钱江源"品牌建设和管理通则》《"钱江源"品牌建设和管理通则　第1部分：生产管控规范》《"钱江源"品牌建设和管理通则　第2部分：追溯管理规范》《"钱江源"品牌建设和管理通则　第3部分：示范基地建设规范》报批稿。

《"钱江源"品牌建设和管理通则》标准的制定，对于指导"钱江源"品牌建设和标准化管理具有重要意义。通过该标准的实施，加快"钱江源"品牌管理体系和培育体系构建，助推"钱江源"品牌发展，提高优质农产品供给能力，增强开化县农业综合生产力，通过做大做强"钱江源"区域公用品牌，推动一二三产业深度融合发展，全力打通"两山"转化通道，将开化县生态资源优势转化为生态产业优势。最终达到经济效益、社会效益和生态效益相结合。

参考文献

金婷, 万琳涛, 徐肖平, 等, 2023. 县级农产品区域公用品牌建设问题及对策研究[J]. 浙江农业科学(64): 38-40.

李晓磊, 董淑萍, 郝明, 2021. 农产品质量安全与品牌化建设[J]. 品牌与标准化(5): 10-13.

李月芳, 杨丹丹, 谭晓琳, 2020. 广西农产品区域公用品牌建设问题分析与路径思考[J]. 农村实用技术(11): 123-124.

娄向鹏, 2021. 农产品品牌建设的思考[J]. 农产品质量与安全(5): 5-8, 16.

汪宗德, 2020. 三衢味: 农产品区域公用品牌与城市品牌的联合创新[J]. 中国合作经济(11): 24.

周启荣, 叶滨, 2021. 农产品区域公用品牌建设中的政府角色研究: 以浙江丽水市为例[J]. 南方农机, 52(17): 101-103, 110.

第五章

主要特色农产品"一县一品一策"实践案例

案例一　杨梅质量安全管控与标准化生产实践

"五月杨梅已满林，初凝一颗值千金"，杨梅作为浙江省最具特色的经济作物之一，是农民增收的重要来源。为了认真贯彻《国家质量兴农战略规划（2018—2022年）》和全国农产品质量安全工作部署要求，进一步提升浙江省杨梅的标准化生产和质量安全水平。自2020年以来在浙江省农业农村厅的领导下，浙江省农业科学院杨梅质量安全专家团队提供技术支持，各杨梅主产县（市、区）农产品质量监管部门负责主抓落实，示范试验基地负责具体实施，为浙江省杨梅产业量身打造了一套"一县一品一策"标准化模式，切实保护百姓舌尖上的安全。

一、浙江杨梅质量安全产业现状

杨梅作为浙江特色经济作物之一，在浙江种植面积达135万亩，其种植分布主要在宁波、台州、温州、丽水等地，杭州、绍兴、舟山、金华、衢州等地也有少量种植。由于杨梅是裸果直接食用，消费者对其安全性关注"高"；此外，近年来杨梅"泡水""毒虫"等食品安全舆情"多"，直接危及产业健康发展和消费信心。杨梅成熟采收期正值梅雨季节，易发生病虫，尤其后期果蝇、白腐病等病虫发生较重，极易引起腐烂、落果，影响品质、产量。因此，果蝇、腐烂和采前落果成为生产中三大难题。同时杨梅在生产过程中超范围使用和滥用乱用农药等现象时有发生，对杨梅生产有潜在质量安全隐患。针对这一现状，浙江省农业科学院成立杨梅质量安全专家团队，通过隐患排查、风险评价、管控研究、按标生产、精准施策、示范推广的原则，提出了杨梅全产业链风险管控技术，形成了以团体标准、管控手册、模式图、手机App、科普小视频、论文等技术宣传载体，并建立了一批标准化示范试验基地，显著提升了浙江杨梅质量安全，维护消费者舌尖上的安全。

二、杨梅中存在的质量与安全问题

通过不断深入产业调研和分析，总结出杨梅生产和收贮运环节中的质量安全问题如下。

（1）在投入品筛查中发现隐性成分添加问题（杨梅增黑剂、灵光素）。

（2）生产环节存在禁用农药违法使用问题（甲胺磷、氧乐果等农药检出），是农残超标的主要原因。

（3）采收分级环节存在病源微生物污染问题（大肠杆菌等），影响了产品安全性和贮藏期。

（4）收贮环节中存在增甜剂（甜蜜素、糖精钠等）、保鲜剂（脱氢乙酸）等违法添加问题，目前仍然存在监管漏洞。

三、工作措施及成效

（一）风险隐患及评估

在农药残留方面的质量安全隐患包括以下4点。

一是农药超范围使用和残留限量缺失问题突出。检测的农药参数有68个，检出农药43种，其中37种没有登记、51种没有残留限量，参数验证合规情况梳理见表5-1。

表5-1 浙江杨梅检出农药合规性一览表（2020年）

序号	农药类别	检出农药	登记情况	限量（mg/kg）	残留最大值（mg/kg）
1	杀虫剂	阿维菌素	登记	0.02（杨梅）	0.022
2		甲氨基阿维菌素苯甲酸盐	登记	—	0.021
3		乙基多杀菌素	登记	1（杨梅）	0.081
4		噻嗪酮	登记	—	0.56
5		氟氯氰菊酯	登记	—	0.18
6		氯虫苯甲酰胺	—	—	0.17
7		吡虫啉	—	—	0.13
8		啶虫脒	—	—	0.41
9		灭蝇胺	—	—	0.47
10		氟虫腈	—	0.02（杨梅）	0.012
11		联苯菊酯	—	—	0.11
12		氯氰菊酯	—	—	0.54
13		氯氟氰菊酯	—	—	0.3
14		马拉硫磷	—	—	0.093
15		毒死蜱	—	—	0.1
16		甲氰菊酯	—	5（杨梅）	0.92
17		氟铃脲	—	—	0.085
18		乐果	—	—	0.036
19		氧乐果	—	0.02（杨梅）	0.041
20		丙溴磷	—	—	0.025
1	杀菌剂	咪鲜胺	—	—	2.5
2		烯酰吗啉	—	—	0.46
3		异菌脲	—	—	1.8

（续表）

序号	农药类别	检出农药	登记情况	限量（mg/kg）	残留最大值（mg/kg）
4	杀菌剂	醚菌酯	—	—	0.032
5		吡唑醚菌酯	登记	3（杨梅）	2.0
6		肟菌酯	—	—	1.4
7		丙环唑	—	—	0.12
8		戊唑醇	登记	—	2.2
9		氟吡菌酰胺	—	—	0.29
10		嘧霉胺	—	—	0.26
11		甲基硫菌灵	—	—	0.62
13		多菌灵	—	—	0.53
14		嘧菌酯	登记	—	0.70
15		苯醚甲环唑	—	—	0.46
16		腐霉利	—	—	0.84
1	植物生长调节剂	吲哚乙酸	—	—	0.12
2		多效唑	—	—	0.035
3		2,4-滴	—	—	0.034
4		矮壮素	—	—	0.044
5		脱落酸	—	—	1.9
6		赤霉酸	登记	—	0.022
7		对氯苯氧乙酸	登记	—	0.13

二是散户和市场流通环节杨梅存在少量禁限用农药检出：检出杨梅主要来自散户和市场流通环节。虽然杨梅整体合格率可以达到97%，但对禁用农药的监管仍不能放松。应加强对氧乐果、乐果、氟虫腈等禁用农药的监管，此外对于高风险农药毒死蜱也要进一步加强管理。

三是投入品中隐性成分添加风险隐患：2020年对投入品隐性成分违法添加问题进行跟踪监测，结果表明，在抽检的29批次杨梅生产中使用的农药、叶面肥等投入品中，检测发现有1个标称有"微生物菌剂原浆原液"，其有效成分为2.0亿/mL地衣芽孢杆菌的投入品中检出了2.1%的氯氰菊酯杀虫剂隐性成分，不合格率为3.4%。

四是增甜保鲜剂违法使用风险隐患：由于杨梅无表皮包被、时令性强、上市周期短、不易贮藏等特点使得杨梅中使用甜蜜素、脱氢乙酸等添加剂的现象屡见不鲜。近年来，媒体的报道引发社会各界广泛关注，危及杨梅产业发展和消费信心。根据前期摸排调查发现，在市场流通环节确实存在杨梅添加甜蜜素和其他非法添加剂的情况。风险检测问题发现率约为10%，涉及检出甜蜜素、脱氢乙酸和糖精钠。其中5月问题发现率高于6月，样品来源涉及多个省份。

（二）管控技术集成

在生产和贮运环节，针对杨梅果蝇、白腐病、采前落果等产业难题，以及杨梅清洁化生产的技术短板，通过产业调研、田间与实验室模拟试验，针对性的提出了园地管理、绿色防控、安全用药、清洁采摘、冷库贮存、分级包装、标识上市、冷链运输等8项管控措施（图5-1）。提出了杨梅用药的"正面"和"负面"清单。

（三）标准研制

按照"有标贯标、缺标补标、低标提标"原则，通过对杨梅标准的调研、研制、集成、推广这一思路，凝练全程安全生产标准化技术。共梳理出适用于杨梅生产的标准20余个，在标准调研过程中发现已有标准技术知识比较零散，缺乏对于全链条、全过程的质量安全管控技术，不易于杨梅生产基地掌握，尤其在绿色防控、清洁采摘、分级包装、产品追溯和产品认证方面缺乏详细的管控技术。另外，现有标准发布时间较早，很多新技术有待更新补充。如DB 33/T 732—2009《杨梅鲜果物流操作规程》（现已废止）、LY/T 2127—2013《杨梅栽培技术规程》、T/LSSGB 001-001—2017《丽水山耕：杨梅贮运操作手册》。随着现在物流和绿色栽培技术的不断创新，应该与时俱进地完善相关质量安全管控技术内容。关于杨梅贮运方面的技术也缺乏对于危害物二次污染控制方面的相关内容。最重要的是缺乏对于杨梅安全用药指导相关标准。因此，项目组首先针对杨梅安全用药技术空白问题，制定了团体标准T/ZNZ 001—2019《杨梅主要病虫防治指南》用于解决安全用药问题。接下来，针对不同产区杨梅生产技术和管理的差异化特点，因地制宜地制定相关团体标准。如在文成县，根据当地出口杨梅技术优势，项目组完成了T/WCYM 002—2022《出口杨梅病虫害综合防治规范》，希望能以出口杨梅标准为参考，进一步带动文成县域内包括内销基地生产水平的提升，推动杨梅产业更好地发展。仙居县在安全用药等方面有较好的经验和标准化管理措施，然而在产品的分级、预冷、贮藏和包装等方面还存在标准化技术欠缺的问题，项目组根据仙居县杨梅产业实际及主体基础条件，收集筛选出适用的全程管控技术措施，制定出符合当地杨梅产业发展的质量安全风险管控技术或规范以及配套的杨梅绿色生产操作规范（图5-2）。

图5-1 杨梅全程风险管控技术集成

仙居县杨梅标准化安全生产模式图

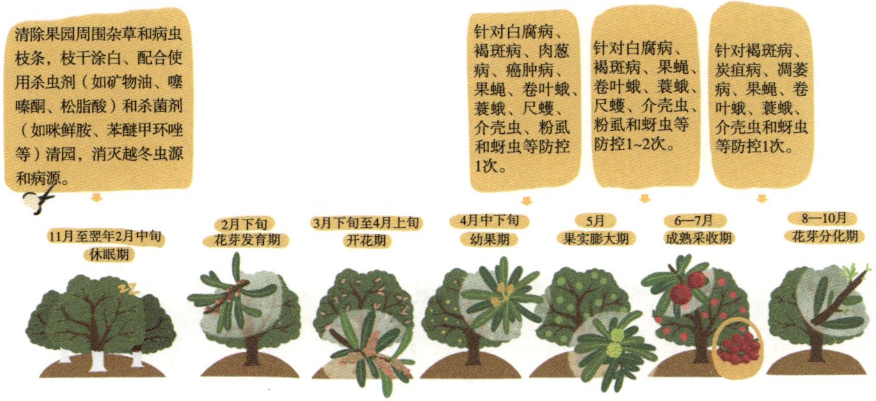

表2　杨梅主要病虫用药建议

防治对象	农药通用名	含量剂型	制剂用药量	使用方法	每季使用最多次数	安全间隔期（d）	是否登记	是否绿色食品推荐
	喹啉铜	33.5%悬浮剂	1 000 ~ 2 000倍液	在春梢嫩期或者采果后兑水喷雾	1	30	是	是
	井冈·嘧苷素	6%水剂	200 ~ 400倍液	在病菌侵入期兑水喷雾	3	7	是	是
	精甲霜·锰锌	68%水分散粒剂	600 ~ 800倍液	在杨梅生长的早期阶段或病菌侵入期兑水喷雾	3	14	是	是
	抑霉唑	20%水乳剂	600 ~ 800倍液	在褐斑病在发病初期兑水喷雾	3	14	是	是
果蝇	乙基多杀菌素	60 g/L悬浮剂	1 500 ~ 2 500倍液	在果实硬核期至成熟期兑水喷雾	1	7	是	是
白腐病	抑霉唑	20%水乳剂	1 000 ~ 1 400倍液	在杨梅果实硬核着色期进入成熟期兑水喷雾	1	14	是	是
白腐病	嘧菌酯	250 g/L悬浮剂	3 333 ~ 5 000倍液	在杨梅果实硬核着色期进入成熟期兑水喷雾（不可与乳油混合使用）	1	15	是	是
白腐病	吡唑醚菌酯	25%悬浮剂	1 000 ~ 1 400倍液	在杨梅果实硬核着色期进入成熟期兑水喷雾	1	15	是	是
介壳虫类	矿物油	95%乳油	50 ~ 60倍液	在冬季清园期兑水喷雾，或在7—8月第二代介壳虫发生初期兑水喷雾	1	30	是	是
介壳虫类	噻嗪酮	65%可湿性粉剂	2 500 ~ 3 000倍液	在冬季清园期兑水喷雾，或在7—8月第二代介壳虫发生初期兑水喷雾	1	30	是	是
介壳虫类	松质酸钠	30%水乳剂	300倍液	在冬季清园期兑水喷雾	1	30	是	是
介壳虫类	松质酸钠	20%可溶粉剂	200 ~ 300倍液	在冬季清园期兑水喷雾	1	30	是	是
蓑蛾、卷叶蛾	甲氨基阿维菌素苯甲酸盐	5%乳油	4 000 ~ 6 000倍液	在孵化盛期至低龄幼虫期兑水喷雾	2	7	是	是
尺蠖	苏云金杆菌	16 000 IU/mg	1 000 ~ 1 500倍液	在1 ~ 2龄幼虫期使用	1	7	是	是

表1　杨梅全程质量安全管控技

园地管理	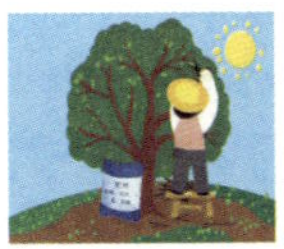	·绿色食品基地的产地质量要求应符合NY/T 391—2021有关规定。 ·种苗应选用经过检疫的抗病虫品种，保留购买凭证，明确来源。 ·通过整形修枝节省养分消耗，改善通风透光条件，适当中耕，提高土壤通气性，促进杨梅根系粗壮，提高植株的抗病抗虫能力。 ·冬季清园，及时清除病虫枝条，减少越冬病源、虫源。夏季病虫害高发期，减少地面烂果，防止病虫害滋生传播。 ·开展测土配方施肥，优先使用有机肥料、微生物肥料，在保障杨梅营养供给的基础上减少化肥用量。有机肥料应达到NY/T 525—2021技术指标，微生物肥料应符合GB 20287—2006或NY 884—2012或NY/T 798—2015的要求。
绿色防控	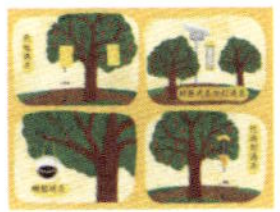	·色板诱杀：在杨梅树内1.5 m高处挂黄色粘蝇板，每树1 ~ 2块，降低虫源。防治果蝇、粉虱等虫害。 ·诱剂诱杀：在杨梅树内1.5 m高处挂果蝇诱集器，每树1个，5月下旬至6月下旬悬挂。使用红糖、食醋、食用白酒和水（按照比例1∶2∶2∶4混合溶液稀释0.1%阿维菌素浓饵剂2 ~ 3倍，配制成诱饵。 ·杀虫灯诱杀：杀虫灯1盏/10亩；5—6月每天18—24时开灯采果结束后停止使用，用于防治尺蠖、蓑蛾、卷叶蛾等虫害。
安全用药	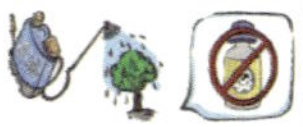	·杨梅推荐用药见表2。投入品要到证照齐全、信誉良好的合法经营农资店购买，并索取投入品发票等有效凭证。 ·不同类型投入品应分区存放，并清晰标识，危险品应有风险警告标识。 ·投入品使用应做好记录，记录保存3年以上。 ·选择风小、无雨的天气，穿戴防护装备使用。投入品残余药液和包装及时收集并回收做无害化处理，禁止随意丢弃。
清洁采摘	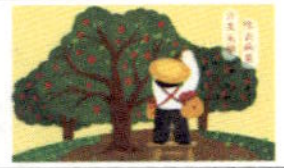	·盛果筐等采摘容器应清洁干燥，底部平整，内壁光滑，内垫柔软衬垫物。 ·采摘时做好手部清洁卫生，并随时剔除病虫果、机械损伤果及残次果，采摘后应及时转移到预冷场所或放在阴凉通风处，避免日晒、雨淋和污染。
低温预冷	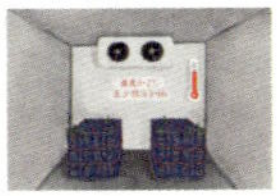	·冷库在使用前要进行整理、清扫。建议使用40%二氯异氰尿酸钠可溶粉剂用水稀释400倍后喷雾消毒，消毒时操作人员应注意防护，消毒后紧闭24 h，然后通风除味。 ·长距离运输杨梅应提前预冷，理想的预冷终点温度为0 ~ 2℃，常规冷库一般建议过夜。若时间上不允许过夜，建议至少预冷3 ~ 6 h。
分级包装	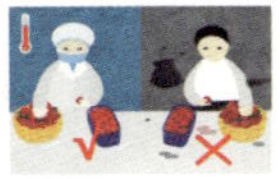	·分级操作间的操作台面、地面在使用前应进行清洁和打扫；温度控制在低于25℃（最佳温度15 ~ 20℃）；有毒化学物质、农业投入品禁止存放在分级包装场所；杨梅残渣及时清理。 ·分级操作人员应穿着工作服，保持个人清洁，应戴一次性薄膜卫生手套，轻拿轻放，根据果实大小、果皮颜色或成熟度进行分级。
包装标识	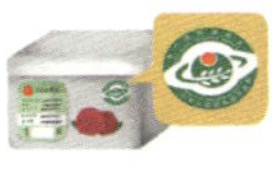	·杨梅塑料果篮材料应表面光滑，具备拉伸性、耐撕裂性、渗透性和化学稳定等性能。 ·需物流运输的杨梅应使用高抗压性、无异味的泡沫箱等防震料，中间使用冰袋作为蓄冷材料时与果实相隔，不宜直接接触果实。 ·杨梅包装外粘贴合格证。
冷链运输	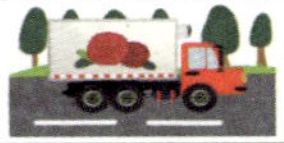	·近距离运输建议使用保温车和冷藏车，车辆厢体应保持清洁、卫生、无异味、无污染，装车前应对车辆进行消毒。温度控制在0 ~ 2℃，远距离运输采用空运方式，运输时间控制在48 h以内。

浙江省农业科学院杨梅“一县一品一策”项目组、仙居县农业农村局制

二〇二一年五月

图5-2　仙居杨梅标准化生产模式图

（四）技术推广与评价

在科研、监管、生产多部门协作下，先后在黄岩、临海、青田、兰溪、仙居、文成、瑞安、乐清等地建立示范基地38个（图5-3、图5-4），示范基地产品农残检测合格率为100%。浙江省杨梅中检出的禁用农药出现了逐年降低趋势。通过创新示范推广方式，将研究技术转化为图文并茂的管控手册、模式图、明白纸、手机App、科普小视频等传播载体，管控技术推广覆盖了浙江省17个杨梅主要产区，培训杨梅生产主体、农资销售人员、农业监管人员共计3 000余人次。通过微信公众号发布动态21次，内容涉及研究进展、基地展示、《杨梅主要病虫用药规范》、《杨梅质量安全风险管控须知》等内容，深受广大"梅农"的欢迎和肯定。借助杨梅"一县一品一策"关键技术，示范试验基地杨梅质量与品牌价值得到显著提升，如青田杨梅示范试验基地产品已顺利出口到新加坡，文成县杨梅获得全国"名特优新"产品登录。

图5-3　杨梅绿色防控标准化示范试验基地

图5-4　杨梅清洁化生产示范基地展示

为了进一步评价《杨梅主要病虫防治用药规范》团体标准的实施效果，邀请第三方公司通过线上调查和现场调查相结合的方式对该标准的实施效果进行评估。选取青田、兰溪、文成、仙居、黄岩、临海等全省杨梅重点产区的重点调研对象，回收有效调查问卷193份。评估结果表明，标准实施后经济效益显著提升，具体表现在杨梅产量不断增加，生产相关方的经济收入平均提高了10.8%，79%的杨梅种植户认为标准实施后杨梅品质得到了提高。此外，在社会效益方面，杨梅生产相关方的病虫害防治意识显著加强，杨梅种植户、农资经销商以及技术推广人员对于该标准的认可度高于80%。87%的杨梅种植户认为标准实施有效保障了杨梅产品的质量安全。47%的杨梅种植户认为标准实施提高了自身的品牌影响力。

四、下一步提质增效的对策及建议

一是进一步加强杨梅中新风险隐患筛查、评估与监管。近年来在浙江、福建、云南等地区的监测发现市场环节抽检样品中存在甜蜜素、糖精钠等甜味剂及脱氢乙酸等防腐保鲜剂的违法使用。建议加强杨梅水果的风险监测和监督抽查，严厉打击非法使用甜味剂增味行为，引导市场健康运行。

二是进一步加强杀虫剂和杀菌剂农药的安全用药培训指导。由于杨梅种植户在生产中存在滥用、乱用等不科学的使用现象。需要重点加强杨梅产区的农药安全使用技术培训与产品监管。禁用农药仍然是杨梅主要风险隐患，应坚决杜绝使用，一旦发现严厉处罚。

三是加快现有杨梅标准的提档工作。为进一步有效扩大现有杨梅标准的实施范围，充分发挥标准引领作用，积极争取将该团体标准上升为国家标准或行业标准，将浙江省对于杨梅病虫害的有效防治经验以标准为载体，推广至全国各地，引领全国杨梅病虫害整体防治水平的不断提升。

四是需加强杨梅营养品质的研究工作。建议开展杨梅风味物质的非靶向分析研究，明确各地区的杨梅优势品质指标。针对杨梅以特定营养品质指标为依据，从生长—采收—贮藏过程对产品进行品质监测，建立农产品全产业链品质监控体系，为产品的生产、贮藏及货架期延长提供科学依据。

参考文献

金发忠, 2018. 农产品安全优质化实现路径研究：基于浙江省"一品一策"探索实践调查[J]. 农产品质量与安全(5): 3-6.

梁森苗, 任海英, 郑锡良, 等, 2014. 杨梅采前落果及其安全防控对策[J]. 中国南方果树,

43(6): 126-127.

刘宏昌, 周斌, 宋振云, 等, 2009. 东魁杨梅主要病虫害的发生及防治对策[J]. 现代园艺(5): 31-32.

刘银兰, 赵慧宇, 杨桂玲, 等, 2018. 杨梅采前防落果药剂筛选[J]. 浙江农业科学, 59(9): 1680-1682, 1686.

饶汉宗, 王华弟, 沈颖, 等, 2016. 杨梅果实腐烂主要病害与综合防控技术研究[J]. 浙江农业科学, 57(11): 1892-1895.

田培, 赵慧宇, 刘之炜, 等, 2021. 杨梅中灭蝇胺及其代谢物检测方法与风险评估[J]. 浙江农业学报, 33(3): 534-540.

王洪祥, 2001. 如何防止杨梅采前落果及防治果实"白腐烂"[J]. 中国南方果树, 30(3): 16.

徐益生, 黄建珍, 诸加送, 等, 2004. 丁岙杨梅异常落花落果现象的调查分析[J]. 浙江柑橘, 21(2): 34-34.

杨桂玲, 黄茜斌, 蔡铮, 等, 2013. 杨梅标准化生产体系建设探讨[J]. 农产品质量与安全(6): 30-32.

杨桂玲, 陆剑飞, 寿林飞, 等, 2013. 浙江省杨梅质量安全现状与风险隐患及对策[J]. 农产品质量与安全(1): 20-22.

杨桂玲, 赵慧宇, 梁森苗, 等, 2018. 杨梅农药使用与监管的思考[J]. 浙江农业科学, 59(1): 51-53.

虞轶俊, 陈凯, 吴声敢, 等, 2018. 浙江省特色农产品全产业链安全风险管控模式研究[J]. 农产品质量与安全(1): 49-51.

赵慧宇, 刘银兰, 孙妍婕, 等, 2021. 杨梅中4种农药残留的膳食风险评估及家庭清洗去除效果[J]. 农药学学报, 23(1): 146-153.

赵慧宇, 杨桂玲, 张志恒, 等, 2017. 中国人群的2,4-滴膳食暴露风险评估[J]. 农药学学报, 19(2): 238-244.

案例二　草莓全产业链质量安全风险管控的探索与实践

草莓是浙江省特色农产品之一，深受广大消费者喜欢。但由于草莓没有不可食用的果皮保护，果肉可直接接触农药等污染物，且易吸收土壤中的镉等重金属并在植株和果实中积累，再加上草莓不易保存，采收后往往在短期内食用，故其食用安全问题受到广泛关注。由于种植户用药行为不规范，易导致草莓发生质量安全问题，同时，也由于一些舆情造成的负面影响，制约了产业的健康发展。为响应社会关切，切实提高草莓质量安全水平，2015年在浙江省财政厅支持下，浙江省农业农村厅在全国率先组织开展安全风险管控技术研究与应用，并选择草莓和杨梅2种特色作物先行实施。"草莓全产业链质量安全风险管控"通过院县合作、组建省市县三级联合专家团队等形式，从草莓生长规律入手，全面排查、科学评估风险隐患，明确风险危害等级，研究隐患治理技术，制定科学管控策略，并先后在建德市、嘉善县、诸暨市、长兴县、临海市、黄岩区等县（市、区）推广实施，取得了一定成效。

一、草莓产业发展现状

草莓属蔷薇科草莓属，是一种多年生草本植物。其果实鲜嫩可口、营养丰富，且具有保健功效，有着"水果皇后"之称。20世纪80年代，我国草莓开始规模化生产，面积迅速扩大。目前已发展为世界第一大草莓生产国，2018年全国草莓播种面积180万亩，年产量306万t。草莓是浙江省重要的特色优势农产品，随着设施的发展，浙江已成为全国重要的设施草莓主产区。据统计，2020年浙江省草莓种植面积10.04万亩，产量15.19万t，产值超20亿元。草莓产业已成为浙江省高效特色优势产业之一，是建德、临海、嘉善、镇海等草莓重点产区农民增收的主要来源。

二、草莓"一县一品一策"实施与成效

（一）草莓"一县一品一策"技术研究

一是隐患排查与风险评估。立足草莓生产全产业链，从产前、产中、产后环节入手，排查土壤、水、农药和肥料质量，病虫害发生与农药使用、肥料种类与使用、病原微生物等潜在风险隐患。通过取样、验证，重点对重金属、农药残留、病原微生物等涉及质量安全的风险因子进行科学评估。借鉴国际上现有毒理学数据和风险评估方法，结合我国膳食结构特点，对各隐患因子进行评估与分级，进一步明确农药残留和微生物污染是当前草莓安全生产潜在的主要风险隐患。根据风险评估结果，筛选出高效低毒低风险农药品种，制定农药正面清单、负面清单，为产业和监管部门提供参考。

二是管控技术研发与引入。采用GC-MS/MS和LC-MS/MS等先进检测仪器，研发叶面肥和农药中隐性成分快速高通量筛查技术。研究农药对草莓主要病虫害的防治效果及其在草莓上的残留水平，提出农药登记或使用建议名单。开展草莓主要病虫害抗性监测，评估抗药性发生的风险，并提出防控方案。开展农药在草莓中的残留动态和最终残留研究，明确农药在草莓和土壤中的降解动态和残留水平，结合国内外相关资料，提出残留限量标准和安全间隔期。引入"以虫治虫"（异色瓢虫防治蚜虫）、"以螨治螨"

(捕食螨防治叶螨）技术，减少化学农药使用。开展草莓采后微生物污染的潜在途径、变化规律、风险评估研究，建立病原微生物控制技术体系。

三是管控技术集成与示范。针对草莓全产业链特点，分析每个环节潜在的质量安全风险，明确关键控制点及其控制技术，提出草莓全产业链质量安全管控技术对策。编制并下发《草莓全产业链安全管控技术手册》、团体标准《大棚草莓主要病虫防治用药指南》和模式图等技术资料，研发动漫科普视频和草莓安全生产与管控技术系列小视频。搭建"一县一品一策"微信公众号草莓版块，研发草莓管控手机App，组织技术培训和现场指导，构建线上和线下相结合的"互联网+"推广模式，全面普及草莓"一县一品一策"技术。在建德、诸暨、嘉善、临海、黄岩、金东、长兴、德清、镇海等地建立示范基地，集成示范草莓全产业链质量安全管控技术。建立"一个专家团队、一个团体标准、一套管控策略、一本操作手册、一方示范基地、一个安全品牌"的"六个一"草莓"一县一品一策"机制，加快推广草莓质量安全管控技术。

（二）草莓全产业链质量安全管控策略

1. 在生产上，把握三大关键

（1）健壮栽培，提高草莓抗病能力。①壮苗种植：选择抗病虫种苗，提倡使用脱毒种苗，培育壮苗；移栽前适时带药移栽；提倡高畦宽沟，合理密植。②肥水管理：提倡平稳施肥，采用肥水一体化技术。③温湿调控：科学调控棚内温湿度，控制相对湿度低于80%；加强补光，优化草莓生长环境，提升植株抗病抗逆能力。

（2）清洁管理，降低病虫害发生概率。①清洁田园：监测产地环境（大气、土壤和灌溉用水），防止污染超标。移栽前土壤消毒，草莓成活后，及时掰除病、老、枯叶，疏除小花、劣果、病果，并移出园外集中深埋，减少病虫来源。②全园覆膜：坐果后，畦沟铺地膜，畦两边垫上白网，防止土壤污染果实。③卫生采摘：采摘时带上手套，轻摘、轻拿、轻放，包装、盛放容器应清洁、卫生，提倡一次性采摘、包装到位，避免产品二次污染。④安全检测：采摘销售前应自行检测或委托有资质单位检测，合格后方可上市销售。

（3）绿色防控，减少农药使用数量。①物理诱控：应用杀虫灯、黄板/蓝板、性诱剂等诱杀害虫，使用防虫网、银灰双色膜等阻隔驱避害虫。②生物防治：推广应用"以虫治虫"（异色瓢虫防治蚜虫）、"以螨治螨"（捕食螨防治叶螨）技术。开花初期，使用枯草芽孢杆菌等生物农药防治白粉病和灰霉病。③安全用药：选用高效、低毒、低残留、环境友好型农药，参照《草莓全产业链安全管控技术手册》和T/ZNZ 081—2021《设施草莓生产质量安全控制技术规范》中农药使用技术，对症下药，适期防治；采果期应慎用药，严格控制农药安全间隔期、施用量和施药次数。

2. 在管理上，坚持五个强化

一是强化组织领导。切实加强组织领导，有效统筹执法、植保、农药、监测、生产等力量，明确责任，各司其职。监管部门要强化检查巡查、抽检；执法部门要做好草莓产区投入品的执法检查，植保部门要做好草莓病虫害监测预警，行业部门要加强技术指导，农药管理部门要加快草莓用药登记和残留限量制定等，最终形成全面监管草莓安全生产的合力。

二是强化服务指导。加强对草莓种植户、农资经营户的培训指导，以《草莓全产业链安全管控技术手册》和T/ZNZ 081—2021《设施草莓生产质量安全控制技术规范》等资料为主要内容，推广草莓管控技术，确保草莓生产者、草莓产区的农资经营者培训到位，资料发放到位。农业农村主管部门做好草莓病虫监测和情报发布，指导农民准确把握防治适期和科学合理用药。组织技术人员深入田间地头，开展科学防控分类指导。各级速测室要继续开展免费快检服务，严把草莓质量安全关。

三是强化示范引导。大力推行草莓标准化、清洁化和绿色化生产，抓好"健壮栽培、清洁管理、绿色防控"三大关键，应用"壮苗种植、肥水管理、温湿调控、清洁田园、全园覆膜、卫生采摘、安全检测、物理诱控、生物防治、安全用药"10项技术，落实草莓上市合格证管理制度，建立一批可看、可学、可复制的草莓管控示范基地。通过组织现场观摩、培训推广，以点带面，辐射带动，加快推动草莓标准化、清洁化和绿色化生产技术落地。

四是强化执法督导。各地要切实加大对草莓的监督检查和监测力度，开展草莓产品质量安全专项抽检和农业投入品的专项抽查，全面排查风险隐患，以农业投入品经营、使用、主体责任等为主要内容的大检查，实地检查生产记录、产地环境、农业投入品使用、农资仓库等情况，督促生产主体规范农业投入品使用；加强执法监管督导，做好风险评估预警，严厉打击违法使用禁限用农药和非法添加隐性成分的行为。对检查中发现的问题，要追根溯源，查明原因，限期整改；对发现涉嫌犯罪行为的，要将有关线索移交公安查处。

五是强化宣传倡导。通过技术指导、告知书、宣传单等方式，广泛宣传有关农产品质量安全的法律法规，提高责任意识和安全意识，做到诚信生产、守法经营。通过微信公众号、手机App、小视频等数字媒介，科学宣传农产品质量安全常识，消除各类不良报道，正面引导消费，倡导农产品质量安全的良好氛围。

（三）草莓"一县一品一策"实施成效

草莓"一县一品一策"实施以来，共建立示范基地27个，累计应用面积近10万亩，草莓产品抽检合格率从开始实施时的96%左右稳步提升并稳定在98%以上，示范基地草莓抽检合格率达100%，草莓生产主要隐患得到有效遏制，草莓质量安全水平稳定向好。示范基地草莓品质优良、质量安全，在全国、全省精品草莓评比中多次获奖，并通过休闲采摘、线上销售等产地直销和品牌营销方式，实现优质优价，促进草莓品牌化发展，为农业增效、农民增收做出了贡献。此外，主动回应"空心激素草莓""百毒之首的水果——草莓"等网络谣言，科普草莓质量安全知识，社会效益和经济效益明显。

"大棚草莓优质清洁栽培技术"多次被列入浙江省农业农村厅主推技术，并在全省推广应用。核心内容先后获得全国农牧渔业丰收奖农业技术推广成果奖一等奖、浙江省科学技术进步奖三等奖、神农中华农业科技奖三等奖、浙江省农业丰收奖二等奖、农业农村部农产品质量安全中心农产品质量安全与营养健康科普作品一等奖等成果奖励，也得到了新华社、农民日报等媒体的广泛关注，为我国农产品质量安全监管提供了宝贵经验。

案例三　余杭区鸬鸟蜜梨绿色标准化生产

为推动杭州余杭区鸬鸟蜜梨产业高质量发展，2020年，杭州市余杭区以鸬鸟蜜梨为对象开始实施"一县一品一策"标准化生产示范创建工作，针对性的开展风险隐患排查、管控技术研究、标准综合体创建以及宣传培训等工作，用时两年半构建形成余杭区鸬鸟蜜梨绿色、标准化生产体系。

一、鸬鸟蜜梨产业现状

2019年统计数据显示，杭州市余杭区蜜梨种植面积为1.33万亩，位列全省各区县第二。余杭区蜜梨主要分布于鸬鸟、良渚、瓶窑等乡镇，其中以鸬鸟蜜梨种植规模和效益最为突出。鸬鸟蜜梨产业从20世纪80年代开始发展，随着产业结构调整，近10年来蜜梨产业发展迅猛，已有多个主体获得绿色食品认证，2020年鸬鸟蜜梨更是获得国家农产品地理标志证书。截至2021年，余杭区鸬鸟蜜梨种植面积9 000余亩，产量1.5万t，产值2.8亿元左右。

鸬鸟蜜梨核心区块位于鸬鸟镇雅城村蜜梨园区，该园区山青水秀，昼夜温差大，土壤富含钙质，处于无工业污染的生态环境中，是蜜梨的原产地之一，由杭州余杭鸬鸟果农专业合作社经营管理。合作社集蜜梨生产、管理、技术服务、收购、保鲜贮藏和销售于一体，经过10多年的发展，现有社员108名，带动周边梨农1 000余户，联结基地6 530亩，主要品种有翠冠、新世纪、黄花梨。"天堂鸟"牌蜜梨在杭嘉湖等地具有很高知名度，并在浙江省早熟梨评比和省农博会上获得11个金奖和4个优质奖。"杭鸟""天堂鸟"商标已获得浙江省著名商标和杭州市名牌产品称号。杭州余杭三水果业有限公司是当地另一蜜梨龙头企业，也是余杭区农业龙头企业，2019年以公司带农户形式年产销蜜梨约50万kg。

二、生产中存在的问题

鸬鸟蜜梨虽然取得了不错的成绩和诸多荣誉，但仍存在短板和需要进一步提升的方面。

（1）规范用药仍有待继续加强。通过对农资店、基地和相关技术人员的调研结果表明，鸬鸟蜜梨无禁限用农药使用迹象，但对于超范围用药以及绿色食品生产基地使用非允许农药等情况较多，虽未发现不合格现象，但存在一定的监管风险。

（2）果园老化现象突出。虽然鸬鸟蜜梨仍保持较高的产量及质量水准，但低杆开心型以及传统种植密度带来的园区郁闭、农业机械无法应用的情况，需要较高管理强度与从业者老龄化的矛盾日益突出。

（3）已有标准需及时更新，标准化仍需进一步落地。蜜梨已制定余杭地方标准，但标准各项内容的落地仍有待加强，且需跟进产业发展的趋势进行及时更新和修订。

三、工作措施及成效

（一）风险隐患排查

根据前期产业状况的了解和调查，鸬鸟蜜梨产业发展水平较高、质量安全水平过硬，且已有多家主体获得A级绿色食品认证，为进一步提高风险隐患排查效率和成效，对蜜梨的风险隐患排查基于A级绿色食品的要求开展（图5-5）。

图5-5　生产主体和农资店现场调研图片

图5-5　（续）

调研结果表明：鸬鸟等蜜梨生产集中地整体使用较为统一的病虫害防治方案，农资店和主体处均未见禁限用农药销售、使用痕迹。但针对A级绿色食品的要求，一方面获得绿色食品认证的生产主体并不清楚相应的可用药范围，至于肥料、包装等绿色食品要求更无从谈起；另一方面，农资店在农药销售时也无法给予绿色食品认证主体以可用药的建议。因此，建议在绿色食品认证的事后监管中，应给予生产主体详尽的用药建议，并要求其规范执行、承担相应责任和义务；农资店同样应进行相应培训，促进其提高服务水平。

样品检测结果表明：2020年和2021年分别开展了样品采集和检测评价工作，对照GB 2763—2019《食品安全国家标准　食品中农药最大残留限量》（已废止，现行标准为GB 2763—2021《食品安全国家标准　食品中农药最大残留限量》）的要求，2年均未发现不合格样品，但对照A级绿色食品的要求仍有较大的改进空间。其中2020年在收获期采集10批次蜜梨产品中检出6种农药，其中3种为非绿色食品可用药，且其中一个产品的氯菊酯残留量为0.017 mg/kg，已超出NY/T 393—2020《绿色食品　农药使用准则》要求。2021年则分别在7月初和8月上旬集中采集蜜梨样品，共收集样品54份。其中7月初的22份未成熟蜜梨样品主要用以考察田间实际用药状况，8月上旬的32份则均为成熟样品用以表征上市蜜梨的质量水平。结果表明，其中7月采集的22份未成熟蜜梨样品中，17份样品不符合NY/T 393—2020《绿色食品　农药使用准则》中对A级绿色食品的要求，8月采集的32份成熟蜜梨样品中，仅有5份样品不符合要求。综上，虽然上市样品中农药残留和A级绿色食品的符合性较高，但实际生产中的用药情况仍有较多不符合规范，即使是已获得绿色食品认证的生产主体也存在一定超范围用药。

在监测结果的应用方面，连续2年的64份报告均第一时间提供给相应主体或镇（街道）农办，以供主管部门作为质量安全监管的依据以及生产主体销售时的质量安全证明。此外，2021年7月上旬的22份样品检测结果也在鸬鸟蜜梨节上予以公布，以作为鸬鸟蜜梨高安全水平的依据（图5-6）。

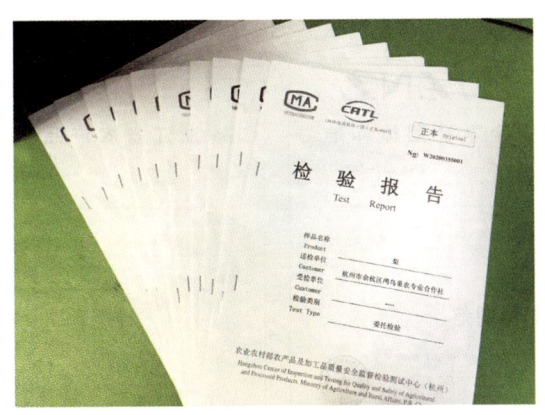

图5-6　部分检测报告

(二) 管控技术集成与转化

基于鸬鸟蜜梨产业现状,主要从产业提升的角度,依照A级绿色食品生产的要求开展绿色防控技术示范和相关标准制定等工作。

(1) 绿色食品蜜梨生产主要病虫害用药建议。①通过查询资料和实地调研,明确主要病害为轮纹病、黑星病、黑斑病、锈病等,主要虫害为梨木虱、梨瘿蚊、梨小食心虫、蚜虫等。②基于现代农业产业技术体系研究成果、相关书籍和文献报道,集成汇总病虫害非化学农药防治措施。③根据NY/T 393—2020《绿色食品　农药使用准则》要求,确认符合要求的登记农药清单。④根据合理外推的原则,补充梨黑星病、梨木虱及其他病虫害的防治药剂。⑤形成符合NY/T 393—2020《绿色食品　农药使用准则》要求的蜜梨绿色用药建议。

(2) 蜜梨病虫害绿色防控技术示范及统防统治。①在鸬鸟蜜梨园区开展绿色防控技术示范及统防统治工作,推广应用杀虫灯、性诱剂和色板等病虫害绿色防控技术,推广应用割草机及铺设地布代替除草剂,农药化肥施用量减少30%以上。②农药在余杭区供销农资经销店统一销售,投入品由专人专账登记管理,不使用禁限用农药,针对同一病虫同一时期使用同一种药同一用量进行处理,农药废弃包装、农膜由农资店统一回收。③针对蜜梨基地采摘游较多的现状,制作杀虫灯等绿色防控技术解说二维码,以供基地悬挂于相应设施处、便于展示及解说。

(3) 形成团体标准2项。2020年以NY/T 393—2020《绿色食品　农药使用准则》中相关要求为核心,基于绿色食品蜜梨生产主要病虫害用药建议的相关工作基础,形成了T/ZNZ 054—2021《梨绿色生产技术规范》团体标准。2021—2022年继续围绕绿色食品产地环境质量、农药肥料使用、包装、贮藏运输等准则要求,结合《农业农村部关于开展现代农业全产业链标准化试点工作的通知》(农质发〔2021〕4号)的指引,形成了T/ZNZ 155—2023《绿色食品余杭蜜梨标准综合体》(图5-7)。

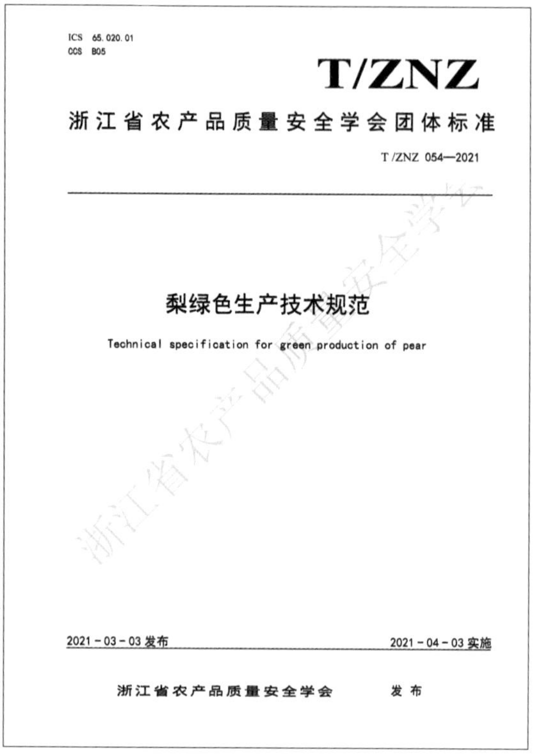

ICS 65.020.01
CCS B05

T/ZNZ

浙江省农产品质量安全学会团体标准

T/ZNZ 054—2021

梨绿色生产技术规范

Technical specification for green production of pear

2021-03-03 发布　　2021-04-03 实施

浙江省农产品质量安全学会　发布

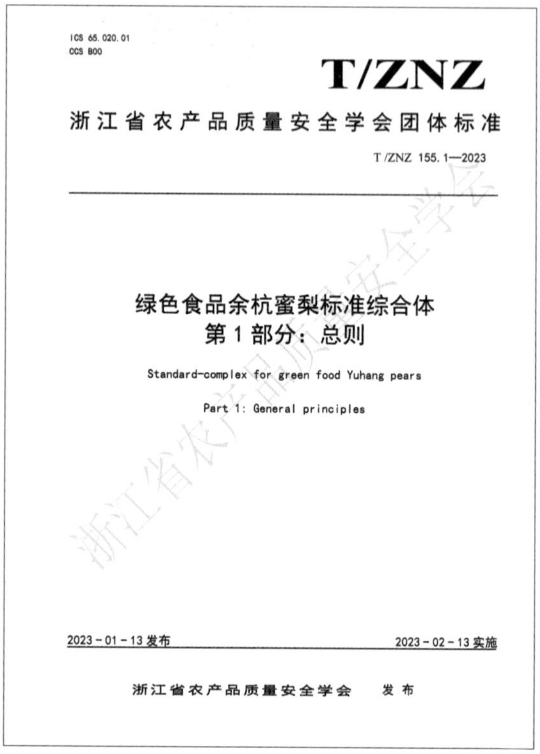

ICS 65.020.01
CCS B00

T/ZNZ

浙江省农产品质量安全学会团体标准

T/ZNZ 155.1—2023

绿色食品余杭蜜梨标准综合体
第1部分：总则

Standard-complex for green food Yuhang pears

Part 1: General principles

2023-01-13 发布　　2023-02-13 实施

浙江省农产品质量安全学会　发布

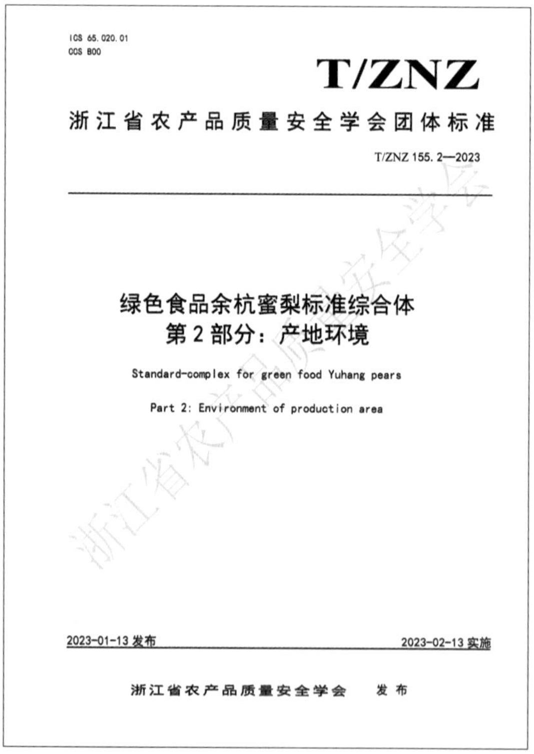

ICS 65.020.01
CCS B00

T/ZNZ

浙江省农产品质量安全学会团体标准

T/ZNZ 155.2—2023

绿色食品余杭蜜梨标准综合体
第2部分：产地环境

Standard-complex for green food Yuhang pears

Part 2: Environment of production area

2023-01-13 发布　　2023-02-13 实施

浙江省农产品质量安全学会　发布

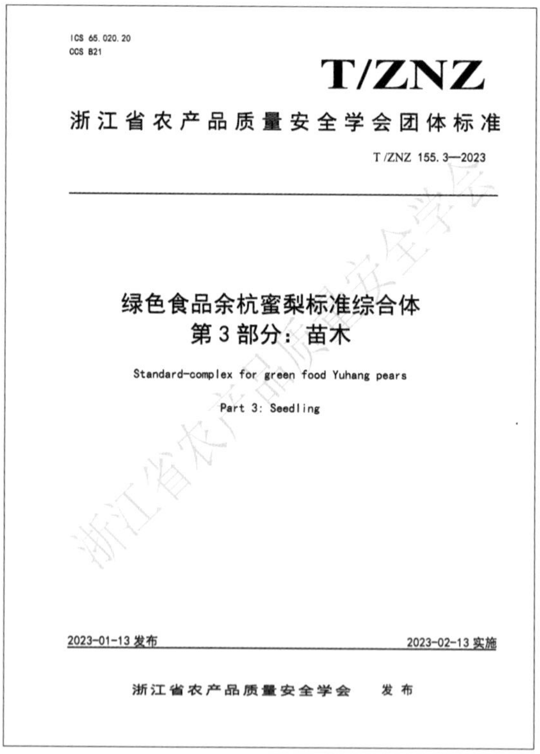

ICS 65.020.20
CCS B21

T/ZNZ

浙江省农产品质量安全学会团体标准

T/ZNZ 155.3—2023

绿色食品余杭蜜梨标准综合体
第3部分：苗木

Standard-complex for green food Yuhang pears

Part 3: Seedling

2023-01-13 发布　　2023-02-13 实施

浙江省农产品质量安全学会　发布

图5-7　团体标准

ICS 65.020.20
CCS B05

T/ZNZ

浙江省农产品质量安全学会团体标准

T/ZNZ 155.4—2023

绿色食品余杭蜜梨标准综合体
第4部分：建园

Standard-complex for green foog Yuhang pears

Part 4: Orchard construction

2023-01-13 发布　　2023-02-13 实施

浙江省农产品质量安全学会　发布

ICS 65.020.20
CCS B05

T/ZNZ

浙江省农产品质量安全学会团体标准

T/ZNZ 155.5—2023

绿色食品余杭蜜梨标准综合体
第5部分：果园管理

Standard-complex for green food Yuhang pears

Part 5: Orchard management

2023-01-13 发布　　2023-02-13 实施

浙江省农产品质量安全学会　发布

ICS 65.020.20
CCS B 31

T/ZNZ

浙江省农产品质量安全学会团体标准

T/ZNZ 155.6—2023

绿色食品余杭蜜梨标准综合体
第6部分：采收分级与包装

Standard-complex for green food Yuhang pears

Part 6: harvest, grading and packaging

2023-01-13 发布　　2023-02-13 实施

浙江省农产品质量安全学会　发布

ICS 65.020.20
CCS B 08

T/ZNZ

浙江省农产品质量安全学会团体标准

T/ZNZ 155.7—2023

绿色食品余杭蜜梨标准综合体
第7部分：贮藏运输

Standard-complex for green food Yuhang pears

Part 7: storage and transportation

2023-01-13 发布　　2023-02-13 实施

浙江省农产品质量安全学会　发布

图5-7　（续）

（4）开发微信小程序以及科普视频。①在T/ZNZ 054—2021《梨绿色生产技术规范》团体标准的基础上，开发了相应的微信小程序以便主体应用。②围绕果园农药的科学使用，制作科普视频1份（图5-8）。

图5-8　科普视频

（三）推广应用

在鸬鸟、径山、良渚等蜜梨主产区设立核心示范基地5家，基地总面积1 941亩，辐射带动生产主体数100余家，带动总面积7 000余亩（表5-2）。

表5-2　蜜梨示范基地信息

序号	镇街	基地名称	基地面积（亩）	联系人
1	鸬鸟	杭州鸬鸟果农专业合作社	1 054	任含生
2	鸬鸟	杭州余杭三水果业有限公司	500	陈梅生
3	径山	杭州宝晟生态农业开发有限公司	80	黄建明
4	良渚	杭州余杭区良渚裕福园艺场	104	倪裕福
5	良渚	杭州下溪湾家庭农场有限公司	203	杨琪峰

（四）宣传培训

开展技术培训4场，发放资料330份，培训种植户359人次（表5-3）。

表5-3　开展培训情况

产品	培训时间	培训地点	培训人数	发放资料数量（册/本）
蜜梨	2020.10.21	余杭区鸬鸟镇余杭鸬鸟果农专业合作社	89	
蜜梨	2021.03.16	余杭区鸬鸟镇余杭鸬鸟果农专业合作社	80	80
蜜梨	2021.05.29	余杭区鸬鸟镇余杭鸬鸟果农专业合作社	90	150
蜜梨	2021.07.09	余杭区鸬鸟镇大礼堂	100	100

四、下一步提质增效的对策及建议

根据鸬鸟蜜梨产业实际存在的情况，提出产业提质增效的建议及措施。

（1）省力化改造。鸬鸟蜜梨目前仍以传统梨园为主，机械化、省力化栽培的梨园改造和更新亟待鼓励与扶持，以避免人口老龄化的加剧引发梨园管理不善导致的产量品质下降、病虫害暴发以及农药残留增加等一系列问题。

（2）标准化生产与品质提升。鸬鸟蜜梨主栽品种（翠冠、翠玉、新世纪等）的产量、果型、口感等品种特性已与日本主栽品种相差无几，但鸬鸟蜜梨的优级果率与日本差距明显，其差距主要源于从树形修整、疏花疏果、授粉、水肥管理、病虫害防治等系列生产管理在各生产主体间存在差异，甚至各生产主体也无法保障自身持续保持一致的管理水准，最终导致蜜梨口感、果型等品质参差不齐。

（3）产业链衍生和产值提升。鸬鸟蜜梨的种植面积已经高达9 000余亩，除通过标准化生产进一步挖掘产量和品质外，蜜梨单价的提高以及蜜梨产业链的衍生是鸬鸟蜜梨产值提升的可靠手段。蜜梨单价的提升主要通过品质提升、多渠道品牌宣传和适当的产品包装，产业链的衍生则包括现有农旅结合的进一步强化以及蜜梨副产品或深加工产品的挖掘。

案例四　南湖水蜜桃"一县一品一策"的实践与思考

一、产业现状、特色、问题和需求

水蜜桃为蔷薇科植物，原产于中国，距今已有4 000多年的栽培历史，世界各地均有栽植。我国目前是最大的水蜜桃种植区和生产国，栽培种类繁多，全国各地由南至北分布较广，长江三角洲为集中栽培区。水蜜桃味甜细腻、芳香浓郁，果肉富含多种维生素、膳食纤维、蛋白质及矿物质，深得消费者的认可，是人们喜爱的大众水果之一。水蜜桃也是南湖区的特色农产品。南湖区水蜜桃以凤桥镇为中心产区，覆盖余新镇、新丰镇，全区面积近1万亩，被农业农村部列入全国桃产业技术体系示范区，凤桥水蜜桃被农业农村部列入我国农产品地理标志登记保护行列。南湖区以凤桥镇为中心，形成以桃为特色的现代观光农业，带动一方经济，南湖区2020年被评为省级水蜜桃特色农产品优势区。

近年来，南湖区水蜜桃栽培面积不断扩大，产业快速发展。但由于水蜜桃后熟迅速，皮薄多汁，极易受到机械伤害，且南湖区水蜜桃采收期集中在7—8月，正值高温高湿季节，病虫害发生较严重，易导致果实腐败变质和落果，商品果率和果实品质也显著下降，极大地影响桃农收益。同时生产过程中农药超范围使用、乱用滥用农药等情况时有发生，存在安全隐患。

为推动水蜜桃产业高质量发展，2020年，南湖区把水蜜桃作为"一县一品一策"标准化生产农产品，创建省级农产品标准化生产示范县，开展风险隐患排查与风险评估、营养品质与风险管控技术研究、试验示范基地实践应用、水蜜桃生产标准研制、推广标准技术宣传等，着力用两年时间构建起南湖区水蜜桃标准化生产体系。

二、主要工作过程

（一）隐患排查，开展风险评估

根据嘉兴市南湖区农业农村和水利局委托要求，浙江省农业科学院农产品质量安全与营养研究所对南湖区区域内水蜜桃基地进行实地调研和风险隐患排查，走访了多家水蜜桃生产主体和主要供销的农资店，对水蜜桃病虫害发生、用药现状等产业信息开展调查。在水蜜桃上市期间，联合南湖区开展水蜜桃专项风险监测，通过对水蜜桃产业现状、登记用药情况、禁限用农药情况、常用农药情况以及农药残留限量标准制定情况等调查和梳理，结合对南湖区水蜜桃主产区规模种植户抽检的4批次水蜜桃样品80个检测参数的农残检测结果，开展水蜜桃质量安全风险评估工作，明确水蜜桃上农药使用的风险隐患，评估水蜜桃中农药残留对消费者潜在的健康风险，评价风险等级并视情提示风险预警，针对性的提出风险管控措施建议，形成南湖区水蜜桃质量安全风险评估报告，为南湖区水蜜桃安全监管、安全生产提供技术支撑。

（二）制定标准，强化风险管控

通过风险隐患排查明确水蜜桃生产中的关键控制点，制定水蜜桃质量安全风险管控策略，集成水蜜桃标准化生产体系。在对南湖区水蜜桃产业现状、生产情况、种植基地和农资店调研的基础上，结合南湖区本地水蜜桃的生产种植的实际情况，制定浙江省农产品质量安全学会团体标准T/ZNZ 053—2021《桃主要病虫害综合防治规范》和浙江省绿色农产品协会团体标准T/ZLX 030—2023《水蜜桃绿色生产全程质量控制技术规范》。编制了水蜜桃质量管理体系文件、《水蜜桃绿色食品标准化生产技术模式图》和《水蜜桃全产业链质量安全风险管控手册》（图5-9），从园地选择、品种选择、土肥管理、绿色防控、采收包装、产品检测、生产记录、农资管理、产品追溯和认定（证）等各方面，全面把控水蜜桃生产过程中的风险隐患及关键控制点，提出基于水蜜桃绿色栽培的质量安全风险管控措施，完成了从标准化手册到图册的制定，水蜜桃生产主体可按图索骥进行全产业链标准化生产管理，进一步提高果农的标准化意识，强化了水蜜桃种植的风险防控，推进南湖区水蜜桃产业标准化生产和精细化管理。

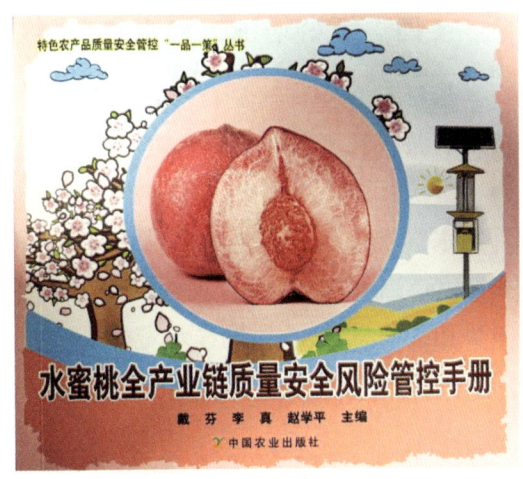

图5-9 水蜜桃管控手册

（三）试点建设，示范推广技术

通过主体申报，乡镇审核，南湖区农业农村和水利局审批，南湖区确定了6家种植规模较大，生产水平较高的主体，先后开展水蜜桃标准化生产示范基地建设，示范面积超1 500亩。各个基地根据《南湖区水蜜桃标准化生产示范基地建设规范》和T/ZNZ 011—2019《"一品一策"农产品质量安全示范基地建设规范》要求，从组织管理、制度文件、生产记录、生产技术、产品质量等方面开展标准化生产管理。6家主体均已申报全国农产品全程质量控制技术体系试点，发挥示范作用，引领地方水蜜桃产业的高品质发展。示范基地开展物联网+数字农业方面的建设，包括视频监控设备、喷滴灌设备、绿色防控技术、防护网等建设、生草栽培等，实现肥药减量增效，起到示范引领作用。

生产技术方面，积极在主产区推广新技术，开展了桃新品种示范、桃树"Y"形树型养成示范、桃园生草栽培示范等一系列实验，推动水蜜桃种植技术的迭代升级，为提升南湖水蜜桃生产水平提供实验依据，提高标准化生产水平，实现品质提升。通过示范建设和技术推广，辐射带动水蜜桃生产主体30余个，农户逾300人，辐射面积7 000余亩，亩均增产100 kg以上，实现经济效益超800万元（图5-10、图5-11）。

图5-10 桃园种草前

图5-11 桃园种草后

（四）抓好培训，积极宣传推广

浙江省农业科学院农产品质量安全与营养研究所联合南湖区农业农村和水利局、凤桥镇农技水利服务中心、水蜜桃产业农联合等多方力量，组建农业标准化专家团队，开展水蜜桃标准化技术推广及科普培训。在南湖区开展水蜜桃标准化生产现场培训5次，近百家水蜜桃种植户参加，共计培训近400人次，发放培训资料500份、书籍100余本、模式图200余份。在嘉兴日报、读嘉等重要媒体上有4次报道，通过南湖农水公众号等推送项目相关信息5次，印刷《水蜜桃全产业链质量安全风险管控手册》《水蜜桃标准化模式图》等技术资料300余份。

三、实施的效果、效益与评价

经过2年的省级农业标准化生产示范县建设，南湖区水蜜桃标准化生产能力和农产品质量安全水平得到整体提升。全区水蜜桃标准化基地区域内实现农产品质量安全抽检合格率100%，规模主体"一证一码"全覆盖，农产品提质增效明显，品牌影响力进一步扩大。南湖区6家主体建设标准化生产示范基地，标准化生产示范面积超1 500亩；发布了《水蜜桃绿色食品标准化生产技术模式图》和《水蜜桃全产业链质量安全风险管控手册》等一系列标准化生产图册；开展了桃新品种示范、桃树"Y"形树型养成示范、桃园生草栽培示范等一系列实验。经过示范建设，2021年凤桥水蜜桃纳入全国名特优新农产品名录，6个示范基地成为全国名特优新农产品全程质量控制技术试点生产经营主体。

四、存在问题与下一步打算

（一）存在的问题

在南湖区水蜜桃标准化生产示范县建设过程中，仍然存在着一些问题，需做进一步加强提升，具体如下。

（1）主体应用标准以及标准化生产技术的积极性不高，部分农户仍然偏向按照"老传统"的方法进行生产管理。

（2）存在农药非法添加等问题，给水蜜桃安全上市埋下隐患，也使农民成为受害者之一。

（3）种植户文化水平偏低，质量安全意识尚有所欠缺，合理用肥用药还不够规范。

水蜜桃标准化模式图

月份	12月上旬至翌年2月中旬	2月下旬至4月中旬	4月下旬至5月下旬	6月上旬至8月上旬	8月中旬至9月中旬	9月中旬至10月中旬	10月中旬至11月中旬
物候期	休眠期	萌芽开花期	谢花坐果期（疏树摘果期）	果实膨大期	成熟采收期	采后生长期	落叶期

园地选择：园地应选择在光照充足、土壤肥沃、排水条件良好，地势较高的地块，远离污染源，地下水位较低的地块，并具有可持续生产能力的农业生产区域，园地环境、空气质量、灌溉水质量、土壤环境质量应符合NY/T 391—2021的规定。

病虫害害虫 症状

越冬期防病虫源、增叶休眠
综合防治"预防为主"的原则，因时因地制宜，加强植物检疫，采用农业防治、生物防治等绿色防控措施，根据病虫实际发生情况，科学合理地用化学农药。

防治要点：
(1) 底部培土。
(2) 清园、种子消毒。
(3) 冬季修剪、剪除枯枝、病虫枝等过密枝条无用的枝条。
(4) 苗木定植、两换换种。

花腐期防治注意事项管理：
(1) 花腐期遇低温阴雨应注意防治病虫害。
(2) 花后复剪、抹芽、摘心、疏枝。
(3) 开沟排水、中耕除草。
(4) 春施萌芽肥。
(5) 新果园适地施肥管理。

谢花坐果期：
(1) 5月中下旬以主剪、副主枝作为主枝 利，10~50 cm的及时摘心。合理疏果肥施用量、保持树势平衡。
(2) 5月上中旬进行第二次生理果及时进行疏果。

果实膨大期：
(1) 强势枝花疏果、弱势枝短留疏、合理 肥料、以增加树势平衡。保持产量稳定。
(2) 6月上旬、盖果后及时进行套袋。

成熟采收期：
(1) 成熟期7月—9月、果实成熟期两采收。
(2) 注意采收方法，避免伤摘果。

采后生长期：
(1) 疏松地、种植绿肥。
(2) 疏大枝"开天窗"、拉枝、疏枝、果园保持通风。

落叶期：
落叶后清园。结合秋施基肥扩穴翻改土。以花桃进行深翻扩穴，改良土壤、深化植株。每年或隔年的环深翻、深40~60 cm、尽量施入的有机肥、基肥补施入，灌水浇水。

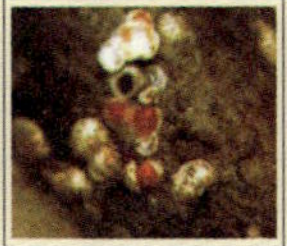

病虫害类型

流胶病
(1) 12月至翌年1月休眠期。萌芽前一周内喷石灰、涂抹剂。
(2) 全年各季修剪、清理园、涂抹剂 叶、果、低处。

细菌性穿孔病
萌芽前一周内喷一次药。
10~15 d喷一次。开花后一次、以后 间15~20 d喷一次。
去壳剥树、集中处理、加强肥水管理、注意风害管理。

褐腐病、炭疽病
(1) 萌芽前一周内喷一次药。
(2) 结合全季修剪、涂刷剂、清理园、涂抹剂。

桃蛀螟
(1) 蒂落后10 d左右和幼果期，4月中下旬至5月上中旬喷药防治。
(2) 用桃核煎液、清冼喷一次有机油合 5%油乳剂、冬期剪、冬施硫磺合剂、5波美度石硫合剂、杀越冬虫卵。

红颈天牛
(1) 5月红腹天牛开始活动 时施药。
(2) 用棍钩成虫杀虫。利用树干针杆杀枝的树干和主枝上的成虫。

桃蚜
5月上旬、7月上旬、9 月上旬施药。

梨圆蚧
5月中旬、7~8月施药。
冬季剪冬绿肥、清冼园。
冬春绿肥绿肥期清冼园期。剥蚬甲期、10月在树干上 扎稻草带、引梢虫结越 越冬、集中处理杀灭 成虫。

荆蝶
(1) 6月中旬、8月中旬和清园。
殷除树体上土虫，合 围除树体表面施药可 合捕杀鳞种中的虫卵。

桃小食心虫
(1) 5月中旬至6月上旬、7月上中旬。
(2) 冬季清理果园、二次杀灭幼虫、久收获、施蜘、甲氨基 磺、甲维盐、甲维·氯氟菊酯等、杀灭幼虫。主要使用黑光灯、诱杀成虫。

主要病虫害防治用药推荐

防治对象	农药通用名	剂型	制剂用药量或施用稀释倍数	使用方法	每季使用最多次数	安全间隔期（天）
越冬期防病虫源、增叶休眠	石硫合剂	45%晶体	20~30倍液	萌芽期前、初花期、果实采收前等农药不能使用的时期施用	全年1~2次	/
流胶病	多抗霉素武夷菌素	50亿CFU/g可湿性粉剂	1 000~1 500倍液	发病前喷施	3	21
	噻霉酮	40%悬浮剂	600~1 000倍液	发病初期喷施	3	14
细菌性穿孔病	春雷·喹啉铜	45%悬浮剂	2 000~3 000倍液	发病前喷施	3	14
	硫酸链霉素	80%水分散粒剂	500~1 000倍液	发病前喷施	3	10
	春雷霉素	20%水分散粒剂	2 000~3 000倍液	发病前喷施	3	14
褐腐病、炭疽病	苯甲·嘧菌酯	325 g/L悬浮剂	1 500~2 000倍液	发病前喷施	3	28
	啶酰·代森联	60%水分散粒剂	2 500~3 200倍液	发病初期喷施	3	14
桃蛀螟	小单抗拉霉菌	11%可溶性粉剂	800~1 000倍液	桃蛀螟产卵盛期至卵孵化盛期喷洒、45 d喷雾	3	28
	噻嗪酮·噻虫嗪	18%悬浮剂	1 500~2 000倍液	发病前喷施	3	14
桃瘤蚜、桃粉蚜	氯虫苯甲酰胺	35%水分散粒剂	4 000~5 000倍液	桃瘤蚜发生初期或低龄幼虫期喷雾	1	14
梨小食心虫	金龟子绿僵菌CQMa421	80亿孢子/mL可分散油悬浮剂	1 000~2 000倍液	梨小食心虫成虫化蛹高峰期至低龄幼虫高峰期喷施	1	/
	噻唑烷酮	1%微乳剂	3 500~4 500倍液	病害发生初期或虫发生初期均匀喷雾	2	7
	甜菜夜蛾·高氯	0.5%水剂	1 000~2 000倍液	梨小食心虫卵孵化盛期初期喷雾	1	90
桃蚜	吡虫啉·噻虫嗪	75%水分散粒剂	4 000~6 000倍液	桃蚜发生低密度低龄幼虫期喷雾	3	21
	氟虫腈脲悬浮剂	20%悬浮剂	3 000~5 000倍液	病害发生低密度低龄幼虫期喷雾	1	14
	氟啶虫胺腈	50%水分散粒剂	15 000~20 000倍液	梨小和甲桃适量生长初期喷雾	2	7
绿盲蝽	氟啶虫胺腈	22%悬浮剂	5 000~10 000倍液	在盲蝽若虫初现时喷雾	1	14
	高效氯氟菊酯	3%微胶囊剂	200倍液	若虫初现时均匀喷雾	/	/
尺蠖、食心虫、桃红颈	苏云金杆菌	8 000 IU/μL悬浮剂	100~400倍液	在害虫卵孵化期以幼虫分化期间以1代初期均匀喷雾	/	/
梨小性诱剂素		5%粉剂	200~400倍液	在害虫发生期向导喷洒（糖糖十醋的药液对性均匀喷雾）	/	/
天牛	高效氯氰菊酯	32 000 IU/mg可湿性粉剂	600~1 000倍液	在成虫羽化盛期于树干、大枝和树冠基处等虫出没处均匀喷雾	/	14

水蜜桃禁止使用的化学农药：
按农业农村部第194号1号公告执行。所选用的肥料不应让果园环境和果实品质产生不良影响。应贯彻NY/T 394—2021规定次执行。

施肥原则：
据基肥施基肥。幼树种植时每穴施腐熟有机肥5 000~6 000 kg，分穴基施。结果树追肥，回填后（穴）幅上施加氢硝复混肥25~30 cm的定植沟。

施肥量：
每年一年时、采收调整期、定植成后、每次施氢硝硝0.1~0.15 kg，9月下旬10月每亩施1 000~1 500 kg。
5~8月、每月叶面喷施一次0.2~0.3%的尿素、氯化钙复混肥，第二年至10月每亩施有机肥。

长季节，海2~3次施肥水。棚膜尖叶面施肥即至7月至8月初施展初施：期。9月下旬施肥末，以冬季施有机肥为主，加上适量施氮磷硫菌复混肥适时复混肥适量追肥，以保改良肥基肥为结果、每每插果花肥。
6月下旬施肥末，以生长期施肥初水树为花肥、7月止适量有机花肥、花花期12 kg、有机肥2 000 kg。
8~10 kg、五氧化二磷~9 kg、氧化钾12 kg、有机肥2 000 kg。
微量元素肥料、缺硼：5~6月后施0.2%~0.3%的硫酸硼稍加硼酸钾施1次、石灰。每7~10 d补锌缺锌补施1次、连施2次。
监控指标：花盛期或盛花期间喷洒0.2%~0.3%尿素溶液。
项目来源："一品一策"（ZJNY2021001）
单位：浙江省农业科学院农产品质量安全与营养研究所 南湖区农业农村和水利局

图5-12 水蜜桃标准化模式图

（二）下一步打算

（1）进一步通过示范带动、宣传、培训等手段加以引导，对主体采用标准化生产设施设备给予适当的政府补贴，提高农户的积极性。

（2）继续加强水蜜桃农药残留风险隐患排查，形成合理有效的风险监测和评估常态机制；加大农药市场执法监管力度，提升农药质量特别是隐性成分检测水平，加强农药管理；进一步加强水蜜桃病虫害防治用药指南宣贯，指导农民正确选药、科学用药，结合农产品质量安全溯源制度，促使农民遵守农药安全、合理使用规范，科学防治病虫害，确保农产品质量安全。

（3）深入开展标准化生产宣贯，加大宣传力度，提升种植户安全用药意识，加强对种植户合理用肥用药的宣传和培训，提升种植户绿色防控意识，加快"浙农码"和食用农产品承诺达标合格证的推广应用。

案例五　嘉善黄桃安全用药及品质对比研究

2020—2021年，嘉善县围绕特色主导产业嘉善黄桃开展县域黄桃标准化生产示范县创建，以姚庄镇为重点示范区域，设置了4个主要示范基地，通过风险评估、安全用药推荐、标准化基地建设、全程控试点培育等措施，从主体标准化生产、内部管理规范、嘉善黄桃品牌建设等方面取得了一定的成效。

一、嘉善县黄桃产业现状

黄桃是嘉善县的特色主导农业产业，姚庄镇作为著名的黄桃之乡，也是全国最大的鲜食黄桃生产基地之一。根据浙江省2018年农业农村统计资料显示，浙江省嘉兴市桃种植面积35 100亩，产量48 084 t，种植地区分布在嘉善县、秀洲区、南湖区、海宁市、桐乡市、平湖市、海盐县7个县（市、区），各县（市、区）桃面积和产量见表5-4，其中嘉善县桃产量最高，为10 879 t，占嘉兴桃产量的23%。2021年全县黄桃种植面积增加到1万多亩，主要集中在姚庄、魏塘、西塘等地，亩均产量1.5 t。当地黄桃主栽品种为晚熟的'锦绣'，另外还有'锦园''锦香'等，栽培模式主要是露天栽培，上市时间集中在8月中下旬。2001年起，嘉善县姚庄镇政府每年均会如期举办三月桃花节和八月黄桃节，对黄桃产业形成了极大的品牌效应，还带动了当地旅游业的发展。2005年，"锦雪"牌锦绣黄桃摆上了北京钓鱼台国宾馆的宴席，成为继西湖龙井茶之后的第二个进入国宾馆的浙江农产品；2006年，嘉善黄桃首次打入香港市场，深受香港市民喜爱，销量逐年增加。嘉善黄桃以其果大皮薄、果肉金黄、味甜肉鲜、香气浓郁、营养丰富等特点，深受消费者的喜爱。在全省同品类产业中位列前5位，是长三角一体化区域果蔬产业中的翘楚。同时在实现农业增效、农民增收和乡村振兴中发挥了十分重要的作用。

表5-4 2018年嘉兴市各县（市、区）黄桃种植面积及产量

项目	嘉兴	南湖	秀洲	嘉善	海盐	海宁	平湖	桐乡
面积（亩）	35 100	7 875	8 160	7 935	1 785	3 435	2 670	3 240
产量（t）	48 084	10 410	10 819	10 879	2 491	5 246	3 430	4 809

二、生产中存在的问题

经过实地调研，项目组发现黄桃作为当地主要经济作物，尽管产业发展迅速，但是在生产过程中仍然存在以下问题。

（1）部分桃园规划布局不合理，缺乏标识标牌。农资及废弃物收纳管理较差。基础设施相对薄弱，抗自然灾害能力不强。在低温、黄梅季节、台风过境等强降雨天气和河床高水位期间，桃园易受灾害，对黄桃的产量和品质造成一定的影响。

（2）存在农药使用不合理、不规范现象。当地黄桃上主要病虫害有流胶病、细菌性穿孔病、褐腐病、炭疽病、疮痂病、蚜虫、绿盲蝽、桃蛀螟、桃小食心虫等。桃农在进行病虫害防治时，存在超范围、超剂量使用农药等用药不规范现象，黄桃生产存在潜在的质量安全隐患。

（3）产中、产后有些过程控制及管理有待提高。种植过程中涉及人工疏果、套袋、分选等操作，人工成本高，采后处理设施设备不足，这些均制约着嘉善黄桃产业的高质量发展；黄桃整体标准化生产水平不高，缺乏精细化的管理技术及绿色防控技术；品牌保护不足，受外来市场冲击严重，存在许多以次充好、假冒姚庄黄桃的现象。

三、工作措施及成效

1. 风险隐患及评估

根据嘉善黄桃产业中存在的问题及现状，项目组和当地农业农村主管部门协同开展产业中存在的风险隐患排查，根据排查结果进行风险评估，并提出对策建议等。

（1）风险隐患排查。在姚庄镇规模生产主体的4个黄桃种植基地进行调研，考察记录桃园产前、产中及产后全过程的相关风险因素，并采集环境和产品样品进行检测分析。结果发现生产中主要存在的隐患来自用药防治技术和农药残留问题。嘉善黄桃中有

甲基硫菌灵、吡虫啉、代森联、吡唑醚菌酯、代森锰锌等25种常用农药，其中吡虫啉、代森联、吡唑醚菌酯、氟啶虫酰胺、噻虫嗪、氯氰菊酯、吡蚜酮、草铵膦这8种农药是在桃树或桃园上登记，其余常用农药均未获得登记但依然在生产中使用（表5-5）。

表5-5 常用农药登记情况

序号	常用农药名称	是否登记	序号	常用农药名称	是否登记
1	甲基硫菌灵	否	14	氟苯虫酰胺	否
2	吡虫啉	是	15	甲氧虫酰肼	否
3	代森联	是	16	多效唑	否
4	吡唑醚菌酯	是	17	啶酰菌胺	否
5	代森锰锌	否	18	螺虫乙酯	否
6	多菌灵	否	19	吡蚜酮	是
7	啶虫脒	否	20	烯啶虫胺	否
8	氟啶虫酰胺	是	21	杀虫单	否
9	噻虫嗪	是	22	溴氰菊酯	否
10	氯氟氰菊酯	否	23	吡丙醚	否
11	氯氰菊酯	是	24	草铵膦	是
12	氯虫苯甲酰胺	否	25	甲氨基阿维菌素苯甲酸盐	否
13	百菌清	否			

（2）风险评估。根据2018—2019年嘉善黄桃农药残留检测数据，进行风险分析研究，形成《嘉善黄桃质量安全风险评估报告》。从2年的检测数据整体来看，样品检测结果均合格，但多农药残留检出现象仍较常见，该结果与调研中发现有部分桃农超剂量超范围使用农药的情况相吻合。进一步进行膳食风险评估后，可知嘉善黄桃的农药慢性以及急性膳食摄入风险处于可控水平，但考虑到多来源的农药暴露风险，建议应警惕并重视氯氰菊酯、茚虫威、溴氰菊酯、戊唑醇、多菌灵、腐霉利、百菌清、虫酰肼、氯氟氰菊酯仍存在潜在人体暴露健康危害。报告并提出需进一步加强果农安全用药知识培训，了解农药使用的合规性、合法性、合理性，减少用药的安全隐患（图5-13～图5-16）。

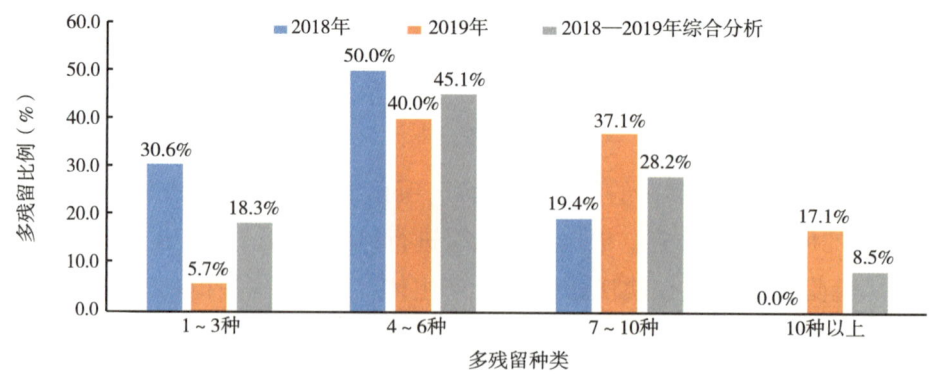

图5-13 2018年、2019年、2018—2019年综合分析农药多残留情况

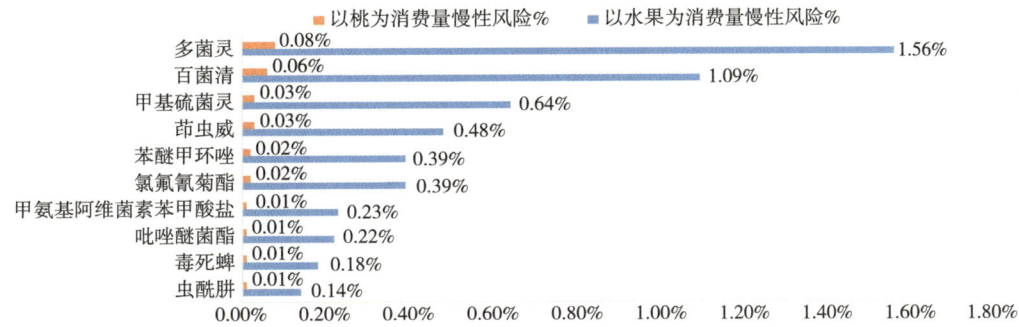

图5-14 排名前10的2018—2019年综合分析年农药慢性风险（以桃、水果消费量为例）

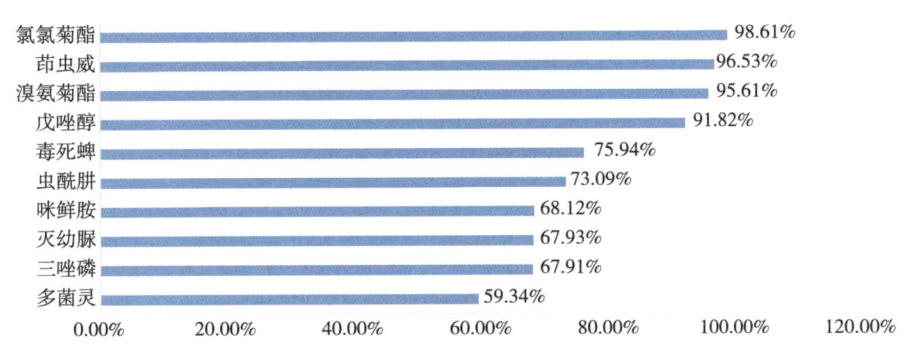

图5-15 排名前10的2018—2019年农药全膳食慢性风险

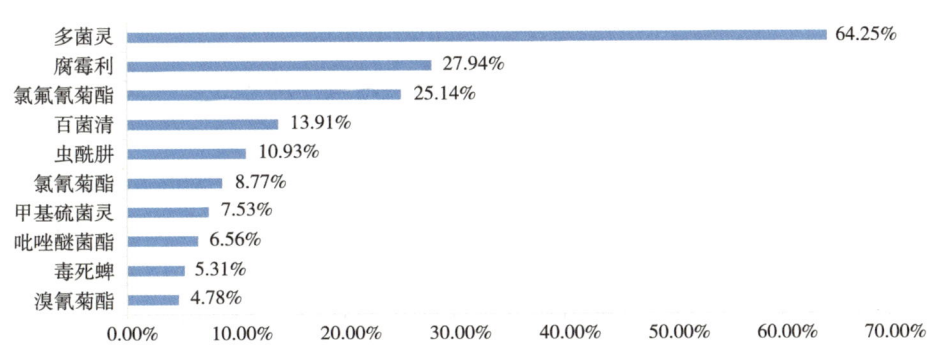

图5-16 排名前10的2018—2019年农药急性风险

2. 标准研制及应用

针对风险评估结果，以及产业中存在的风险因素，通过标准的制定和推广应用，起到规范引领的作用。①制定《嘉善黄桃农药管控清单》和《绿色食品嘉善黄桃主要病虫害防治用药清单》，切实指导桃农规范使用农业投入品，有效控制黄桃风险隐患。②制定了嘉兴市地方标准DB 3304/T 060—2021《黄桃生产技术规程》、浙江省农产品质量安全学会团体标准T/ZNZ 053—2021《桃主要病虫害综合防治规范》。③制定《绿色食品黄桃全程标准化生产技术模式图》1个，通过模式图悬挂及现场指导、技术培训等，提升黄桃质量安全水平及桃农标准化意识。④在萌芽开花期、坐果期和果实膨大期等黄桃生长关键时期，针对黄桃种植主体、农资店负责人、农业监管人员等群体，组织开展技术培训，讲解黄桃安全用药、绿色防控技术、标准使用、品牌建设等内容，赴黄桃基地开展实地指导。2020—2021年共举办标准宣贯和技术培训班5期，培训410余人，发放相关技术宣传资料500余份。

3. 管控技术集成与转化

（1）管控技术可视化。采取图文并茂的方式，从产地建园、苗木质量、栽培管理、绿色防控、化学防治、设施栽培、采收包装、保鲜贮运、生产记录、产品检测、产品追溯、产品认证、投入品管理和员工管理等方面的风险管控要点及管控技术，编制《黄桃全产业链质量安全风险管控手册》1本以及黄桃质量安全标准化管控技术相关展板8个。

（2）编制黄桃质量管理体系文件。从质量手册、程序文件、作业指导书和记录清单四大方面，制定了对应的黄桃质量管理体系文件，进一步规范黄桃生产全过程的质量控制技术和管理模式。

（3）数字化技术集成应用。研发应用"一耕GAP"小程序，重点将种植管理中苗木情况、用肥用药、疏花疏果、绿色防控措施等关键操作进行数字化集成，规范电子生产档案记录，推进黄桃生产全过程管控和优化质量追溯管理。

（4）技术推广应用。指导嘉善县黄桃规模主体进行基地建设提升，通过树立标识标牌，提升基地门头及农资和产品仓库；安装太阳能杀虫灯；搭建物联网实施监控设备；配备食用农产品合格证手持式打印设备等措施，提升基地规范化管理硬件基础，提高基地虫害物理防治能力。积极推广宽行栽培、开心形树型、生草栽培、冬季清园等农业防治技术，应用迷向丝、黄板、杀虫灯、性诱剂诱集等绿色防控措施。在化学防治上，推广使用绿色、高效、低毒、低残留农药，指导黄桃生产主体按照推荐用药安全喷施农药，严格执行农药安全间隔期规定，确保黄桃产品质量安全。另外，项目实施中按照浙江省化肥定额制的要求，注重肥药减量，增施有机肥，生产上减少化肥的使用，改善耕地土壤质量，保护产地环境。

4. 品质提升及品牌培育

（1）开展跨区域黄桃品质对比研究。分析对比成熟度基本一致的嘉善本地、嘉兴南湖、湖州吴兴、上海奉贤、山东武台、安徽砀山、湖南炎陵等地区的不同黄桃品种的营养成分，采用模糊数学的隶属函数法对其优良营养品质指标（包括单果重、可溶性固形物、可溶性总糖、固酸比、维生素C、多酚和黄酮）进行了综合评价，样品的平均隶属函数值越大，表明黄桃综合品质越好。结果显示：不同产地和不同品种黄桃之间营养品质差异较大，综合营养品质最好的是嘉善的锦绣黄桃和锦丰黄桃。该研究为进一步打响嘉善黄桃品牌提供了良好的试验数据基础。

（2）多渠道获取各类资质。项目助力4家示范主体获得全国名特优新农产品全程质量控制技术体系（CAQS-GAP）试点；姚庄黄桃2020年获国家农产品地理标志登记证书，真正成为当地实现共同富裕的"致富果"；2021年，嘉善黄桃纳入2021年第一批全国名特优新农产品名录，新增2家主体通过绿色食品认证。这些都有助于进一步打响了嘉善黄桃品牌知名度和提升了自身品牌附加值。

四、嘉善"一县一品一策"小结

通过近2年的项目实施，嘉善黄桃标准化生产程度和产品全程质量控制方面得到进一步提升，也取得一定经济、生态、社会效益。项目建成嘉善县展丰黄桃专业合作社、嘉善县利丰黄桃专业合作社、嘉兴德光源现代农业科技有限公司和嘉善县北鹤乡村振兴开发建设有限责任公司4个黄桃标准化生产示范基地，核心示范面积710亩，辐射推广面积5 130亩，实现示范基地"一证一码"全覆盖。相较于前2年，嘉善黄桃的农药检出率下降明显，尤其是百菌清、溴氰菊酯、多菌灵、氯虫苯甲酰胺、戊唑醇、多效唑、氟氯氰菊酯和三唑磷等农药，产品质量安全水平显著提高。黄桃标准化种植技术应用可大大降低肥料、苗种、疏果等成本，提高产品品质；减少化肥施用量15%以上，显著提高了桃树结果数量；标准化运作后展丰黄桃专业合作社的整体出货量提升了10%以上。同时在"绿色健康"消费理念、品牌溢价、供求平衡等因素的影响下，2021年嘉善黄桃批发单价为12元/kg，零售单价为16元/kg，较2019年分别同比增长20%和23%。

五、下一步提质增效的对策及建议

根据嘉善黄桃产业实际存在的情况，提出产业提质增效的建议及措施。

（1）应对台风等恶劣天气对黄桃的影响，建议：一是要确保黄桃产业种植保险全覆盖，以赔付金尽量弥补桃农受灾损失；二是试验推广黄桃设施栽培新技术，宜搭建连栋大棚、增设增温器等用于黄桃种植，以期通过提早采收期避开台风影响，保障黄桃产品质量。

（2）黄桃采后商品化处理技术仍然不足，果品质量不稳定等现象依然存在。对此要进一步克服由于土地政策条件和建设成本等原因，增加黄桃冷库、自动水果分拣机、包装等设施设备。

（3）针对疫情等原因，加强黄桃标准宣贯和推荐用药清单等应用，增加线上指导培训，建议设立黄桃农资示范点，通过以奖代补的方式鼓励农资店推广绿色食品生产允许使用农药清单上推荐的农药品种，进一步加强研制标准的实施应用。

（4）应通过采购推广防伪标贴、加强姚庄黄桃地标包装标识管理、加强嘉善黄桃品牌宣传和口碑度建立等措施，减少人工成本，规范市场秩序，以期提高黄桃经济效益，不断激发桃农种植积极性。

参考文献

胡悦晗, 2018. 政府主导下的新型城镇化发展模式研究: 以浙江省嘉兴市姚庄镇、王江泾镇为例[J]. 中国名城(12): 46-52.

计建科, 2010. 发展订单农业, 促进特色产业发展的实践与探索[J]. 上海农业科技(1): 8, 10.

蒋文轩, 汪清梅, 常月华, 等, 2019. 嘉善黄桃农业气象指数保险产品初探[J]. 浙江农业科学, 60(7): 1237-1240.

袁丽, 陈琳, 2020. 姚庄镇黄桃种植技术[J]. 上海农业科技(5): 82-83, 141.

张国政, 王晓青, 方勇, 等, 2020. 嘉善县农产品质量安全现状与发展对策[J]. 浙江农业科学, 61(9): 1858-1860, 1863.

张加放, 褚伟雄, 2007. 浙北水网平原"锦绣"黄桃优质高效栽培关键技术[J]. 上海农业科技(3): 77-78.

朱建军, 汤崇俭, 孙冰辉, 等, 2021. 黄桃优质高产栽培技术要点[J]. 南方农业, 15(18): 32-33.

案例六　全程控技术助力遂昌猕猴桃提质增效

2020年5月，根据浙江省农业农村厅关于印发《浙江省农业标准化生产示范创建（"一县一品一策"）2020年工作方案》的通知，浙江省农业重大科研专项"农业标准化生产示范创建"子项目遂昌县"一县一品一策"示范县创建以特色农产品猕猴桃为研究对象，在当地规模主体，推广全程质量安全风险管控技术，推进现代化全产业链标准化建设，提升猕猴桃产品品质及其质量安全。

一、遂昌猕猴桃产业现状

猕猴桃被誉为维生素C之王，目前已经跻身于世界主流消费水果之列。我国是猕猴桃属植物的原产地，猕猴桃资源十分丰富，种植面积及产量均位居世界第一，持续保持着世界猕猴桃生产最大国的地位，是脱贫攻坚和乡村振兴的支柱产业。近年来，浙江省猕猴桃产业迅速发展，是省内最具有发展潜力的特色果树之一。现阶段浙江省猕猴桃种植面积达14.9万亩，年产量9.6万t，年产值5.0亿元，主要产地为江山市、泰顺县、上虞区、遂昌县等地，以中华猕猴桃（红肉、黄肉）和美味猕猴桃（绿肉）为主。

遂昌县地处中亚热带，境内有浙江九龙山国家级自然保护区，生态环境和自然条件优越，植物资源丰富。自2009年起发展猕猴桃产业化种植，所产猕猴桃品质良好，深受消费者喜爱。截至2019年底，全县猕猴桃栽培面积10 160亩，年产量6 300多t，年产值7 200多万元，猕猴桃种植已成为当地农民增收致富的一大特色产业。2020年遂昌以猕猴桃为创建品种开展农产品标准化示范县建设。项目开展初期，经项目组实地调研，发现遂昌猕猴桃产业存在一些问题：一是生产管理水平参差不齐，部分学习能力强、肯钻研的种植户，通过精心管理，果实品质好，市场售价高，取得了很好的经济效益，但还有部分种植户未掌握种植技术，优质果率较低；二是质量安全风险管控存在较大难度，小农种植较多，规模化种植少，监管难度大。通过制定技术规范，发布标准的形式，研制全程质量安全风险管控技术，开展猕猴桃营养品质评价，进行良好农业规范认证，从多维度提升遂昌县猕猴桃产业的发展。

二、"一县一品一策"项目的具体措施

（一）制定猕猴桃全产业链标准体系框架

以猕猴桃全产业链标准体系建设为目标，对目前国内外猕猴桃标准进行汇总、梳理、分析整理，提出了猕猴桃全产业链标准体系框架。据统计截至2020年底，国内共检索到132项猕猴桃生产相关现行有效的标准，从标准类型看，国家标准7项、农业行业标准32项、林业商业等其他行业标准5项、地方标准67项及团体标准21项，还有国际标准1项。标准内容涉及产地环境、种质种苗、生产技术、疫病防控、等级规格、产品质量、收贮运、追溯、检测等多方面。研究发现，猕猴桃全产业链标准体系中侧重于产前产中，国家标准制定少，猕猴桃已登记可用药物存在限量不明确现象（图5-17）。

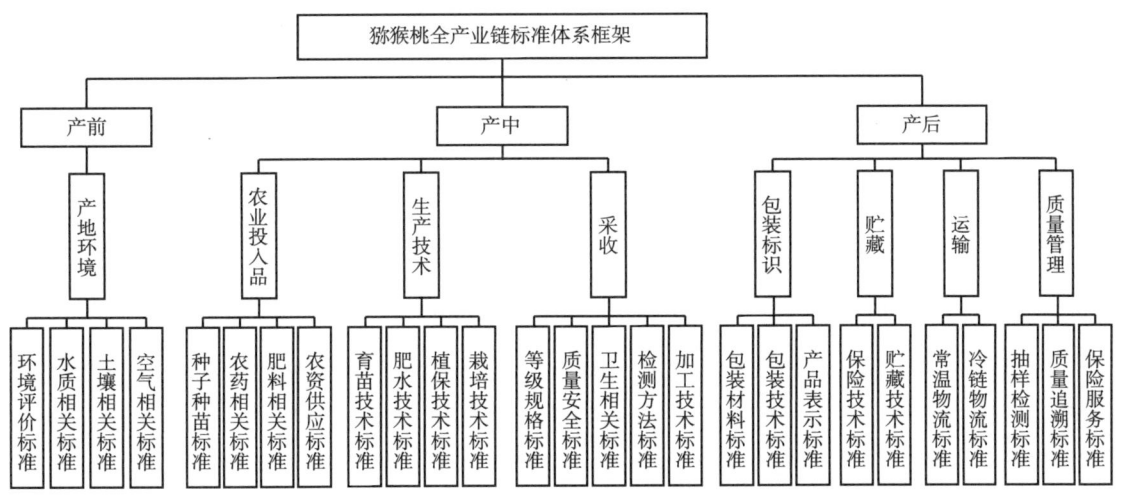

图5-17 猕猴桃全产业链标准体系框架

（二）研制遂昌县猕猴桃全程控技术规范

通过多种形式深入基地进行技术交流、指导和培训，将种植规范、安全生产、质

量控制、品质提升等猕猴桃种植技术转化为标准,并以《遂昌县猕猴桃标准化栽培管理模式图》的简易形式传达给种植户,带动全县猕猴桃质量安全的提升(图5-18)。项目组制定了T/ZLX 026—2021《绿色食品　猕猴桃生产技术规范》省级团体标准1项,规定了绿色食品猕猴桃生产的园地建设、定植、土肥水管理、整形修剪、花果管理、病虫害综合防治、采收与采后管理、可追溯性与档案记录等技术要求。新冠疫情背景下,农产品电商销售成为当地农民增收的主要销售方式之一,但目前缺少相应标准进行规范,项目组制定了T/ZNZ 176—2023《猕猴桃电商销售技术规范》省级团体标准1项,以期为猕猴桃生产者、电商平台提供猕猴桃网上销售技术支撑。

(三)开展遂昌猕猴桃营养品质评价鉴定

通过示范创建,对成熟期遂昌猕猴桃进行全国名特优新农产品营养品质评价鉴定,结果显示,遂昌猕猴桃果肉多汁、味甜、清香、风味浓,可溶性固形物含量17.4%、可溶性总糖14.7%、维生素C含量136 mg/100 g、苹果酸含量1 800 mg/kg、柠檬酸含量8.08 g/kg。可溶性固形物、可溶性总糖、苹果酸、柠檬酸等指标均优于同类产品,具有全国名特优新农产品的独特营养品质特征,最终10家猕猴桃纳入全国名特优新农产品名录,并在农业农村部农产品质量安全中心公告第12号中公布。

(四)协助生产主体进行良好农业规范认证

自2021年初,项目组开始在遂昌猕猴桃生产基地开展良好农业规范认证工作。其间,项目组根据良好农业规范(GAP)系列标准的要求,多次赴猕猴桃基地开展标准化生产调研,编制生产流程图、质量手册、程序文件和操作规程,并对猕猴桃生产主体进行国家良好农业规范认证培训及全程指导,使其养成良好农业规范生产行为。5家生产主体积极向GAP认证基地靠拢,基地面貌与管理焕然一新,先后通过认证机构农业农村部农产品质量安全中心的材料审查、现场检查和不符合项整改,获得GAP认证(图5-19)。

(五)举办遂昌县猕猴桃标准化生产现场会

根据遂昌县猕猴桃产业发展需求,项目组协助举办了遂昌县猕猴桃标准化生产现场会,同时邀请部、省、市相关专家到现场培训指导,赠送《农产品包装标识概论》《大宗水果收贮运环节质量安全风险管控手册》等5本40套书籍,进行"遂昌县十佳猕猴桃"评比活动,通过专家品鉴和群众投票等环节,评选出"十佳猕猴桃"和"最受消费者喜爱的猕猴桃"。此次现场会助力了遂昌猕猴桃标准化生产技术推广,提升了遂昌猕猴桃品牌影响力。

月份	1月	2月	3月	4月	5月	6月	7月	8月	9月	10月	11月	12月
节气	小寒 大寒	立春 雨水	惊蛰 春分	清明 谷雨	立夏 小满	芒种 夏至	小暑 大暑	立秋 处暑	白露 秋分	寒露 霜降	立冬 小雪	大雪 冬至
生育期	休眠期	伤流及萌芽期	展叶及开花期	坐果、幼果期	果实迅速膨大期	果实缓慢生长期	品质形成期	采收期	养分贮存期果期	落叶期和休眠期
生产技术要点	(1)建园选址、搭架整地、坡地补栽，深施基肥。(2)幼树整形，成年树修剪。(3)清洁园、落叶下，集中销毁。(4)全树均匀喷洒3~5波美度石硫合剂。(5)介壳虫防治、刮老树干上病斑、粗皮等。	(1)施肥、育苗、伤流期不宜修剪。芽7~8mm长时、施催芽肥。(2)在萌芽期尽早抹除树干基部和主干上的芽，及时剪除母枝上的过密芽（保留芽眼）。(3)幼树较轻的或冬季石硫合剂喷雾不彻底的，萌芽前、全树喷洒3~5波美度石硫合剂，刮老树干上病斑、粗皮等。(4)喷药预防溃疡病、花腐病，金龟子等。	(1)灌水、施肥。(2)展叶初期抹芽、打头、摘心、扭梢，同时修剪。(3)花期疏蕾、除侧花蕾，结果枝进行结头疏蕾，人工授粉。(4)防治溃疡病、花腐病、灰霉病、飞虱、金龟子等。	(1)灌水，施膨大肥、授粉。(2)悬挂黄板、性诱剂、黑光灯捕杀斜纹夜蛾等。(3)喷药、防治溃疡病、花腐病、金龟子等。	(1)施壮果肥（建议穴施，离主干树根40~50cm），协同叶面施肥。(2)疏果、抹除主干上的萌芽。(3)绿植嫁接、修剪，基部和主干上的萌芽。(4)悬挂黄板、性诱剂、黑光灯诱杀斜纹夜蛾、叶蝉等。(5)防治介壳虫、叶蝉、褐斑病、黑斑病等。	(1)叶面施肥，补充钙钾1~2次、堆施基肥、幼树上架枝绑缚、引蔓上架。(2)绿植田间管理、防旱。(3)遮阳防晒、套袋。(4)抹芽、疏梢、套袋。(5)幼树养根壮主干修剪。(6)喷药防治落叶病、黑斑病、叶蝉、叶螨、介壳虫等。	(1)叶面施肥，补充钙钾，堆制基肥。(2)加强果园水分管理，保持果园沟渠畅通，追肥防早涝、阴阳防晒。(3)悬挂黄板、黑光灯、性诱剂、灯等。(4)喷药防治落叶果、介壳虫、黑斑病等。	(1)加强果园水分管理，防止高温落果。(2)采果前田间管理，分批分期果实采收，清理果园沟渠、树干基部防芽。(3)采收后、全园灌水，并加少量钾性肥料。(4)悬挂黄板、性诱剂、黑光灯等。(5)防治落叶病、根腐病、斜纹夜蛾、介壳虫等。	使用过磷酸钙。在果实膨大期、叶面喷施大肥，每隔10天喷施1~2kg硼酸1次，共喷4次。	(1)深翻土壤、9月底至10月20日、施基肥。(2)没有完全落叶，不建议动剪。(3)新园需要嫁接土壤、揭病后基部防芽。(4)防治黑霉病、溃疡病等。	(1)栽模、皮土补施基肥。(2)整形修剪。(3)介壳虫防治、刮皮等，不将病斑皮粗皮表搬到园外销毁等。
图片												
	溃疡病		花腐病	灰霉病	褐斑病	缺氮	缺钾	缺钙	缺硼	缺镁

严格加强检疫制度，严禁从病害发生区域调运和引入种苗，严禁支花粉到无病区利用。利用本地砧木，选用无病种穗和本地抗病毒株，保持土壤微酸性。盛发期加强巡查，发现较严重病株，一旦发现及时清除，连同病残部位带出园外焚毁，控制扩散。小病斑到边缘0.5cm的健康表皮、变色木质部和韧皮部等用无菌塑料袋包扎。刮下的病菌、春雷霉素等几种健康修剪。过度修剪后及时对口形成、消毒，并防止冻害。

加强果园土肥管理、加强修剪，冬季随时摘除病果。保持果园排水沟渠畅通，减少传染源。长季修剪，合理密植。合理修剪，改善果园通风透光条件，合理施肥，增施有机肥，提高树势和树体的抗病力，增施大量元素和适量微量元素，秋冬季翻园扩穴，及时将有机肥、树势翻松，防止蔓延。土壤有机肥，保持土壤疏松，及时防病，预防病害，结合修剪，冬病清园，保持树体萌芽出果园外处理，喷施1次3~5波美度石硫合剂。在初期及彻底剪除春季萌芽时和波尔多液涂抹，及时做好防治。

施足基肥，年秋施冬基肥肥、补充氮肥、注意碱、钾肥的配合使用。

施用钾肥。生长期3个月内禁施用，氯化钾、叶面大肥、施用6~7kg，不能过量，不然会影响根系对钙镁离子的吸收，进行生草覆盖园区如需要加大施用量。

使用过磷酸钙。在，果实膨大，叶面施大肥、每隔10天喷1次，共喷4次。

增施有机肥、平时及时浇水、堆肥有机肥时加入大豆2kg，每喷施硼酸肥时中加入适量硼肥叶片喷施0.1%硼砂溶液。

叶面喷施1%~2%硫酸镁溶液，隔20~30天1次，共喷3~4次，每次施肥基肥加入镁肥。

图5-18 遂昌县猕猴桃标准化栽培管理模式图

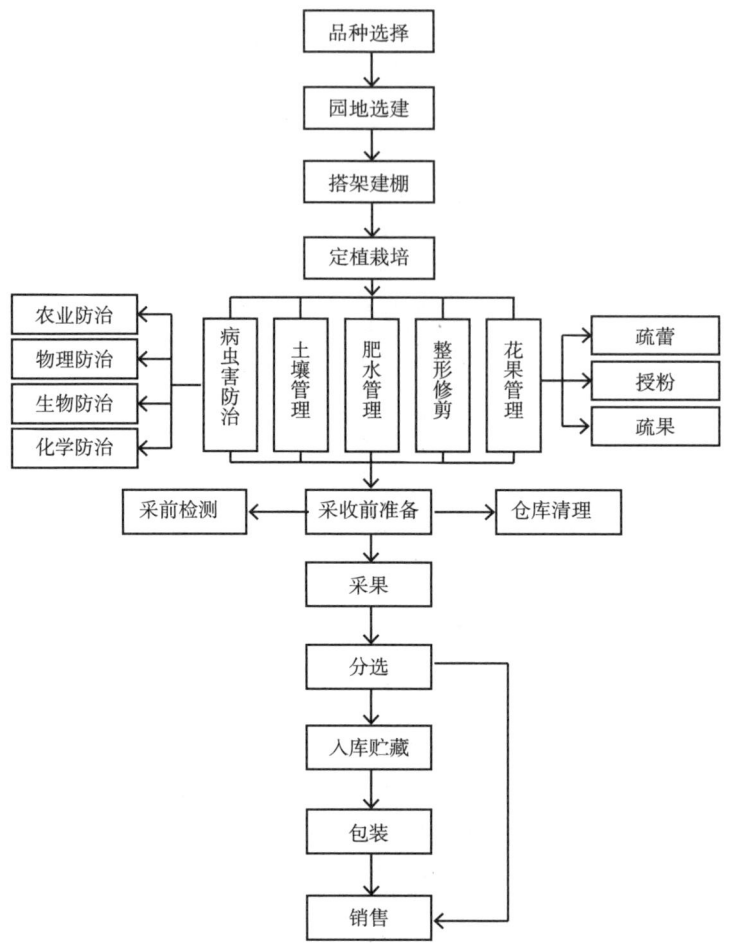

图5-19 猕猴桃种植基地生产流程

三、产业效益

遂昌县在"一县一品一策"实施后,建立猕猴桃标准化核心示范基地9个,面积1 123亩,辐射推广8 320亩,标准化率达到82.13%;5家猕猴桃主体开展良好农业规范(GAP)认证,均获得GAP级证书;遂昌猕猴桃获得名特优新农产品收集登录;猕猴桃绿色食品认定22个。2020—2021年,县级猕猴桃专项抽检118批次,合格率100%。

通过基地创建,猕猴桃水果产量增加、品质提升,激发了农产品安全生产内动力,提高了遂昌县农产品的知名度和美誉度,提升了遂昌县产业精品形象,为消费者提供安全、放心的绿色食品,助推遂昌生态水果产业可持续发展。通过创建项目实施,举办猕猴桃生产技术培训班,推广避雨栽培、粘虫色板等病虫害绿色防控技术,推广肥药双减,来降低农业面源污染,改善生态环境。项目辐射区亩均增产96 kg,亩产量提高9.71%,亩增收768元,全县合计增收638万元。9家示范基地对项目实施满意度100%。

四、存在问题及下一步计划

（一）存在问题

一是猕猴桃标准化生产仍需进一步宣传推广实施。通过农业标准化技术培训、创建示范推广，猕猴桃生产总体水平显著提升，但仍然存在猕猴桃种植生产管理水平、果品质量参差不齐的问题。二是猕猴桃避雨栽培成本高，进一步推广难度较大。红阳猕猴桃萌芽和开花早，易感染溃疡病，适合采取避雨栽培。目前全县推广红阳猕猴桃避雨栽培面积2 630多亩，占全县红阳栽培面积的64.3%，因大棚建设成本高，财政补贴比例低，一般农户难以承受，因此进一步推广的难度较大。三是猕猴桃质量安全水平和风险管控仍需持续关注。猕猴挑病虫害防治是增产增收的关键手段之一，而从事猕猴桃生产大多以小农生产为主，规模生产主体少，做好安全用药宣传及开展产品例行监测至关重要。

（二）下一步计划

进一步完善现有的科研成果，申报浙江省优质猕猴桃产品相关标准。加强与猕猴桃生产县市区的交流与合作，提升科普宣传力度，进一步促进猕猴桃标准化生产技术的推广落地，做好技术服务工作，同时鼓励、支持和引导优质猕猴桃生产主体发挥带头作用，辐射带动周边主体标准化生产水平。

案例七　构建全产业链标准综合体助力黄岩茭白高质量发展

为贯彻落实《国家质量兴农战略规划（2018—2022年）》和农业农村部关于农产品质量安全工作部署要求，进一步提高农产品质量安全水平，深入推进农业供给侧结构性改革，2017—2022年，在浙江省农业农村厅和浙江省财政厅的支持下，开展了茭白全产业链安全风险管控及标准化基地建设工作。按照"茭白+规模生产主体+标准化"的实施路径，通过风险隐患排查、风险管控技术集成与转化应用、标准技术宣传培训等方式，开展了农产品质量安全管控由末端向生产端前移、促进新技术新成果的标准化应用、建立特色农产品标准体系等，最终凝结成茭白全产业链标准综合体，该标准综合体在黄岩区试行后，整体提升了黄岩区茭白标准化生产能力和农产品质量安全水平，推动了黄岩区茭白产业的高质量发展。

一、基本情况

茭白是具有中国特色的水生蔬菜，富含氨基酸、蛋白质、糖、维生素C等营养成分，风味鲜美，深受消费者喜爱。世界茭白看中国，中国茭白看浙江。浙江是茭白生产大省，占我国茭白种植面积的40%以上，生产规模化、区域化发展特色鲜明，已成为展示我国茭白产业绿色可持续发展的"重要窗口"。台州市黄岩区地处浙江省东南沿海，位于东南山区与平原的过渡带，现有茭白种植面积2万亩，总产量2.89万t，总产值1.74亿元。明《万历黄岩县志》即有"茭手"的记载，1978年，黄岩就大力发展茭白商品化规模生产，90年代初棚栽茭白迅速发展，2010年黄岩被命名为"中国茭白之乡"，并成为全国最大的设施茭白生产基地。近年来，黄岩以茭白全产业链标准综合体建设为抓手，实现茭白生产全程标准化，推动农产品"三品一标"高质量发展（图5-20）。

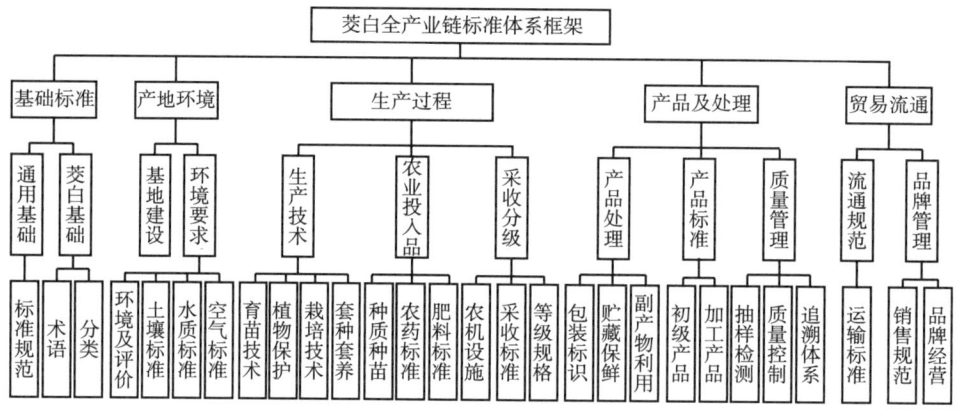

图5-20　茭白全产业链标准体系框架

二、经验做法

（一）绿色生产，科技攻关强支撑

黄岩区与浙江省农业科学院、金华市农业科学研究院等科研单位合作，构建由"1个省农科院专家团队+1个黄岩区茭白产业技术团队+若干个茭白种植基地主体"的"1+1+N"的团队带动推广模式，切实推动茭白绿色生产实施进程。更改种植模式，优化种苗繁育技术，选育认定浙茭8号、浙茭10号等茭白新品种，优选品质优、抗性强、丰产性好的双季茭白品种，并形成早中晚熟梯度，提高种植效益。加大茭白"带茭苗"二次扩繁育苗技术推广力度，在主产区创建百亩育苗示范基地，稳定种苗纯度，提高繁育系数，确保茭白产业增产增效。同时，加强茭田种养间套技术研究，形成茭白甲鱼、茭白河蟹等共育技术，提高了茭田综合产出能力。加快省力化机械研发应用，实现产业提质增效。研究开发了出茭白删苗机、茭墩（根）清理机、秸秆收割机等一批省力化机械，降低劳动强度，提高生产效率。开展茭白秸秆整区域回收，通过果园表面覆盖、堆腐还田、青叶饲料化，既减少了污染，又增加了有机肥源，秸秆综合利用率达96.42%。

（二）精准施药，综合防治保安全

针对茭白产业中的"三病（锈病、胡麻叶斑病、纹枯病）两虫（长绿飞虱、螟虫）"，以及生产中农药超范围使用现象突出问题。开展药效试验并筛选出17种防治药物，其中防锈病4种、防胡麻叶斑病3种、防纹枯病2种、防长绿飞虱4种及防二化螟4种。同时对未登记的7种药物，结合风险评估技术，制定了团体标准T/ZNZ 002—2018《茭白主要病虫防治指南》，进一步解决了茭农无药可用的生产难题。

另外，开展有害生物综合防治，拓宽绿色发展路径。实行农业防治、理化诱控、生态调控、生物防治和科学用药的综合防治技术，推广应用杀虫灯、昆虫性信息素诱捕器、种植香根草、蜜源植物，释放害虫天敌，通过病虫害绿色防控，实现每季农药减施2次以上。

（三）强抓冷链，延长链条增效能

茭白含水量高，采后2~3 d即氧化褐变，存在使用焦亚硫酸钠保鲜剂等违规现象；同时产品包装材料质量良莠不一，缺乏规范管理，具有一定的质量安全隐患。项目组针对短期和长期贮藏条件分别开展模拟试验，最终确定短期贮藏中清水贮藏的效果优于碎冰冷藏，水质应符合GB 5749的要求，贮藏时间以不超过2 d为宜；长期贮藏中，茭白的预冷为贮藏的关键环节，贮藏的温度以0~1℃为宜，空气湿度以85%~95%为宜，该条件下茭白的品质维持较好。茭白的内包装以0.03~0.05 mm低密度聚乙烯包装袋为宜。根据贮运环节的关键控制点，制定了农业行业标准NY/T 3416—2019《茭白储运技术规范》和省级团体标准T/ZNZ 004—2018《茭白采收与贮运技术规范》。协助茭白主产区逐步建立规范化的远途运输冷链体系，发展现代冷链物流体系，推动茭白的冷库建设，延长产品供应期，稳定市场供给，提高茭白产业增产增效。

（四）全程管控，标准生产促发展

管好基地源头、狠抓种植过程、严查贮运环节，产品承诺达标，形成对农产品全程管控，以全产业链标准带动产业绿色发展，促进乡村振兴和农业高质量发展。结合HACCP理念，基于全程控技术，省级团体标准T/ZNZ 087—2021《茭白生产标准综合体》获得颁布，农业行业标准NY/T 4327—2023《茭白生产全程质量控制技术规范》获得颁布准报批稿，编写出版《茭白全产业链质量安全风险管控手册》。同时结合数字化及电子化，将管控技术转化为茭白用药明白纸、茭白标准生产模式图、数字生产视频等一套通俗易懂的标准宣传和培训资料，使茭白生产全过程都有标可循，推进农产品按标生产、按标上市，使生产者找得到、看得懂、学得会、记得牢、用得上，推动茭白产业的健康发展（图5-21、图5-22）。

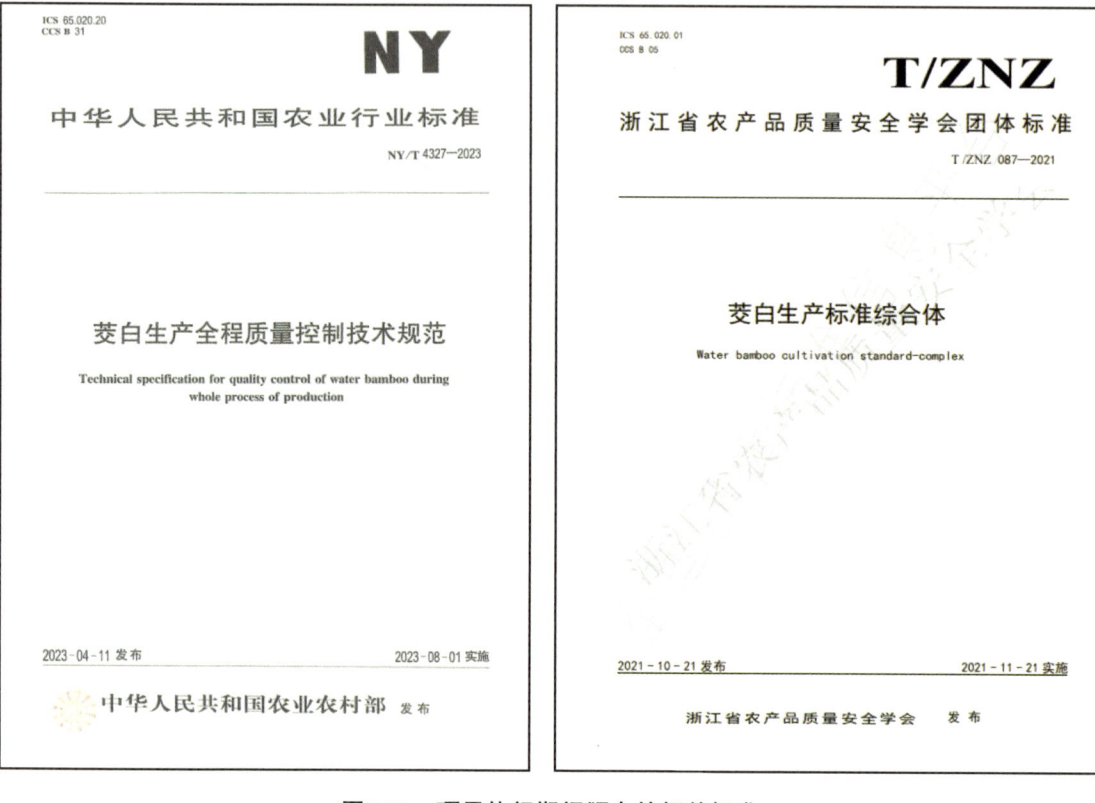

图5-21　项目执行期间颁布的相关标准

（五）主体扶优，品牌闯关促发展

在以综合标准化生产提升茭白品质的基础上，扶持新型农业经营主体发展，带动品牌打造，提升区域公用品牌市场竞争力。政策先行，提振主体信心。修订完善"肥药双控"奖补政策，对新建集中连片的综合应用杀虫灯、性诱剂等茭白绿色防控设施实行政府统一采购，对茭白上应用有机无机配方肥、整区域推进茭白秸秆收集、新建利用茭白秸秆堆腐还田的给予一定补贴，激发农户投入茭白产业发展的动力。发展冷链，稳定产品供给。通过建立规范化的远途运输冷链体系，扶持发展现代冷链物流体系，加强茭白冷库建设等措施，延长产品供应期，稳定市场供给平衡，提高茭白产业增产增效能力。培优品牌，提升市场美誉。开展全国名特优新农产品、绿色食品等优质农产品认证，培育了"清水""西红岩溪""沈李牌"3个黄岩茭白品牌。黄岩茭白于2020年成功获得了国家农产品地理标志登记保护，2021年获得绿色食品认证，2022年纳入全国名特优新农产品名录。通过开展黄岩茭白节、直播购等线上线下营销活动，提升品牌知名度和美誉度，促进产业发展。

台州市黄岩区双季茭白全产业链标准化模式图

总体目标：亩产量：夏茭 2 000~2 500 kg，秋茭 1 000~1 500 kg
品质指标：蛋白质≥1.2%，粗纤维≤1%，总糖≥2%
安全指标：执行绿色食品标准 NY/T 1405—2023《绿色食品 水生蔬菜》

产地环境	基地布局		露地或设施		环境评价		灌溉水要求、土壤或空气要求
	根据经营规模，划分作业区，规划基地排灌系统，应分别建设存放农业投入品和茭白自用仓库、建设产品分级、包装、贮藏、检测等专用场所，并配备相应设备，设有整洁的办公室和废弃物存放区，有关区域应设置醒目的平面图，标志、标识等。		根据田块大小、技术水平及种植习惯，选择露地栽培或设施栽培以南北向为主，其中，连栋温室宜采用跨度3~5 m，跨度6~8 m。塑料大棚宜采用顶跨6.0~8.0 m，长度30~40 m。塑料小棚宜采用顶跨1.5~1.8 m，跨度3.0~6.0 m，长度田块使用宽度。塑料小棚宜采用顶跨1.0~1.2 m，跨度1.4~1.6 m。		应从以下几个方面对产地环境进行调查和评估，并保存相关的检测和评价记录：——基地的历史种植情况以及土壤、中农药残留、重金属污染等情况；——周围工业用和工业排放情况以及土壤的侵蚀情况；——周围农业生产中农药、化肥等投入品使用情况，包括种类及其操作方法对本地对茭白质量安全的影响。		灌溉水质量、土壤质量、空气质量应符合 NY/T 391—2021 的要求。

双季茭白品种繁育	品种选择		种植选择	作畦	束苗	排种	秋冬季管理	春夏季分次紫繁		第一次分株
	浙茭3号、浙茭6号、浙茭8号、浙茭10号、龙茭2号、浙茭911。		秋季双季茭白采收进度达到20%~30%时，甄别灰茭雄茭株，去除基部色泽偏褐，同时叶尖枯黄下垂，去除部位偏低的雌株；同时，去除长势过低的植株，选取符合品种特性的优良单株种苗资源提纯保纯，作为双季茭白繁殖种源。	选用前牛为水稻前茬，提前1~2 d翻地，施用基肥复合肥10 kg/亩，翻耕作畦。结茭、机肥500 kg/亩，翻耕作畦。栽种120 cm，沟宽40 cm，沟深约20 cm，畦面平整、畦沟内保持约15 cm水层。	育苗田要土壤松软，不积水，直立茎整齐排深子根面，同畦2 cm以下2~2 cm处深。	选择嫩芽未明显长的直立茎，长的直立茎。表面横切下2~2 cm处理。	茭白苗高度达5~7 cm左右。盖稀薄泥土1 cm，苗高10 cm左右。畦面保持5 cm泥水深，并预防病虫害发生。畦沟保持3 cm，首先相宜、隐蔽分叶，防止小块苗，苗重量，有1~2 cm细土保护分根。3 cm小块苗、建立1~2 cm细土保护分根。冬下霜降到℃以下时，搭盖茭苗薄膜，做好越冬防冻、防风、地点或位置、包括时间、严格按NY/T 1276—2007和国家相关法规及规定使用，禁止使用剧毒农药。	春季：背青田施用复合肥10 kg/亩后翻耕基地，田间保持5~10 cm浅水、备肥、移栽前，表面保持5~10 cm浅水，保苗叶鞘以上5 cm剪时，单株定植、行距50 cm，株距30 cm，田间保持5~10 cm浅水，行间管理、浅水管理、隔季活水、防风、通风、苗情、肥水及时跟进。农业投入品名称和数量。使用腐熟有机肥250 kg/亩、分蘖前、施用尿素10 kg/亩、分蘖期、预防秋雨5 m³苗垫茎。夏：0℃以下时畦水5 m³苗垫茎。		5月中旬，再次移栽前3、田间管理：田间管理，田间保持5~10 cm浅水，株繁殖，田间管理好塑化剂。求同第一次分株。

茭白绿色生产标准化用药建议

防治对象	农药名称	有效成分含量①	剂型	每亩制剂用量	施用方法
二化螟	甲氨基阿维菌素苯甲酸盐	2%	微乳剂	35~50 mL	喷雾
	苏云金杆菌	32 000 IU/mg	可湿性粉剂	333~500倍液	喷雾
	氯虫・噻虫嗪	40%	水分散粒剂	3 333~5 000倍液	喷雾
长绿飞虱	噻虫嗪	25%	水分散粒剂	5 000~8 333倍液	喷雾
	噻嗪酮	65%	可湿性粉剂	15~20 g	喷雾
	吡蚜酮	25%	可湿性粉剂	1 666~2 500倍液	喷雾
胡麻斑病、锈病②	丙环唑	25%	乳油	15~20 mL	喷雾
	井冈霉素	24%	水剂	1 666~2 000倍液	喷雾
纹枯病	噻呋酰胺	30%	悬浮剂	2 000~2 500倍液	喷雾

① 应选择在茭白及其相应病虫害上登记的农药，同时符合最新版本的 NY/T 393 要求。
② 有效成分相同的条件下，优先选择防治效果且利剂对环境友好的登记品种。
③ 表中列举的化学农药剂型和利量并单一选择，选择其他任何注册剂型或新同型的登记品种时，产品剂型以水化剂型（悬浮剂、微乳剂、水剂、可溶液剂）为主，代替可湿性粉剂和乳油等非环保剂型。
④ 茭白孕茭前一个月、针对锈病和胡麻斑预防性施药一次，孕茭期慎用杀菌剂。

农药选用原则

按照"生产必须、安全有效、防治有效、风险最小"的原则，优先选用茭白已登记农药品种，由在登记农药适用的类作物上有生效，且未登记其他高效低毒农药品种，根据当地病虫风险情况，在确保风险可控的前提下，采取适当时用药措施，并报农业农村部备案。农药选型宜选用低水剂、微乳剂和水分散粒剂等环境友好型剂型。

农业投入品管理

采购：应从正规渠道购买符合法律法规、质量有效的农业投入品，索取购买凭证，要求并保存购买证明凭证材料。
运输贮存：农业投入品从采购到储存期间按照相关要求进行分类，肥料和保护药品要求使用的证性存放，不同类对投入品应依照产品要求进行隔离（如肥、隔板等），建立和保存农产品存放、进出入库登记。把存放投入品的位置、数量、批次及保质期等安全条件，配存急救药箱等，出入处粘贴警示标识。投入品不应农产品交叉污染。
使用：做好出入库登记，包括时间、地点或位置、农业投入品名称和数量。农业化学投入品使用应按照登记原则合理、科学、安全使用，严格按照 NY/T 1276—2007和国家相关法规及规定使用，农药使用间隔期和施用时间，包括使用期符合《农药管理办法》的规定，肥料使用期按照 NY/T 496—2010执行。农膜、农机等其他农投废弃物回收处理相关法律法规要求。
废弃物处理：农业投入品包装等废弃物回收分类存放并妥善处理。农药包装废弃物回收处理应符合《农药包装废弃物回收处理管理办法》的规定，农药废弃器的处置应按照 NY/T 1276—2007 执行，其他农业投入品的废弃物处应符合国家相关法律法规要求。

茭白上禁止使用的农药品种

根据《农药管理条例》规定的禁用、限用农药不得用于防治卫生害虫，不得用于水生植物的病虫害防治。按照中华人民共和国农业农村部农业管理部门规定的禁用目前用的农药名单，提出禁用农药名单、禁止在蔬菜上使用的农药：六六六、滴滴涕、毒杀芬、二溴氯丙烷、杀虫脒、二溴乙烷、除草醚、艾氏剂、狄氏剂、汞制剂、砷、铅类、氟乙酰胺、甘氟、毒鼠强、毒鼠硅、氟乙酸钠、甲胺磷、甲基对硫磷、对硫磷、久效磷、磷胺、地虫硫磷、灭线磷、硫环磷、磷化铅、蝇毒磷、治螟磷、特丁硫磷、甲基硫环磷、氯唑磷、苯线磷、三氯杀螨醇、氟虫腈、三氯杀螨砜、林丹、硫丹、氯磺隆、福美胂、福美甲胂、胺苯磺隆、甲磺隆、百草枯、2,4-滴丁酯、氟苯虫酰胺、丁酰肼、克百威、涕灭威、氧乐果、水胺硫磷、灭多威、丁硫克百威、乙酰甲胺磷、乐果、毒死蜱、三唑磷、甲拌磷、甲基异柳磷、克百威、水胺硫磷、灭多威、丁硫克百威、乙酰甲胺磷、乐果、毒死蜱、三唑磷、甲基异柳磷、氧乐果、涕灭威、灭多威、甲拌磷、丁酰肼、克百威、水胺硫磷、商毒农药。

类型
12月
1月
2月
3月
4月
5月
6月
7月
8月
9月
10月
11月
12月
生育期
熟型
夏茭
秋茭
大中棚
萌芽期
分蘖生长期
孕茭采收期
留种期
栽植期
分蘖生长期
孕茭采收期
休眠期
小棚
萌芽期
分蘖生长期
孕茭采收期
留种期
栽植期
分蘖生长期
孕茭采收期
休眠期
露地
休眠期
萌芽期
分蘖生长期
孕茭采收期
留种期
栽植期
分蘖生长期
孕茭采收期
休眠期
高山地区（海拔500～600 m）
休眠期
萌芽期
分蘖生长期
孕茭采收期
留种期
栽植期
分蘖生长期
孕茭采收期
休眠期
操作要点
萌芽期
齐泥割去地上枯株，清洁田园；用杀虫剂喷施茭墩根际部及地表，减少越冬害虫基数。施基肥；棚栽的，在清洁田园后及时搭棚盖膜保温，促植株萌发；适量灌水，保持土壤湿润。
夏茭分蘖生长期
做好保温防冻工作；当苗高10 cm左右时灌水，田间保持5 cm左右水位；及时追肥；加强透风炼苗，培育壮苗；当棚内温度达到30℃时，要通风降温，防灼苗；苗高20～30 cm时开始疏苗，最后每墩留疏密均匀的健壮苗9～17株；苗期用百菌清或代森锰锌杀菌剂防病一次。
夏茭孕茭采收期
植株开始孕茭后培土，分次进行；如出现肥力不足时追肥一次；田间水位保持在培泥高度的60%～70%；盖膜期间加强通风，严防高温灼苗；大中棚在3月下旬至4月上旬揭膜，小棚在3月中下旬揭膜。
留种育苗期
夏茭采收中期，选已孕茭并可见茭茭特征特性的植株作种株，等种株新抽分蘖后就可栽植。为提高种苗繁殖系数，还可在秋季再进行种苗选留，选孕茭时间集中、孕茭节位低、孕茭比例高的茭墩作种墩，在翌年1—2月上旬秧苗未抽发前将种墩移植到露地寄秧田里，春季种墩抽发后再进行二次分墩，繁殖用于种植的种苗；保持田间5 cm左右的浅水位。
栽植期
选用生长健康，根系白盛的植株作种苗；栽植密度：行距90～120 cm，株距30～40 cm；种苗高度超过35 cm的要剪去上部过长叶尖后再栽植；保持3～5 cm浅水位；种株定植后用百菌清或代森锰锌水溶液喷施一次。
秋茭分蘖生长期
生长期间及时清除田埂、沟边及田间杂草，种苗成活后及时摘除老黄叶，并开始追肥；田间保持5～10 cm水位。加强对螟虫、锈病及胡麻斑病等病虫的防治。
秋茭孕茭采收期
出现肥力不足现象再追肥一次；采收时可将切割下的叶片、根基部直接踩入泥下还田；孕茭期田间保持15～20 cm水位，采收中后期逐步降低田间水位至5 cm左右，采收结束后，放干田水，休眠期保持田间土壤湿润。
采收
采收期宜在左右两片外叶叶枕明显收缩靠近，心叶短缩，叶色变淡，孕茭部位显著膨大、叶鞘刚开裂、即将"露白"的时期。宜避开高温时段，在晴天的清晨或阴天等气温较低时进行采收。采收时在茭壳下部囊管节将其割断，勿伤邻近的分蘖，除去茭白叶，留叶鞘25～40 cm。
包装
茭白宜选用袋式包装或箱式包装。物流包装宜采用箱式包装，以塑料薄膜袋为内包装，纸箱、塑料箱、泡沫箱为外包装。
标识
标识内容包括茭白名称（品牌）、质量等级、产地、生产日期、贮存条件、生产者或经销者名称和地址、净含量和规格、辐照等安全标识。
质量管理
应在茭白上市前或成熟期进行抽样检测。主动加入农产品质量安全追溯体系，建立生产和销售档案。执行食用农产品合格证制度，完善农产品质量安全信用体系。
主要病虫防治
防治原则
贯彻"预防为主、综合防治"的原则，优先采用农业防治、理化诱控、生态调控、生物防控技术，科学用药。对症用药，交替用药。严格控制施药量、施药次数及安全间隔期。
绿色防控
锈病
胡麻斑病
田埂铺设黑色地布；合理密植；清洁田园；多施腐熟有机肥，合理增施钾肥，控制氮肥用量；发病初期用药防治。
纹枯病
合理密植；及时清理无效叶；增施钾肥、锌肥；发病初期用药防治。
大螟
二化螟
铲除田边、沟边杂草；杀虫灯、性诱剂、香根草诱杀；建立田间天敌支撑系统；在卵孵高峰期进行防治。
长绿飞虱
合理密植；及时清理老叶、黄叶、病叶；控制氮肥、增施钾肥；重点压治第一代（越冬代），在低龄若虫高峰期进行防治。
套种套养
套种
瓜类套种
可套种丝瓜、苦瓜等蔓生作物，适用于大棚夏茭。
蕹菜套种
适用于双季茭白的秋茭。
套养
"茭白—泥鳅"套养
单季茭白、双季茭白均适用。
"茭白—鸭"套养
单季茭白、双季茭白均适用。
"茭白—鳖"套养
单季茭白、双季茭白均适用。
肥料施用建议
夏茭
基肥亩施商品有机肥或堆栏肥250～300 kg，三元复合肥15 kg；或有机无机茭白专用缓释肥20 kg。苗高10～20 cm时开始追肥，亩施中氮低磷高钾配方肥15 kg。以后视植株长势，隔10～15 d一次。第二次亩施中氮低磷高钾配方肥15～20 kg；第三次亩施高氮中磷钾配方肥25～30 kg。或有机无机茭白专用缓释肥追施3次，每次25 kg。待50%左右植株开始孕茭后，如出现肥力不足时亩施高钾水溶肥5 kg。
秋茭
定植成活后施提苗肥，亩施低磷配方肥20～25 kg；隔15 d左右施分蘖肥，亩施高氮中磷钾配方肥20～25 kg；隔15 d左右再亩施高氮中磷钾配方肥25～30 kg，孕茭前一周左右停施；或有机无机茭白专用缓释肥追施3次，每次20～25 kg。待50%左右植株开始孕茭后视植株长势，如出现肥力不足时亩施高钾水溶肥5 kg。
水位管理
夏茭
夏茭出苗期保持田间湿润，分蘖前中期控制浅水位（2～3 cm）；分蘖后期至孕茭期间，控制浅水位（3～5 cm）；采茭期控制深水位（15～20 cm）。追肥和施药等田间操作时水位应控制在3 cm左右，3 d后逐渐恢复水位。
秋茭
秋茭定植至分蘖期间保持浅水位（3～5 cm），分蘖后期控制深水位（10～12 cm），分蘖期间宜搁田1～2次；孕茭期控制深水位（10～15 cm）；采收中后期控制浅水位（3～5 cm）。追肥和施药等田间操作时水位应控制在3 cm左右，3 d后逐渐恢复水位。
茎叶再利用
青贮饲料
茭白秸秆宜以粉碎软化、压块制粒、密封青贮或密封微贮处理作为青贮饲料。茭白叶中混合一定比例的米糠或鲜食玉米秸秆可提高品质，作为湖羊、黄牛等动物的青贮饲料。
园林覆盖
茭白秸秆可直接运到果园、竹园等地进行地表浮面覆盖。
冷链贮运
冷库贮藏
贮藏温度宜为0～1℃。空气相对湿度宜为85%～90%。库房应实行专人管理，记录并建档。
夏季茭白的贮藏时间在45 d内为宜，秋季茭白的贮藏时间在60 d内为宜。
冷链运输
宜采用冷藏车、保温车或附带保温箱的运输设备，车辆运输前应进行清洁，车内温度宜为0～5℃。装车时，包装与包装之间要摆实、绑紧，层间宜加上减震材料，轻装、轻卸，防止因震动或挤压引起损伤，运输时间在48 h内为宜。

浙江省农业科学院农产品质量安全与营养研究所 黄岩区农业农村局 编制

图5-22 茭白全产业链标准化模式图

三、主要成效

（1）构建全产业标准体系，把好茭白生产每一关。针对茭白产业目前存在的种苗变异率高、用药施肥繁杂混乱、采后贮运技术欠缺、包装简陋无标识等问题，黄岩区通过建设"茭白全产业链标准综合体"，构建起涵盖茭白产前、产中、产后的全产业链标准体系，实现茭白从产地环境要求、育苗、种植、采收、贮运和包装标识等的全程质量控制，加快形成茭白质量全程可追溯，生态环境有改善，生产主体有增收的高质量发展产业体系。

（2）强化全链条标准示范，抓好品质保障每一环。通过标准化生产基地的示范引领，黄岩设施茭白栽培面积进一步扩大，优化后的种苗繁育新技术使得种苗纯度由90%提高到98.6%以上。茭白产品质量安全风险整体可控，农药残留合格率达99%以上，优品率提高了5%以上。

（3）坚持全方位精准发力，走好助农增收每一步。茭白品质的提升，带动了品牌的打造，如黄岩"西红岩溪"茭白区域公用品牌知名度更高，市场价格和利润上升了20%左右。同时，通过茭白与甲鱼套养模式，一亩田可增收1万元左右收益。黄岩良军茭白专业合作社负责人表示："通过实施标准化生产，产品质量提高了，效益提升了，农民的生活更加富裕了"。目前，黄岩区茭白栽培模式90%以上为设施栽培，标准化生产规模达到2万亩，已成为当地增产增收的支柱产业之一。

案例八　茶叶标准化与绿色生产

2020—2021年，在磐安县、天台县和德清县实施了茶叶"一县一品一策"项目。项目实施过程中，坚持隐患排查、风险评价、管控研究、按标生产、品质提升、示范推广的路径，按照"一种特色农产品、一个生产标准、一本质量管控手册、一张模式图、一批特色农产品安全试验示范基地"的模式，查明农产品质量安全主要风险点和风险控制关键点，集成安全隐患管控策略，转化为标准化生产技术，整体推进县域内农产品管控措施的应用及推广。项目实施后，茶叶标准化生产水平大大提升；茶农逐渐接受了全程控制、健壮栽培、清洁生产、绿色防控等理念，化学农药的施用次数和施用量大大减少，大大提高了茶叶的质量安全水平。

一、基本情况

（一）磐安云峰茶

截至2019年底，全县茶园总面积8.2万亩，茶叶总产量2 800余t，总产值约4.3亿元，受益农民8余万人；全县茶园平均海拔500 m，茶叶品质优异，经农业农村部茶叶质量监督检验测试中心检测，具有典型的山区优势茶叶的品质特征，先后荣获省部级"金奖"100余次；茶叶主产区——玉山区域连片茶园面积5.32万亩，占全县茶园总面积的64.8%，区域优势明显；全县拥有各类茶叶加工机械10 135台，茶叶专业化加工率80%；培育1 000 m²以上加工厂房的茶叶龙头企业11家，市级以上农业龙头企业6家，省级以上示范性专业合作社3家，省示范茶厂2家；茶叶中心品牌"磐安云峰"等4个茶叶商标荣获浙江省著名商标；磐安县是中国生态龙井茶之乡、中国茶文化之乡，是全国重点产茶县、全国特色产茶县、全国十大生态产茶县。

（二）天台黄茶

天台是全国重点产茶县、中国茶叶百强县，现拥有茶园10万余亩，产值达4亿元。天台黄茶是天台地方群体种中选育的自然黄化茶树珍稀品种，其春季新梢呈鹅黄色，颜色鲜亮，夏季新梢淡黄色，特色明显。内质上表现为高氨基酸、叶黄素，所制茶品呈现"三绿透三黄"的独特景象，深受消费者喜爱，适应性强，经济效益显著。2013年通过浙江省林木品种认定，2017年通过审定，2019年通过农业农村部农作物品种登记，良种名为中黄1号，是当前天台主推的茶树品种，也是省内外茶界追捧的产业新热点。

近年来，天台积极推动天台黄茶产业发展，将天台黄茶纳入重点产业区布局，出台相关产业发展扶持专项政策，先后成功举办"长三角地区天台黄茶产业发展研讨会""上海天台黄茶品鉴会""西安天台黄茶推介会"等活动，得到了人民日报、农民日报、新民晚报、浙江日报等主要媒体的关注报道。目前，天台全县推广种植天台黄茶8 000余亩。天台县已建立黄茶加工企业8家，专业合作社18家，旗舰茶楼4家，年产黄茶100余t，产值近亿元。2019年天台黄茶获批国家地理标志证明商标，并入选北京世园会进行专场展示。

（三）德清莫干黄芽

2019年，德清县现有茶叶面积3万余万亩，年总产量1 300余t，其中以莫干黄芽为代表的名优茶产量490余t，年产值约1.8亿元。莫干黄芽黄茶作为中国六大茶类中最稀缺的黄茶产品，是浙江省首批"省级名茶"。2017年莫干黄芽获得国家农产品地理标志登记保护。莫干山独特生态环境孕育优质莫干黄芽，黄茶闷黄工艺展现出黄茶独特风味，深受海内外消费者认可。2017年获得第十届"中茶杯"全国名优茶评比特等奖，

2018年获农业农村部第二届中国国际茶叶博览会评比金奖。

二、存在的问题

茶叶作为当地的农业支柱产业，尽管发展迅速，但经过实地调研和风险评估，生产中仍然存在以下问题。

（1）茶园病虫害防治。春茶生产过程，病虫害较少，生产基地很少使用农药，茶叶中几乎没有农药残留。夏茶生产过程中，病虫害较多，特别是近年来虫害增加、害虫的抗药性等问题，导致部分茶叶生产基地存在农药不规范使用的风险；特别是规模较小的生产基地，绿色防控方面的技术力量比较薄弱，不能科学选择和使用农药，存在农药使用不规范的问题（超范围使用农药、超量使用农药、不遵守安全间隔期等）。

（2）茶园的防草控草。目前人工除草费用越来越高，一部分生产基地还在使用草甘膦等除草剂进行除草。随着越来越多的生产基地不再使用或限制使用化学除草剂，茶园防草控草已成为比较关注的问题之一。

（3）茶叶整体标准化生产水平有待提高。部分茶叶生产基地对标准的理解程度不够，执行力度不大，标准的覆盖面、执行情况不理想。特别是茶叶采摘和加工标准的不统一，造成茶叶的品质差异性较大，不利于茶叶品牌的打造和提升。

三、工作措施及成效

（一）风险监测与评估

2020—2021年，对茶叶中的重金属和农药残留进行了风险监测与评估，结果表明，所有样品中，重金属检出值低。春茶中检出的农药残留很少，相对比较安全；夏秋茶中有一定的农药残留检出，存在质量安全风险。2021年，茶叶中农药的检出情况好于2020年。

1. 重金属

所有样品中，铅、铬、镉、汞、砷、氟化物均检出值较低，比较安全。判定依据：GB 2762—2017《食品安全国家标准 食品中污染物限量》（已废止，现行标准为GB 2762—2022《食品安全国家标准 食品中污染物限量》）中规定了钼的限量，但没有规定铬、镉、汞、砷、氟化物的限量，本次判定参考了NY 659—2003《茶叶中铬、镉、汞、砷及氟化物限量》（已废止）。

2. 农药残留

（1）春茶。2020年30个春茶样品中，3个样品共监测出4种、6项次农药残留，均没有超过GB 2763—2021《食品安全国家标准 食品中农药最大残留限量》的规定。2021年30个春茶样品中，3个样品共监测出4种、4项次农药残留，均没有超过GB 2763—2021《食品安全国家标准 食品中农药最大残留限量》的规定。

（2）夏秋茶。2020年30个夏秋茶样品中，8个样品中共检测出9种、21项次农药残留。其中1个样品中检出6种农药、且1种农药（多菌灵）没有在茶树上登记，1个样品检出5种农药、且有一种农药残留超标，存在质量安全风险。2021年30个夏秋茶样品中，3个样品中共检测出3种农药、6项次，均为登记农药、且没有超过标准限量规定（图5-23）。

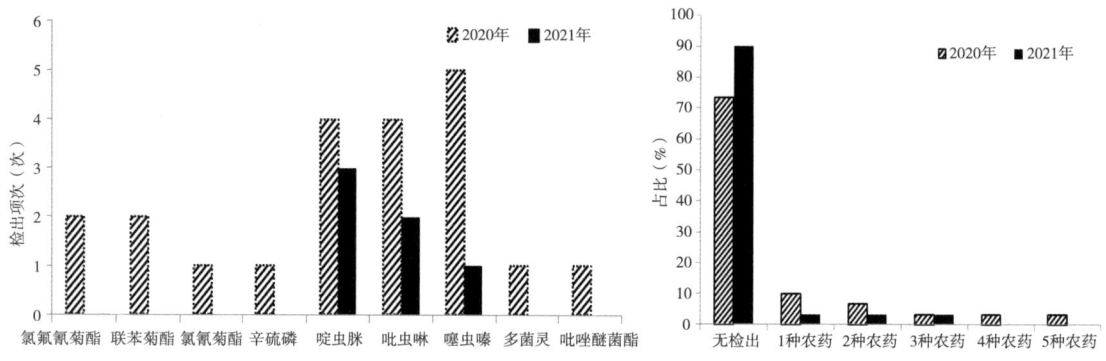

图5-23 夏秋茶农药检出情况

（二）标准研制

根据产业的标准现状和生产中实际需要，制定了T/PAYF 002—2020《磐安云峰茶生产技术规程》、T/PAYF 003—2020《磐安云峰茶加工技术规程》、DB 3310/T 27—2021《天台黄茶种植加工技术规程》、T/ZNZ 055—2021《天台黄茶》、T/DQCY 004—2021《德清县生态茶园标准化生产技术规程》、T/DQCY 005—2021《莫干黄芽茶加工技术规程》等标准，形成了覆盖种子种苗、产地环境、农业投入品管理、栽培管理、病虫害防治、采摘、加工、产品质量、包装贮藏和质量追溯等环节的全产业链标准体系。

（三）管控技术集成与转化

1. 茶园病虫害绿色防控技术研究与集成

研究集成了病虫害绿色防控技术，包括天敌友好型LED杀虫灯、天敌友好型粘虫色板、灰茶尺蠖性诱剂等高效、精准诱杀技术，以及高效、低毒、低残留、低水溶性化学农药的科学选择和使用。

（1）天敌友好型杀虫灯。天敌友好型杀虫灯理论安装密度为1盏/20亩，并根据实际地形、地貌设置密度。灯管在茶棚上方40~60 cm。天敌友好型杀虫灯开灯时间，应在茶园害虫始发期，即3月上旬。每天日落后工作3 h即可。

（2）天敌友好型粘虫色板。放置时间是春茶结束修剪后，高度为茶棚上方20 cm，密度为25张/亩。田间悬挂时间2~3周，色板拆除后妥善处置，防止污染茶园环境。

（3）灰茶尺蠖性诱剂。大面积、连片、持续使用，效果最佳。性诱剂放置时间，应早于越冬代成虫羽化。根据去年发生程度，设置性诱器放置密度，一般为2~4套/亩。为保证诱杀效率，性诱捕器需及时更换粘板，每3个月更换一次性诱芯。

（4）农药防治。在农业防治、物理防治、生物防治等绿色防控措施不能满足病虫害防治要求的情况下，应科学选择和使用高效、低毒、低残留、低水溶性化学农药进行病虫害的防治，并注意药剂轮换使用和喷药后的采收安全间隔期（表5-6）。

表5-6 茶园推荐农药及使用方法

	农药种类	防治对象	稀释倍数	安全间隔期（d）
化学农药	240 g/L虫螨腈悬浮剂	小绿叶蝉、害螨、蓟马	1 500~2 200	7
		灰/茶尺蠖、象甲、叶甲	1 000~1 500	
	150 g/L茚虫威乳油	小绿叶蝉	1 800~2 700	10
	4.5%高效氯氰菊酯乳油	灰/茶尺蠖、小绿叶蝉、茶网蝽	1 500~2 000	10
	250 g/L吡唑醚菌酯悬浮剂	炭疽病	1 000~2 000	14
	22.5%啶氧菌酯悬浮剂	炭疽病	1 000~1 500	10
	10%苯醚甲环唑水分散粒剂	炭疽病	1 000~1 500	14
生物及矿物源农药	短稳杆菌	灰/茶尺蠖等鳞翅目害虫	500~700	
	茶核·苏云菌	灰/茶尺蠖	300~500	
	茶毛核·苏	茶毛虫	300~500	
	5%除虫菊素水乳剂	小绿叶蝉、蓟马	900~1 000	
	30%茶皂素水剂	小绿叶蝉	300~600	
	99%矿物油乳油	害螨	90~150	
	45%石硫合剂结晶粉	封园药剂	120~180	
	3%多抗霉素可湿性粉剂	炭疽病、茶饼病、白星病	200~400	
	57%石蜡油乳油	杂草	20~50	
使用注意	·防治指标：灰/茶尺蠖，6 500头/亩或10头/m茶行；茶小绿叶蝉，夏茶为6头/百叶、秋茶为12头/百叶；害螨，3~4头/cm²叶面积或有螨叶率>40%。 ·灰/茶尺蠖幼虫3龄前进行喷药防治。 ·除虫菊素、短稳杆菌、病毒等生物农药需在傍晚或阴天施用；病毒适宜在4月、5月、10月喷施。 ·做好虫口监测，适时喷药，注意药剂轮换。			

（5）封园。做好封园工作，石硫合剂一定喷透并覆盖茶园中的枯枝落叶。每亩用水量70 L（表5-7）。

表5-7 茶园主要病虫害防治周年历

时间	防治方法
3月上旬	放置灰茶尺蠖性诱捕器（2~4套/亩）、打开天敌友好型杀虫灯，诱杀灰茶尺蠖、茶小绿叶蝉越冬代成虫，压低虫口基数。
3月中旬至4月	春茶期间，若黑刺粉虱大发生，放置数字化黄色粘虫色板（25~30张/亩）。
5月	①春茶结束修剪后，放置天敌友好型粘虫色板（25张/亩），诱杀茶小绿叶蝉成虫，压低虫口基数。②5月底至6月初，间隔7~10 d，连喷2次啶氧菌酯、吡唑醚菌酯或多抗霉素（有机可用），防治炭疽病。
6—7月	①此阶段为叶蝉发生高峰期，密切关注田间虫口。若叶蝉达防治指标（夏茶，百叶6头），及时喷施虫螨腈、茚虫威等化学农药；有机茶园，可提早、连喷2次（间隔5~7 d）天然除虫菊素、茶皂素、印楝素等植物源农药。②如有灰茶尺蠖幼虫发生（3龄以下），喷施茶尺蠖核型多角体病毒；及时更换性诱捕器粘板，6月底更换灰茶尺蠖性诱剂。
7—9月	此阶段为尺蠖爆发高峰期，密切关注田间虫口。如有灰茶尺蠖幼虫发生，在3龄前喷施短稳杆菌（有机茶园）、高效氯氰菊酯等农药。
10—11月	关注叶蝉若虫虫口。若达防治指标（秋茶，百叶12头），及时喷施虫螨腈、茚虫威等化学农药；有机茶园，可提早、连喷2次（间隔5~7 d）天然除虫菊素、茶皂素、印楝素等植物源农药。
12月	关闭杀虫灯；喷施石硫合剂封园，降低害螨、粉虱、叶蝉等刺吸式口器害虫的越冬基数；结合施肥进行深翻，降低尺蠖、象甲等害虫的越冬基数。

2. 茶园秸秆覆盖及施肥技术研究与集成

开展了茭白叶覆盖茶园，以及全年施肥配比试验，结果表明：微生物菌肥+茭白叶覆盖能改善土壤板结，提高土壤氮元素和有机质，以及茶园产量与产值，并能降低茶叶中的酚氨比、提高茶叶品质。根据试验结果，推荐了微生物菌肥+茭白叶覆盖茶园技术，达到化肥减量、效益提高的目标。

（1）不同处理产量和产值比较分析。亩产量和亩产值最高的为"3年覆盖+微生物菌肥+复合肥"处理；3年覆盖的亩产量和亩产值均高于2年覆盖和1年覆盖，不覆盖的最低。基肥处理中，微生物菌肥优于有机肥（表5-8）。

表5-8 各处理春茶产量、产值表

处理	处理内容	亩产量（kg/亩）	亩产值（元/亩）
处理1	3年覆盖+微生物菌肥（基肥）+尿素（追肥）	17.0	5 153
处理2	2年覆盖+微生物菌肥（基肥）+尿素（追肥）	14.6	4 716
处理3	1年覆盖+微生物菌肥（基肥）+尿素（追肥）	12.9	4 388
处理4	2年覆盖+有机肥（基肥）+尿素（追肥）	12.3	4 481
处理5	1年覆盖+有机肥（基肥）+尿素（追肥）	11.8	4 157
处理6	不覆盖+有机肥（基肥）+尿素（追肥）	11.3	4 118

（2）不同处理土壤理化指标分析。处理1，有机质和全氮含量显著高于其他5种处理。2021年追肥后，各处理土壤pH均有小幅下降，有效磷、土壤有机质、全氮含量增加，全钾含量有升有降，总体波动平稳。在一直使用尿素作为追肥的情况下，茭白叶覆盖处理能有效减缓土壤板结。微生物菌+茭白叶覆盖与有机肥加茭白叶覆盖相比较，能固定更多氮元素，并提升有机质（表5-9）。

表5-9 土壤理化指标

采样日期	处理	pH值	有效磷（mg/kg）	有机质（g/kg）	全氮（%）	全钾（g/kg）
2020.11.26	处理1	4.50	15.08	44.48	0.205	23.26
	处理2	5.05	5.77	36.36	0.194	27.35
	处理3	4.60	14.17	19.92	0.176	22.89
	处理4	5.10	7.49	34.55	0.114	30.71
	处理5	4.70	28.00	28.16	0.114	29.66
	处理6	4.65	16.14	23.26	0.107	27.39
2021.04.07	处理1	4.45	23.43	52.40	0.236	22.13
	处理2	4.55	16.55	42.20	0.202	19.27
	处理3	4.38	21.17	21.80	0.189	21.63
2021.04.07	处理4	4.56	15.21	38.40	0.134	24.78
	处理5	4.52	41.64	29.30	0.117	22.07
	处理6	4.37	28.49	25.90	0.120	21.03

（3）不同处理茶叶品质指标分析。不同处理，茶叶的咖啡碱、茶多酚、水浸出物等指标无明显差别。但处理1、处理2、处理3（微生物菌肥+茭白叶覆盖）游离氨基酸含量显著高于其他处理，酚氨比显著低于其他处理，茶叶品质更好（表5-10）。

表5-10 不同处理茶叶品质指标

处理	咖啡碱（%）	氨基酸（%）	水浸出物（%）	茶多酚（%）	酚氨比
处理1	3.66	4.02	40.12	15.97	3.97
处理2	3.47	4.10	43.57	14.85	3.62
处理3	3.72	4.41	42.68	15.04	3.41
处理4	3.76	2.97	45.81	17.07	5.74
处理5	4.30	2.58	43.38	20.28	7.87
处理6	3.83	1.55	41.17	22.38	14.44

3. 数字化和可追溯系统集成

协助条件好的生产基地安装数字平台，实施可追溯系统。发挥物联网+数字农业优势，实行二维码追溯和农产品合格证制度，通过GPS监控、数据采集、品质监控、二维码系统，从产地到销售全程监控，接入云平台（图5-24）。

图5-24　数字化与可追溯系统

4. 全产业链管控技术的集成

遵循全程控制的理念，通过健壮栽培、清洁生产和绿色防控三大途径，在基地选择、种苗选育、耕作、施肥、茶树修剪、病虫害防治、采收、加工、包装贮运等全产业链的各个环节提出了控制措施，并编写出版《茶叶全产业链质量安全风险管控手册》。

（四）标准和技术的推广应用

1. 标准和技术的转化

将标准转化为茶叶绿色生产模式图，编制了茶园病虫害绿色防控技术要点、茶园主要病虫害防治周年历、茶园推荐农药及使用方法、茶树上禁止使用的农药品种等明白纸，以及《茶叶全产业链质量安全风险管控手册》，便于生产者使用，并免费向生产基地发放。

2. 数字化技术集成应用

将种植管理中茶树的生长情况、用肥用药、绿色防控措施等关键操作进行数字化集成，规范电子生产档案记录，推进茶叶生产全过程管控和优化质量追溯管理。

3. 宣传推广

加强标准和技术的宣传推广，举办培训班7次，生产基地现场技术指导156场次，培训人数958人次。制作视频5个，通过"一县一品一策"微信公众号及时推送项目研究进展28次。

4. 示范基地

在磐安绿鹰茶叶专业合作社、磐安古树茶有限公司、浙江天台九遮茶叶有限公司、浙江紫凝黄茶有限公司、德清县双峰茶叶有限公司、德清县莫干山镇千亩山茶场、德清县莫干山东沈红茶叶有限公司等建立示范基地，进行示范推广。

（五）主要成效

（1）通过风险评估基本摸清了茶叶生产中的主要风险隐患，主要为农药残留（且主要为夏秋茶）。

（2）病虫害绿色防控技术取得了较好的效果。天敌友好型LED杀虫灯、天敌友好型粘虫色板、灰茶尺蠖性诱剂等绿色防控技术的应用取得了较好的效果，6—7月不需要使用化学农药进行病虫害的防治。项目实施后，农药的使用量、茶叶中农药的检出率大大下降。

（3）提升了茶叶的品质。对茶叶品质的监测结果表明，所有样品中的品质参数均能满足相关标准限量的要求，其中水浸出物、茶多酚、氨基酸高于限量值较多（判定依据：GB/T 14456.1—2017《绿茶 第1部分：基本要求》、GB/T 14456.3—2016《绿茶 第3部分：中小叶种绿茶》、NY/T 288—2018《绿色食品 茶叶》）。

（4）取得了较好的经济效益和社会效益。经济效益：根据生产基地统计，使用病虫害绿色防控技术，以及全产业链的管控技术，产量和经济效益增加5%~10%。社会效益：使用病虫害绿色防控技术，农药使用次数和使用量减少，茶叶质量安全水平提高，取得了良好的社会效益和生态效益。

四、茶叶"一县一品一策"小结

通过近2年的项目实施，建立了覆盖茶叶全产业链的标准体系和产品全程质量控制技术，茶园管理、病虫害绿色防控和加工等技术有了较大提高。

建立核心示范面积6 200余亩，辐射推广面积2万余亩，实现示范基地"一证一码"全覆盖。相较于前2年，茶叶中农药检出数量和农药检出率下降明显，茶叶的品质也有较大的提升。

茶农逐渐接受全程控制、健壮栽培、清洁生产、绿色防控、品牌建设等理念，有利于进一步提升茶叶的标准化生产水平和质量安全水平，取得良好的经济、社会和生态效益。

案例九 桐乡杭白菊风险管控关键技术

为贯彻落实农业农村部《2019年农产品质量安全工作要点》的通知要求，坚持"产出来""管出来"两手抓，提升农产品质量安全水平，在浙江省农业农村厅及浙江省财政厅的支持下，开展了浙江省特色农产品安全风险管控重大专项。2019—2020

年,在嘉兴市桐乡市开展了杭白菊安全风险管控技术研究,坚持标准化生产、全程化管控理念,通过隐患排查、管控研究、按标生产、精准施策、示范推广的等措施,整体提升标准化生产和农产品质量安全水平。

一、杭白菊产业发展的现状与需求

杭白菊作为浙江道地药材"浙八味"之一,是桐乡市传统特色优势农产品,迄今已有约370年栽培历史,形成了与本地气候、土壤等自然环境相适应的栽培技术和栽培品种。经过长期发展,桐乡市已基本形成了杭白菊基地生产、规模加工、专业营销的基础条件,成为最具乡土特色的传统优势产业。1999年桐乡被农业部命名为"中国杭白菊之乡",杭白菊先后通过了地理标志证明商标、农产品地理标志产品认定。

桐乡市除了大麻镇、濮院镇以外,其他镇街道均有杭白菊种植,其中以石门、梧桐、凤鸣及乌镇4个乡镇为主。目前全市拥有杭白菊加工企业50余家,其中嘉兴市级农业龙头企业7家、省级农业龙头企业1家、国家级示范性专业合作社1家。近几年全市种植杭白菊稳定在5万亩左右,产量约9 000 t,总产值约4.5亿元,每年从事业人数约7万人,带动加工、销售企业就业人数约5 000人,实现二三产业产值1.2亿元。

杭白菊存在的质量安全问题主要包括农药残留和重金属污染。在实际生产中,由于缺少明确的可在杭白菊上使用的农药,农药的违规使用、滥用现象较为普遍。重金属污染主要来源于种植地环境,杭白菊中限量标准主要涵盖砷、铅、镉、汞和铜5个金属元素指标。因此,杭白菊产业质量安全和标准化需求主要包括3个方面:①开展贮藏环节杭白菊质量安全风险隐患的摸排,跟踪监测在长期阴雨条件下常温贮藏中各类风险因子的污染水平;②开展杭白菊安全风险管控研究,重点围绕杭白菊最佳采收期的确定、包装材料的选择开展管控技术研究;③加大安全用药、管控指南等技术培训,新增示范基地,明确基地示范方案,提高杭白菊质量安全水平,促进产业发展。

二、工作举措

(一)风险隐患的持续跟踪监测与评估

分别在桐乡主产区的示范基地和其他流通环节,共采集杭白菊(胎菊、朵菊)样品37批次。主要监测指标包括136种杀虫剂、杀菌剂以及植物生长调节剂,同时监测了霉菌、酵母菌、铜绿假单胞菌等微生物指标。在7个不同基地,分别采集胎菊、菊花、朵花3个时期的菊花样品,经过对136种农药的筛选检测,获得不同生长期杭白菊检出农药品种及残留量。

（二）杭白菊全产业链质量安全风险管控关键技术

（1）针对多菌灵、嘧菌酯等农药残留超标或者检出率高的农药，结合当地的农业生产实际采用背负式手动喷雾器施药，采收间隔期为21 d的新鲜胎菊和朵菊，并分别在其蒸青、烘干以及晾干、茶汤浸泡后采集样本进行残留监测，进而完成了对杭白菊的嘧菌酯等农药残留风险的再评估。

（2）针对常温贮藏、冷库贮藏等不同贮藏模式下，透光、透气性不同的聚乙烯薄膜袋、聚乙烯聚丙烯复合袋、铝箔袋、牛皮纸袋等多种包装材料，研究杭白菊在贮藏120 d期间的色、香、味及微生物污染的变化，初步明确杭白菊贮藏环节的质量安全关键控制点，探索出了不同贮藏模式下，杭白菊的最适包装材料及包装方式。

（3）采集了不同采收期的杭白菊，检测其中的主要功效成分（总黄酮、奎宁酸、绿原酸、木犀草苷、总糖等），明确杭白菊在不同生长期功效成分含量的变化，从而为确定最佳采收期提供数据支撑。

（4）研究杭白菊在-5℃、0℃、5℃、15℃等不同贮藏温度下，其功效成分以及微生物等质量安全水平的变化规律，明确杭白菊的最佳贮藏温度（图5-25）。

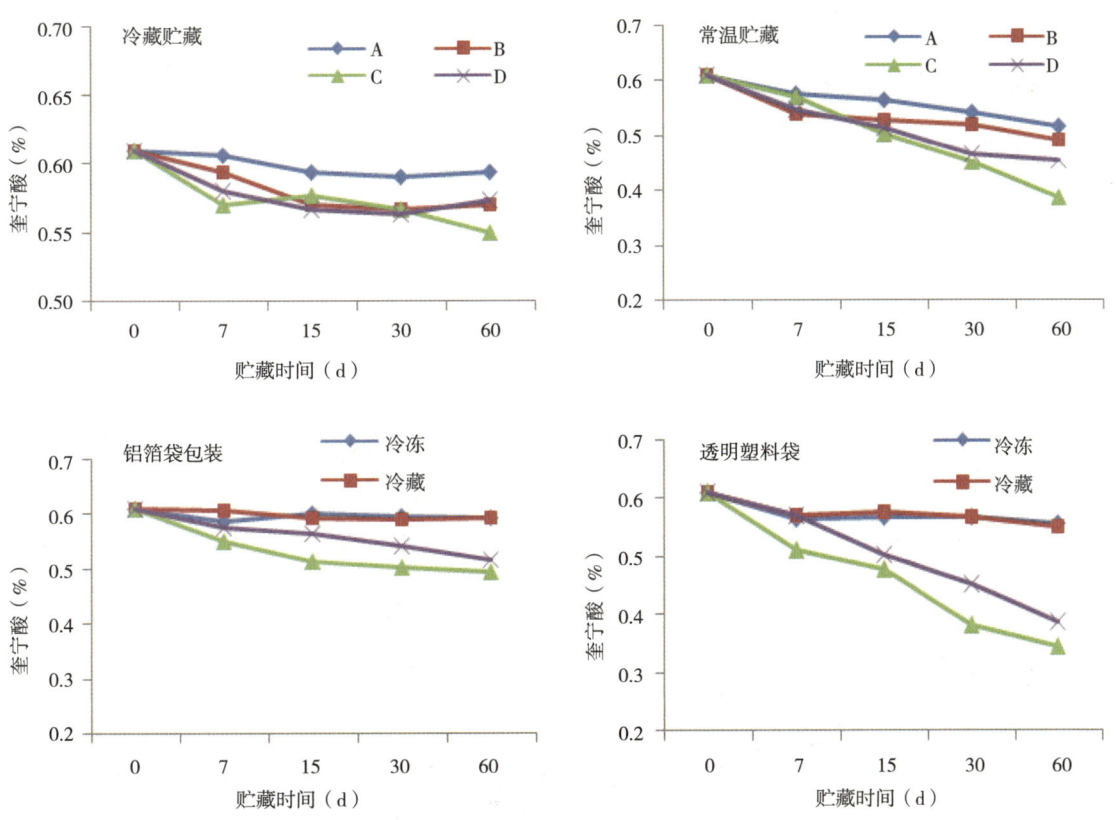

图5-25 筛选适宜的杭白菊贮藏包装材料以及最佳贮藏条件

（5）针对杭白菊中镉超标问题，及时采集了65批次土、根、茎、叶、花等样品

317批次进行监测，明确杭白菊中重金属镉的迁移转化规律。

根据以上安全管控措施的研究，提出收贮运环节关键控制点，完成了省级团体标准T/ZNZ 031—2020《杭白菊采收加工与贮运技术规范》，规定了杭白菊的采收、加工、分级、包装、贮藏与运输等关键技术要求。

（三）杭白菊技术应用示范

新建杭白菊"一县一品一策"试验基地1个，加强了试验基地的建设，具体内容包括生产基地设施改造提升、开展基地标准化建设、开展质量安全隐患跟踪监测与评估和"一县一品一策"技术成果展示（图5-26）。同时加强示范成果的应用，主要包括推进规模主体示范提质、加大关键管控技术推广、推进杭白菊安全用药"两个清单"管控和加大宣传培训。

田园清洁改造

地膜覆盖、水旱轮作

加装杀虫灯

插黄板

图5-26 集成杭白菊安全管控技术及示范

三、实施的效果、效益与评价

杭白菊"一县一品一策"项目的实施,带来的效果和效益主要体现在以下几个方面。

(1)增加产品销售和影响产品销售价格情况。杭白菊产品销售量和价格都较往年提高不少,也比周围农户有所提升。同时试验基地经提升改造后,与大参林医药集团股份有限公司、无限极中国有限公司等大型上市药企签订了订单协议,提高了杭白菊生产主体的经济效益。

(2)试验基地产品合格率情况。研究集成了杭白菊农产品全产业链安全风险管控技术,实施全套管控策略,并且打造一个安全公共品牌。在试验基地除了使用低毒、低残留的农药外,配合绿色防控技术的运用,使杭白菊试验基地产品合格率大幅度提升。

(3)辐射带动效益情况。试验基地还带动了周围杭白菊非示范基地使用低毒、低残留农药、绿色防控及全程管控技术的运用。

(4)试验基地质量安全管理水平提升情况。桐乡市杭白菊的主产区,通过"一县一品一策"项目,以绿色食品、有机食品认证为抓手,通过完善企业与农户紧密型产业链,建立一批杭白菊标准化生产基地,严格按照标准化生产,推进生产档案记录等,规范杭白菊从生产到加工、包装全过程,生产出质量符合要求的优质杭白菊,形成产品质量稳定的生产基地,切实提升国内外竞争力。

四、下一步工作打算及建议

围绕杭白菊的质量安全问题,跟踪研究原有的风险隐患,关注新型风险隐患点,探索功能成分的科技创新工作。从以下方面开展工作。

(1)加快重金属镉迁移转化机理研究,以期提出重金属超标问题的技术对策。

(2)根据杭白菊历年监测结果,结合生产用药的实际情况,继续筛选高效低毒低残留农药品种,如防叶枯病的嘧菌酯、防甜菜夜蛾的氯虫苯甲酰胺等。利用风险评估技术,制修订杭白菊病虫害用药指南,以根本解决杭白菊无药可用导致的超范围使用现象。

(3)围绕杭白菊中新型风险隐患点(如吡咯里西啶生物碱)开展风险评估以及防控技术的研究,避免潜在的贸易壁垒与质量安全问题。

(4)开展杭白菊中奎宁酸等功能成分的研究。通过栽培模式、土壤肥力、加工工艺、包装贮藏等条件参数调整或优化,探索杭白菊全产业链中多酚类、糖类等品质营养指标的代谢规律,为品种选育、栽培技术、加工方式、贮藏条件优化提供技术支撑。

案例十　铁皮石斛质量安全管控与标准化生产

2016—2019年，在磐安、武义、乐清、天台、临安等地实施了铁皮石斛"一县一品一策"项目。项目实施过程中，坚持隐患排查、风险评价、管控研究、按标生产、品质提升、示范推广的路径，按照"一种特色农产品、一个生产标准、一本质量管控手册、一张模式图、一批特色农产品安全试验示范基地"的模式，查明农产品质量安全主要风险点和风险控制关键点，集成安全隐患管控策略，转化为标准化生产技术，整体推进铁皮石斛管控措施的应用及推广。项目实施后，铁皮石斛标准化生产水平大大提升；种植户更加重视栽培环境的控制（温度、水分、湿度、光照），减少了病虫害的发生，化学农药的施用次数和施用量大大减少。同时杜绝了生长调节剂的使用，减少了肥料的使用，大大提高了铁皮石斛的质量安全水平。

一、浙江省铁皮石斛产业现状

铁皮石斛（*Dendrobium officinale* Kimura et Migo）又称黑节草，为兰科石斛属多年生草本植物，其原生种分布于长江以南的安徽、浙江、福建、广西、湖南、云南、贵州等地海拔300 m以上的山地半阴湿岩石或草丛中。铁皮石斛是传统名贵珍稀药材，富含生物碱、石斛多糖以及水提取物等，具有滋阴补虚、益胃生津和提高免疫力，以及降低血糖、抗氧化、抗肿瘤等功效，素有"药中黄金"之美称。早在唐代开元年间，就被道家经典《道藏》列为"中华九大仙草"之首。随着国民健康意识的不断增强，铁皮石斛的保健功能越来越受到重视。

20世纪90年代以来，伴随着市场关注度的加强和科研力量的不断投入，铁皮石斛人工种植技术瓶颈被逐步突破，药用石斛品种开始人工栽培并规模化发展。经过近20年的培育和发展，浙江省铁皮石斛产业形成了一条集科研、种植、加工、产品生产、销售等为一体的较为完整的产业链。铁皮石斛主要采用设施栽培，大部分生产基地采用搭架离地栽培模式、个别采用地栽模式，仿野生栽培还处在探索阶段。主要种植区为乐清市、磐安县、武义县、临安区，其他县（市、区）也有少量种植。目前全省种植面积约3万余亩，与铁皮石斛相关的产业年产值近50亿元，以铁皮石斛为原料的保健品位居全国销量首位。

二、项目实施情况及生产中存在的问题

（一）2016—2017年

该阶段主要是对生产基地进行调研和风险评估，发现生产中存在的主要问题如下。

1. 部分生产基地生长条件控制不理想

铁皮石斛设施栽培管理中，最关键的是光照、基质含水量、温度和湿度等生长条件的控制。如果条件控制的好，有利于铁皮石斛的生长，病虫害会大大减少。但部分生产基地的管理水平不高，光照、基质含水量、温度和湿度等控制不理想，病虫害发生较重。

2. 不规范使用农药

部分生产基地对病虫害绿色防控的认识不足，不愿意使用绿色防控技术，或者绿色防控做得不到位，病虫害较重时存在农药使用不规范的问题（超范围使用农药、超量使用农药、不遵守安全间隔期等）。

2016年调研过程中发现，生产基地使用的农药品种很多、没有统一的标准，发现使用的农药33种，其中还有植物生长调节剂。

3. 过量施肥、乱用叶面肥

铁皮石斛生产缓慢，只需要少量的肥料。大部分基地施用羊粪，以及磷酸二氢钾和叶面肥作为肥料。2016年调研过程中发现，基地施用的羊粪量普遍过大；叶面肥使用也有19种，有些基地使用6种以上。肥料施用量超过实际需要，一方面影响了铁皮石斛的质量，另一方面加重了铁皮石斛的病虫害。

4. 铁皮石斛生产中的主要问题是蜗牛的危害

几乎所有基地都会发生蜗牛危害，有的非常严重，且较难防治。

5. 标准化生产水平不高

部分生产基地完全凭经验进行生产，标准化程度较低，尤其缺乏精细化的管理技术。

（二）2018—2019年

该阶段通过绿色生产技术、病虫害绿色防控技术、施肥技术的研究，加强管控技术的集成和标准的制修订；通过示范推广，铁皮石斛的栽培管理（包括生长条件的控制、病虫害绿色防控、平衡施肥等）得到了规范，技术水平得到了提升，农药和肥料的使用量有较大幅度的下降，大大提高了铁皮石斛的质量安全水平。

三、工作措施及成效

（一）风险监测与评估

对铁皮石斛进行了风险监测和评估，结果表明，农药残留和重金属是铁皮石斛质量安全的主要风险因子。

（1）农药残留的风险监测和评估。2016—2019年，铁皮石斛中农药的检出情况见表5-11、表5-12、图5-27、图5-28。农药残留监测结果表明，2016—2017年铁皮石斛中农药残留比较严重，2018—2019年逐渐好转；叶中的农药残留情况高于茎；2016—2017年检出率较高；2018—2019年检出率大大降低的农药品种为吡虫啉、氯虫苯甲酰胺、氟苯虫酰胺、啶酰菌胺等，2018—2019年检出率有所降低、但仍有一定风险的农药品种为多菌灵、甲基硫菌灵、吡唑醚菌酯、芸苔素内酯、苯醚甲环唑等。

表5-11　铁皮石斛叶和茎中农药的检出种类和项次

抽样时间	样品数量（个）	叶		茎	
		农药检出种类（种）	农药检出项次（次）	农药检出种类（种）	农药检出项次（次）
2016年	18	17	62	17	46
2017年	20	19	61	14	32
2018年	17	10	27	7	15
2019年	15	10	21	7	14

表5-12　铁皮石斛叶和茎中检出项次较高的农药　　单位：个

抽样时间	样品部位	样品数量	多菌灵	吡虫啉	甲基硫菌灵	氯虫苯甲酰胺	吡唑醚菌酯	氟苯虫酰胺	啶酰菌胺	芸苔素内酯	苯醚甲环唑	百菌清	氯氰菊酯
2016年	叶	18	8	5	7	4	9	4	7	5	1		
	茎	18	8	1	4	4	9	4	3	2	1	1	
2017年	叶	20	5	2	2	6	9			2	12	1	3
	茎	20	4	1		1	8		1		6	1	2
2018年	叶	17	5		5						4	5	3
	茎	17	5		2						4		1
2019年	叶	15	4		2		5				2	2	
	茎	15	5		1						3	2	

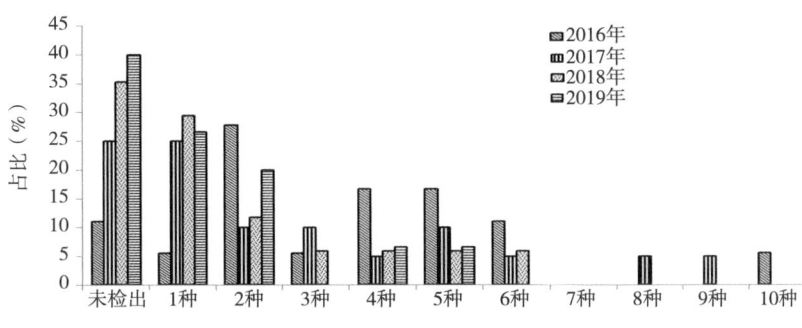

图5-27 铁皮石斛叶中农药的检出情况

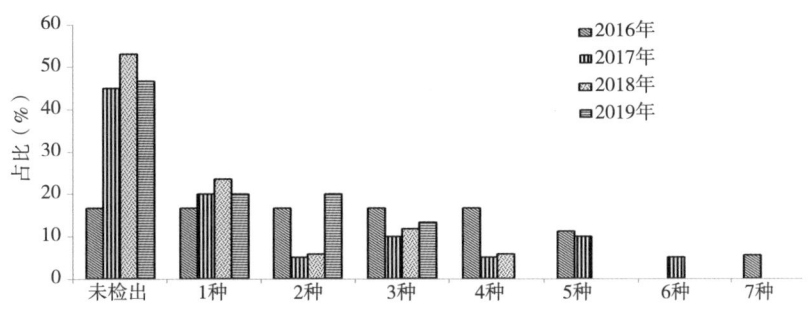

图5-28 铁皮石斛茎中农药的检出情况

（2）重金属的风险监测和评估。2016年对铁皮石斛鲜茎中的重金属进行了检测分析，结果表明，铅和镉的污染情况比较严重。样品中铅和镉的检出率均为100%，镉超出GB 2762—2012《食品安全国家标准　食品中污染物限量》（已废止，现行标准为GB 2762—2022《食品安全国家标准　食品中污染物限量》）中水果和蔬菜最低限量的占比为19.45%，铅超出GB 2762—2012《食品安全国家标准　食品中污染物限量》中水果和蔬菜最低限量的占比为22.22%（GB 2762—2022没有规定中药材中重金属的限量）。

在实施铁皮石斛中重金属的管控措施后，2019年对铁皮石斛中的重金属进行了检测分析，结果表明，样品中均检出铅和镉，但铅和镉的检出浓度大大降低。

（二）标准制修订

根据产业的标准现状和生产中实际需要，制定了浙江省农产品质量安全学会团体标准T/ZAQSAP 003—2016《铁皮石斛主要病虫防治用药建议》、T/ZNZ 006—2018《铁皮石斛病虫害综合防治规范》，修订了浙江省地方标准DB33/T 635—2021《铁皮石斛生产技术规程》，形成了覆盖基地要求、种苗生产、设施栽培技术、采收与产地初加工、产品要求、包装、标识、贮存与运输、档案建立与追溯等各个环节标准体系。

（三）管控技术的研究与集成

1. 病虫害防治及农药残留管控技术

针对铁皮石斛生产过程中的主要病虫害蜗牛和黑斑病，开展了药剂防治效果试验。选择了防治效果好、风险较低的农药用于病虫害防治，并制定了病虫害防治方法标准。

（1）蜗牛防治试验。采用不同浓度四聚乙醛可湿性粉剂（含量80%）喷施、不同浓度茶皂素水剂喷施等方法防治蜗牛，观察不同方法防治蜗牛的效果，防治效果见表5-13、表5-14。结果表明，1 250倍液和1 875倍浓度的四聚乙醛（含量80%）防治蜗牛，苗的存活率都在99%以上，但是浓度1 875倍液的高位芽率明显低于1 250倍液，因此，使用四聚乙醛防治蜗牛推荐1 875倍液。浓度50 mg/L和35 mg/L的茶皂素处理后，苗的存活率在60%左右，但是35 mg/L处理的苗高位芽率比较低。使用茶皂素防治蜗牛浓度在35 mg/L为宜，且温度在30度以下，切忌高温条件下喷洒茶皂素。

表5-13　不同浓度四聚乙醛处理后驯化苗生长情况

项目	四聚乙醛稀释倍数		
	1 250倍液	1 875倍液	3 750倍液
存活率	99.33%	99.21%	84.00%
存活苗高位芽率	77.78%	66.67%	90.22%
存活苗平均萌芽数	4.87	4.27	3.80

表5-14　不同浓度茶皂素处理后驯化苗生长情况

项目	茶皂素浓度		
	50 mg/L	35 mg/L	25 mg/L
蜗牛死亡时间	12 h	24 h	36 h
存活率	60.80%	59.66%	35.20%
存活苗高位芽率	89.70%	21.22%	52.63%
存活苗平均萌芽数	4.0	3.9	2.1

（2）黑斑病防治试验。开展了吡唑醚菌酯、枯草芽孢杆菌、哈茨木霉菌等防治黑斑病试验。试验结果表明，吡唑醚菌酯防治黑斑病的效果最好，其次是哈茨木霉菌，枯草芽孢杆菌防治的防治效果不理想，见表5-15。

表5-15　不同药剂及浓度对铁皮石斛黑斑病的防治效果

序号	药剂名称	稀释倍数	样本数	平均叶数（片/条）	平均病叶数（片/条）	病叶比率（%）	平均斑点数（点/条）	病情等级
1	30%吡唑醚菌酯悬浮剂	1 000倍液	1 800丛	13.72	1.60	11.66	2.24	3级
2	30%吡唑醚菌酯悬浮剂	2 000倍液	1 800丛	13.84	2.04	14.74	2.80	3级

（续表）

序号	药剂名称	稀释倍数	样本数	平均叶数（片/条）	平均病叶数（片/条）	病叶比率（%）	平均斑点数（点/条）	病情等级
3	2亿孢子/g哈茨木霉菌可湿性粉剂	300倍液	1 800丛	13.56	2.60	19.17	3.72	3级
4	2亿孢子/g哈茨木霉菌可湿性粉剂	600倍液	1 800丛	13.76	3.16	22.97	5.04	3级
5	1 000亿芽孢/g枯草芽孢杆菌可湿性粉剂	100倍液	1 800丛	13.16	3.08	23.4	4.52	3级
6	1 000亿芽孢/g枯草芽孢杆菌可湿性粉剂	300倍液	1 800丛	12.92	3.48	26.93	5.80	5级
7	1 000亿芽孢/g枯草芽孢杆菌可湿性粉剂	600倍液	1 800丛	12.84	4.16	32.40	7.20	5级
8	对照		1 800丛	15.48	5.87	37.92	8.00	5级

（3）病虫害防治标准的制定。制定了浙江省农产品质量安全学会团体标准T/ZAQSAP 003—2016《铁皮石斛主要病虫防治用药建议》、T/ZNZ 006—2018《铁皮石斛病虫害综合防治规范》。在强调光照、基质含水量、温度和湿度等生长条件的控制基础上，开展病虫害的绿色防控和科学用药。

2. 重金属管控研究

针对铁皮石斛中重金属比较严重的情况，开展了铁皮石斛中重金属积累规律的研究，发现基质特别是羊粪是铁皮石斛中重金属的主要来源，并提出了降低铁皮石斛中重金属含量的控制措施。

（1）重金属积累规律研究。采用不同浓度的镉、铅溶液处理基质，陈化3周后种植铁皮石斛，铁皮石斛收获后进行了重金属的检测。试验结果表明，铁皮石斛中镉与基质中镉正相关，铅也有相同的规律（图5-29）。

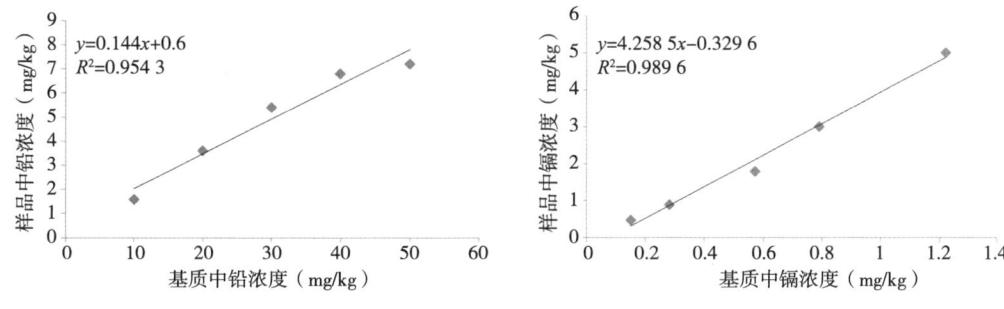

图5-29 铁皮石斛中重金属相关性分析

（2）羊粪中重金属监测。羊粪是铁皮石斛生产中的重要肥料，对羊粪中的重金属进行了监测，结果表明，一些羊粪中的铅和镉含量比较高，存在较大的风险隐患。

（3）铁皮石斛中重金属的管控措施。为了降低铁皮石斛中的重金属含量，提出了以下建议措施：加强肥料，特别是羊粪中重金属的控制；减少羊粪的使用，并推荐以蚕沙替代羊粪。

3. 环境条件控制的数字化集成

在基地大棚里设立光照、温度和湿度自动监测系统，24 h监测大棚内的光照、温度、湿度等参数，通过调节这些参数建立铁皮石斛人工栽培最佳环境，取得了比较好的效果。

铁皮石斛适宜生长温度15～28℃，温度在38℃以上，会影响铁皮石斛的生长，严重的还会引起死亡。当设施大棚内的温度超过35℃，自动检测系统可打开风机和水帘，使大棚室内温度降到30℃左右。

铁皮石斛生长的空气湿度在75%～85%为宜，当大棚内的空气湿度低于50%时，喷淋系统自动打开进行喷淋。

铁皮石斛设施栽培采用遮阳网降低光照，小苗期遮阳率65%～75%为宜，大棚内光照强度在2 000～5 000 lx；大苗期遮阳率55%～60%为宜。当连续几天长时间阴天，大棚内光照强度低于1 000 lx，自动监测系统可打开遮阳网，增加光照强度。

4. 全产业链管控技术的集成

遵循全程控制的理念，通过健壮栽培、清洁生产和绿色防控三大途径，在基地选择、基质准备、种苗选育、栽培模式、栽培管理（光照、温度、基质含水量和湿度的控制，及平衡施肥）、病虫害防治、采收、鲜枝条贮藏、初加工和包装贮运等环节提出了控制措施，并编制了《铁皮石斛全产业链质量安全风险管控手册》，重点在基质和农业投入品的选择、准备和处理，栽培过程中水分、湿度、温度和光照强度的控制，以及病虫害的综合防治。

（四）标准和技术的推广应用

1. 标准和技术的转化

将标准转化为铁皮石斛全程生产模式图，编制了《铁皮石斛全产业链质量安全风险管控手册》，便于生产者使用，并免费向生产基地发放。

2. 宣传推广

加强标准和技术的宣传推广，举办培训班12次，生产基地现场技术指导256场次，培训人数920人次，通过"一县一品一策"微信公众号及时推送项目研究进展42次。

3. 示范基地

在乐清（浙江铁枫堂生物科技股份有限公司、乐清市中方润铁皮石斛有限公司）、磐安（磐安县磐斛生物科技公司生产基地、磐安玉山源生物科技公司生产基地）、武义

（浙江寿仙谷医药股份有限公司生产基地、浙江海兴药业公司生产基地）、临安（杭州震亨生物科技有限公司生产基地）等建立示范基地进行示范推广。

（五）主要成效

（1）通过风险评估基本摸清了铁皮石斛生产中的主要风险隐患为农药残留（主要来源为农药的不规范使用）和重金属（主要来源为羊粪等肥料的不规范使用）。

（2）通过标准化和质量安全管控技术大大提升了铁皮石斛的质量安全水平。通过光照、基质含水量、温度和湿度等生长条件的控制，以及色板、性诱剂和杀虫灯，科学选择和使用农药等病虫害绿色防控技术，大大降低了农药的使用量和铁皮石斛产品中的农药残留；通过控制羊粪的使用量和羊粪中的重金属，降低了铁皮石斛产品中的重金属含量；此外，基本杜绝了植物调节剂的使用。

（3）取得了良好的经济效益和社会效益。①经济效益。据生产基地统计，使用病虫害绿色防控技术，病虫害减少40%~55%，产量和经济效益增加5%~10%；减少肥料等投入品使用，成本减少10%~20%。②社会效益。使用病虫害绿色防控技术，农药使用次数和使用量减少；同时杜绝了生长调节剂的使用，减少了肥料的使用，大大提高了铁皮石斛的质量安全水平，取得了良好的社会效益和生态效益。

四、铁皮石斛"一县一品一策"小结

通过近5年的项目实施，建立了覆盖铁皮石斛全产业链的标准体系和产品全程质量控制技术，铁皮石斛的生产管理、病虫害绿色防控和加工等技术有了较大提高。

建立核心示范基地面积2 300余亩，辐射推广面积1.2万余亩。相较于项目实施前，铁皮石斛中的重金属和农药的检出率及检出浓度下降明显，品质有较大的提升。

企业逐渐接受全程控制、健壮栽培、清洁生产、绿色防控、品牌建设等理念，有利于进一步提升铁皮石斛的标准化生产水平和质量安全水平，取得良好的经济、社会和生态环境效益。

案例十一　磐安县浙贝母全产业链管控技术体系研究

浙贝母"一县一品一策"项目于2017—2020年实施，项目主要针对浙江省浙贝母产业开展安全风险隐患排查、制定病虫害防治用药清单、筛选浙贝母品质影响关键因子等，在相关研究的基础上进行管控技术集成，建立覆盖全产业链管控技术体系，并进行示范推广。

一、磐安县浙贝母产业现状

浙贝母为百合科多年生草本植物,是浙江省道地中药材"浙八味"之一,以地下鳞茎入药,具有清热、止咳、化痰的作用,浙江省浙贝母主产于磐安、东阳、鄞州、象山等地。浙江省磐安县具有"中国药材之乡"之称,盛产"浙八味"中的浙贝母、延胡索、白术、玄参、白芍,又称"磐五味"。目前,浙贝母是磐安县最具市场优势的品种,主要种植区域为磐安县冷水、大盘、新渥、仁川、双峰等乡镇(街道)。2021年种植面积约2万亩,产量3 500 t,占全国总产量的50%以上;磐安市场年销售量在5 000 t以上,占全国总销量的80%以上。

二、生产中存在的问题

项目实施初期,项目组从浙贝母的种质资源、生产、病虫害防治、初加工、药用物质含量等方面,对磐安县浙贝母主要种植区进行实地调研。虽然浙贝母在磐安县具有悠久的栽培历史,伴随着栽培方式的改变,病虫害的发生变化,在生产中依然存在一些质量安全的问题。当然,在项目实施过程中,这些问题也逐渐得到改善。

1. 浙贝母品质参差不齐,标准化栽培程度有待提高

磐安县浙贝母的生产方式基本以散户种植为主,多为露天栽培,降雨、光照等气候因素对浙贝母的生产影响较大,小部分采用设施避雨栽培。浙贝母种源以自留种居多,也有农户选择异地买种。生产中的连作障碍和土壤肥力等问题,导致浙贝母产量有所下降。

浙贝母采收后多为农户自行初加工,洗净后晾干再进行切片烘干。烘干温度无统一标准,当温度过高、烘干时间过长时,导致浙贝母药效成分流失。浙贝母多样的种植和加工方式,导致浙贝母的品质参差不齐,严重影响了外界对于磐安县浙贝母疗效的认可。

2. 农药、肥料等农业投入品使用不规范

浙贝母病害有灰霉病、根腐病、黑斑病、炭疽病、立枯病、疫病等,虫害有地老虎、蜗牛、蛴螬等。田间调查发现在进行病虫害防治时存在农药超范围、超剂量使用的现象。浙贝母从当年10月种植到翌年5月采收,尤其是采收前,多为低温多雨天气,易发生病害,如灰霉病等。部分农户出现"病急乱投医"现象,加大用药剂量,增加用药次数等。生产中施用质量不合格的有机肥,如重金属含量较高的鸡粪等,增加浙贝母重金属污染的风险。农药和肥料的不合理使用,不仅容易造成浙贝母的药害和肥害,还影响浙贝母品质。

3. 浙贝母无药可用的现象依然存在

浙贝母上已登记的农药种类和数量相对较少,农民可选择使用的农药则更少。目前我国登记可用在浙贝母上的农药产品有9个,其中,杀菌剂产品有7个,用于防治炭疽病、根腐病、黑斑病、疫病;杀虫剂产品有2个,用于防治蛴螬等地下害虫。灰霉病作为浙贝母发生最普遍的病害之一,目前还无相关药剂登记。

三、工作措施及成效

1. 安全风险隐患排查

(1)农药残留情况排查。为了解磐安浙贝母生产安全用药情况,从磐安县主要种植区采集新鲜浙贝母和干贝母样品,进行常规农药残留检测,检测的农药参数有74项,检出的农药主要有多菌灵、百菌清、腐霉利、甲基硫菌灵、吡唑醚菌酯、嘧菌酯、咪鲜胺等杀菌剂。通过指导农户安全用药,筛选、推荐使用高效低毒杀菌剂,减少农户盲用、乱用,向农户强调轮换用药,延长农药使用寿命(表5-16)。

表5-16 磐安县近年新鲜浙贝母农药残留检测情况

年份	检出农药数量	农药检出种类
2017	6种	二硫代氨基甲酸盐类(总量)、百菌清、多菌灵、甲基硫菌灵、嘧霉胺、霜霉威
2019	9种	多菌灵、百菌清、吡唑醚菌酯、啶酰菌胺、氟吡菌酰胺、咪鲜胺、烯酰吗啉、腐霉利、溴氰菊酯
2020	9种	多菌灵、吡唑醚菌酯、氟吡菌酰胺、腐霉利、烯酰吗啉、氟唑菌酰胺、嘧霉胺、咪鲜胺、肟菌酯

(2)重金属污染排查。为摸排浙贝母中重金属的污染情况,对磐安主要种植区的浙贝母和土壤进行采样、检测。重点关注《中国药典》中中药材相关的重金属,分别为Pb、Cd、Hg、As、Cr、Cu。

2017年的检测结果显示,部分新鲜浙贝母和土壤样品中的Pb、Hg、As、Cr、Cu有检出,但均未超标。但新鲜浙贝母和土壤中的Cd含量均超标,其中土壤中镉超标率达到了100%。限量参照《中国药典》中规定的山楂、丹参、甘草、白芍、西洋参等中药材中Cd的限量标准(0.3 mg/kg)。结合调研情况,Cd超标可能与农户生产中使用有机肥有关,由于鸡粪中Cu、Hg、Cr、Cd、Pb、As等重金属含量高,连续多年使用可能是导致浙贝母土壤及产品中镉含量超标的原因之一。

通过比较不同类型有机肥对浙贝母产量和品质的影响,筛选合适的有机肥,同时对投入使用的有机肥质量进行严格把关,避免高重金属含量的有机肥流入农田。2020

年再次对磐安县新鲜浙贝母和土壤进行抽样检测,作为重点关注的重金属Cd,在新鲜浙贝母和土壤中有检出,但含量均未超标。

(3)浙贝母干片中二氧化硫含量排查。由于二氧化硫具有增白、杀菌、杀虫卵等作用,可使浙贝母干片产品具有更好的品相。但过量的二氧化硫能引起呼吸道炎症、具有全身毒性等副作用。我国严禁在浙贝母等中药材中使用硫黄熏蒸,目前浙江省推行的浙贝母初加工为无硫加工。2017年在磐安采集的浙贝母干片中均有二氧化硫检出,个别样品二氧化硫含量超标,《中国药典》规定浙贝母中二氧化硫的限量为150 mg/kg。通过严格执行无硫加工要求,研究初加工技术,推广烘干加工方式等,2018年、2019年采集的浙贝母干样中均未检出二氧化硫。

2. 关键技术研究

(1)浙贝母灰霉病防治药剂的药效评价和筛选。由于我国尚无登记用于防治浙贝母灰霉病的农药品种,选择已登记在其他作物用于防治灰霉病并效果好的药剂,开展浙贝母灰霉病防治药剂的药效评价和筛选试验,筛选出对浙贝母安全、对灰霉病高效的杀菌剂。筛选出的化学药剂有唑醚·氟酰胺、异菌脲、氟菌·肟菌酯、啶酰菌胺、代森锰锌,生物药剂有丁子香酚(表5-17)。

表5-17 浙贝母灰霉病防治用药建议

农药名称	含量	剂型	稀释倍数	施药方法	建议用药次数(次)	安全间隔期
唑醚·氟酰胺	42.4%	悬浮剂	1 500~2 000倍液	发病初期喷雾使用	1~2	15 d
异菌脲	500 g/L	悬浮剂	500~1 000倍液	发病初期喷雾使用	1~2	15 d
氟菌·肟菌酯	42.8%	悬浮剂	1 500倍液	发病初期喷雾使用	1~2	15 d
啶酰菌胺	50%	水分散粒剂	1 000倍液	发病初期喷雾使用	1~2	15 d
代森锰锌	80%	可湿性粉剂	600~1 000倍液	发病前或发病初期喷雾使用	1~2	15 d
丁子香酚	0.3%	可溶液剂	375~500倍液	发病初期喷雾使用	1~2	

(2)浙贝母生产基地土壤肥力研究。浙贝母属于旱地种植,适宜在微酸性或近中性的沙质轻壤土种植。采集磐安县浙贝母产地的土壤样品,对其酸碱度、有机质、全氮、有效磷、速效钾等指标进行测定。结果显示,强酸性或酸性(pH值<5.5)土壤约占70%,氮、磷、钾和有机质含量均良好(表5-18)。对于土壤pH值<5.5的酸性土壤,可施用生石灰改善土壤酸碱性,每公顷用量1 025~1 500 kg。部分轮作地区可适当增加磷肥来改善土壤肥力。

表5-18 磐安县浙贝母产地肥力等级占比结果统计

级别	速效钾	有效磷	有机质	全氮
一级	100% （含量>120 mg/kg）	58% （含量>10 mg/kg）	100% （含量>15 mg/kg）	95% （含量>1.0 mg/kg）
二级	0 （含量80~120 mg/kg）	0 （含量5~10 mg/kg）	0 （含量10~15 mg/kg）	5% （含量0.8~1.0 mg/kg）
三级	0 （含量<80 mg/kg）	42% （含量<5 mg/kg）	0 （含量<10 mg/kg）	0 （含量<0.8 mg/kg）

（3）浙贝母初加工烘干温度研究。对其他条件均匀一致的浙贝母样品，切片后采用自然晒干和不同烘干温度处理，通过比较贝母素含量，确定合适的烘干温度。结果显示，自然晒干的浙贝母片中贝母素含量最高，初加工可优先选择晒干，但由于自然晒干受到天气和晒干场地的限制，为提高工作效率机器烘干是必不可少的。当选择烘干时应控制烘干温度为（55±5）℃、干燥时间控制在12~18 h。烘干过程中需要控制烘干时间，减少初加工过程中贝母素的流失。当烘干温度为65℃时，贝母素含量达不到《中国药典》中对贝母素含量不少于0.08%的标准要求（图5-30）。

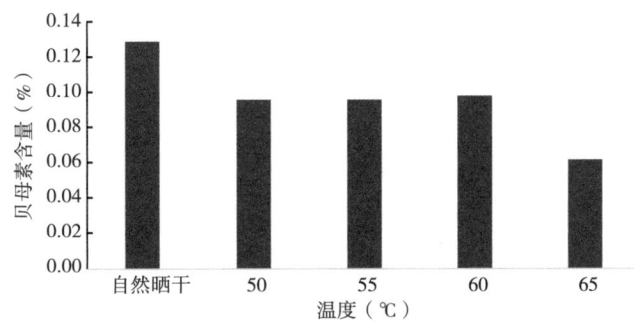

图5-30 不同烘干温度对浙贝母贝母素含量的影响

（4）浙贝母品质影响关键因子筛选研究。浙贝母中药用成分为贝母素，而贝母素又分为贝母素甲和贝母素乙。采用液相色谱-质谱对磐安县新鲜浙贝母中贝母素甲和贝母素乙进行检测，贝母素总量在0.105%~0.462%。各镇（街道）浙贝母的贝母素含量差异较大，但含量均高于《中国药典》中贝母素含量不得少于0.08%的标准要求。其中，贝母素甲含量在0.002%~0.46%，贝母素乙在0.002%~0.24%。

从种源、肥料、初加工温度等因素研究浙贝母产量和品质的变化。当其他栽培条件一致时，磐安种源和江苏种源的产量差异不明显，但大粒种子的产量均高于小粒种子的产量。使用草木灰作为有机肥时，浙贝母产量远高于使用商品有机肥、鸡粪、虫粪等。当初加工烘干温度大于65℃时，贝母素含量明显下降，切勿为缩短烘干时间，提高烘干温度，否则严重影响浙贝母干片品质。

3. 标准的研制和应用

因磐安浙贝母作为道地中药材之一，具有独特的药用价值。针对其生产中存在的一些问题，经过一系列的研究，制定了相关标准。其中团体标准2项、地方标准1项、行业标准1项。目前团体标准和地方标准均已颁布，行业标准于2020年通过审定。制定的标准分别有：T/ZJZYCCYX H001—2018《浙贝母主要病虫害防治用药建议》、T/ZNZ 005—2018《浙贝母病虫害综合防治规范》、DB33/T 532—2020《浙贝母绿色生产技术规范》、《农药田间药效试验准则 第92部分：杀菌剂防治贝母灰霉病》（已报批，还未获批）。通过对已制定标准的推广应用，提高农户安全种植水平，解决农户实际生产问题（图5-31）。

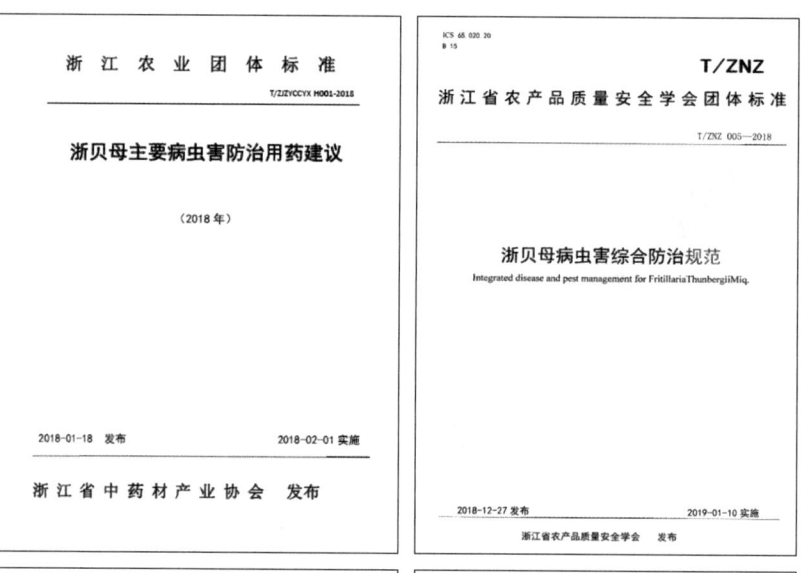
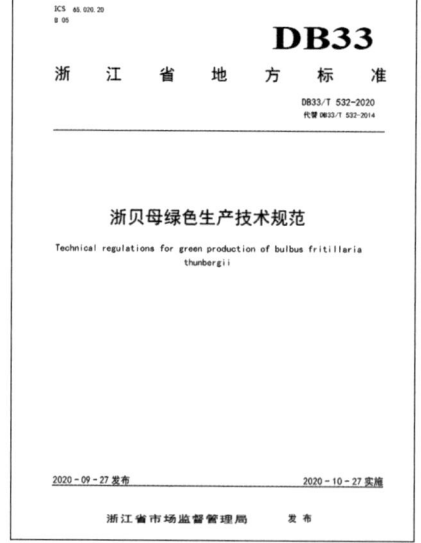
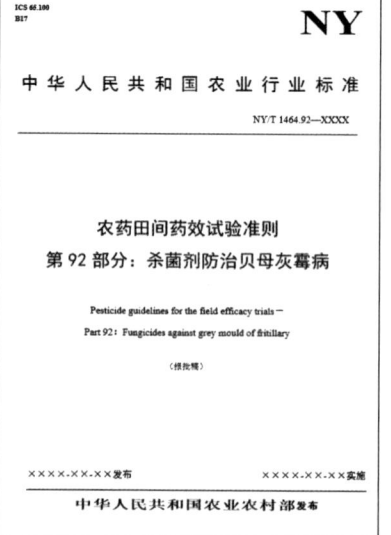

图5-31 项目实施过程中制定的相关标准

4. 技术集成及推广应用

（1）管控技术可视化。采取图文并茂的编写方式，介绍了浙贝母的质量安全风险隐患，从浙贝母种植的基地选择、品种选择、栽培管理、病虫害防治、农药使用、采收、初加工、包装贮运、产品追溯等环节，形成关键控制点和管控措施，以及"道地药园"的建设，编著《浙贝母全产业链质量安全风险管控手册》1本（图5-32），浙贝母病虫害防治模式图1套。

图5-32　浙贝母全产业链质量安全风险管控手册

（2）技术推广应用。一是建立示范基地。分别在磐安县新渥街道和仁川镇建立2个浙贝母绿色生产关键技术示范基地。集成优化形成了一套包括浙贝母种鳞茎处理、土壤处理、肥料使用、病虫害防治的绿色生产关键技术。示范基地内推广绿色防控措施，如安装杀虫灯等设施。二是通过组织技术培训会、现场技术指导和"一县一品一策"微信平台等多途径向浙贝母种植户、农资销售人员和农产品质量安全监管人员推广安全标准化生产技术。针对浙贝母质量安全现状及存在的问题、浙贝母质量安全管控技术和标准化生产等方面进行详细讲解。倡导农户科学种植,在浙贝母种植过程中合理适量用肥;指导农户安全用药,采用高效低毒农药防治病虫害,减少农药使用次数;推广无硫加工,采用科学的初加工方式,选择合适的烘干温度,提高浙贝母品质。累计向农户发放《浙贝母绿色生产技术规范》《浙贝母主要病虫害防治用药建议》《浙贝母病虫害综合防治规范》《浙贝母全产业链安全风险管控手册》、浙贝母病虫害防治模式图等培训技术资料1 500余套,累计培训浙贝母种植人员500余人次(图5-33)。

图5-33 磐安县浙贝母绿色生产技术培训会

四、磐安县浙贝母"一县一品一策"小结

通过"一县一品一策"项目的实施,对浙贝母生产中存在的质量安全问题进行了分析、研究,建立了覆盖浙贝母全产业链管控的技术体系。通过指导农户科学合理使用农药;推广无硫加工,规范初加工方式,明确烘干温度和时间;使用草木灰改善土壤酸性;探索重金属Cd超标源头,严格把关有机肥质量等措施,提高磐安县浙贝母的标准化生产水平。相较于项目实施前,磐安县浙贝母中重金属含量和农药检出率明显下降,贝母素含量不合格的情况大幅减少,浙贝母的质量安全水平和品质均有较大的提升。对于促进磐安县浙贝母产业的健康发展,增加种植业者的经济效益,稳固磐安县浙贝母作为道地中药材在消费者心中的地位具有重要意义。

案例十二　中药渣饲喂对长兴湖羊质量安全与品质影响研究

一、长兴县湖羊产业背景

为深入贯彻习近平总书记新时代社会主义思想，坚持质量兴农，绿色兴农的发展理念，近年来，长兴县积极探索打通"两山"转化新通道，把"做大做优做强做美"湖羊产业作为推动传统农牧产业转型升级的着力点，全面提升湖羊产业质量安全水平，坚持隐患排查、风险评估、管控研究、按标生产、精准施策的原则，深入实施湖羊产业振兴计划，实现湖羊产业"规模化、标准化、智能化、生态化、产业化"发展，让湖羊成为乡村振兴、产业发展的"领头羊"。

2019年，全县湖羊饲养量达21.3万只，全产业链产值超5亿元，带动低收入农户户均增收1.8万元，并通过对口协作，向甘肃、新疆等地输送湖羊3.2万余只，助力困难地区群众脱贫致富。长兴县湖羊主产区吕山乡先后荣获"浙江省湖羊之乡""中国湖羊美食名乡"等称号，成功创建首批省级特色农业强镇，入选省级乡村振兴产业发展示范项目创建单位，入围创建国家级湖羊产业强镇。

湖羊产业是长兴县七大重点产业之一，湖羊的健康养殖和质量安全问题对产业的长久发展、产品品牌推广等方面有至关重要的影响。在推广"生态化养殖"过程中，除芦笋、水稻、小麦秸秆的回收利用外，部分养殖场收购了中药渣作为湖羊饲养原料，中药渣回收成本低，但因中药渣中残留成分对湖羊质量安全方面的影响文献较少，养殖主体因此也不敢大量投喂，监管部门也没有明确指出不能喂食中药渣，可见中药渣饲养对湖羊质量安全及品质影响的研究对湖羊质量安全监管和湖羊产业的健康可持续发展有着重要意义。在此背景下，本项目组于2020年1月至2021年12月围绕长兴县湖羊行业生产端、产品消费端进行专项研究，以确保从源头上达到湖羊健康、肉品健康、消费满意，同时为政府部门监管提供技术支撑。

二、生产中存在的问题

经过实地调研，发现尽管湖羊产业发展迅速，但是在生产过程中仍然存在以下问题。

（1）部分中药渣饲料存在霉菌毒素的污染。鉴于饲料价格的不断上涨，较多长兴地区规模化湖羊养殖主体考虑饲养成本和资源化再利用，在育肥期间饲喂中药渣，使用的中药渣一般来源于品牌中药生产商，多为药食两用、滋补型中药药渣，避免了一些副作用强的药渣。但由于中药渣水分含量较高,受气温高、空气湿度大等条件的影响,存在易发霉的现象,投入品霉菌毒素对湖羊的生长和产品的安全可能会有一定影响。

(2)中药渣饲料中存在农药残留现象。考虑到中药在种植过程中为了防止病虫害,会使用一些杀菌剂和杀虫剂,这些农药可能会残留至中药渣中,因此也可能对羊肉的质量安全产生风险。

(3)养殖人员技术水平有待提高。长兴县近年来湖羊产业发展迅速,工商资本投资养羊是重要助推原因之一,但在这样的优势之下也存在弊端,就是羊场老板更像是"生意人"而不是真正的"养羊人"。他们受到思想认识、文化层次等方面的限制,对养羊技术的掌握并不深入,离科学养羊还存在一定的距离。

三、工作措施及成效

(一)风险隐患及评估

根据湖羊产业中存在的问题及现状,研究小组开展了湖羊生产过程以及终端产品中存在的风险隐患排查,根据排查结果进行风险评估,并提出对策建议等。

(1)风险隐患排查。项目组在多个湖羊养殖场采集了43批次槽料,包括14批次混合饲料(中药渣、花生秧、豆腐渣等混合)、13批次中药渣、5批次豆腐渣、5批次花生秧,以及6批次其他类槽料(玉米秸秆、玉米粒、大蒜皮、甜菜叶、竹叶和鲜芦笋秆),测定了7种真菌毒素(黄曲霉毒素B_1、黄曲霉毒素B_2、黄曲霉毒素G_1、黄曲霉毒素G_2、赭曲霉毒素、呕吐毒素、T2毒素)、5种植物生长调节剂(6-苄基腺嘌呤、脱落酸、矮壮素、丁酰肼、烯效唑)、56种杀虫剂、18种杀菌剂和1种除草剂(莠去津)。同时采集了58批次羊组织样品,包括38批次饲喂中药渣的羊组织样品(19批次肩肉和19批次肝脏),20批次不饲喂中药渣的羊组织样品(10批次肩肉和10批次肝脏),测定了样品中3种真菌毒素(赭曲霉毒素、呕吐毒素、T2毒素)、32种农药(杀虫剂、杀菌剂等)、10种兽药(氯霉素类、四环素类、磺胺类等、五氯酚钠等)和5种重金属(汞、砷、铅、镉、铬)。

(2)风险评估。根据湖羊生产过程以及终端产品中污染物的检测数据,进行风险分析研究,形成《湖羊质量安全隐患排查评估报告》。主要结果如下:一是饲料中存在黄曲霉毒素、赭曲霉毒素和呕吐毒素的污染,并且含有中药渣的槽料中污染水平高于不含中药渣的槽料,含中药渣槽料中赭曲霉毒素的超标率为22%,其他毒素未超标;二是饲料中存在较高的农药残留,并且含有中药渣的槽料中残留水平高于不含中药渣的槽料;三是在饲喂中药渣的羊肉和羊肝中测出了部分农药残留,氯氟氰菊酯和三唑酮在羊肝样品中存在超标现象;四是羊组织样品中兽药均未检出,重金属(汞、砷、铅、镉、铬)均未超标。主要建议如下:一是加强中药渣中的霉菌毒素监管,霉菌毒素超标的样品都是来自中药渣,减少饲料中霉菌毒素的污染是在湖羊养殖过程中重要的风险管控点;二是加强饲料中的农药残留监管,农药在作物上的大量使用可能会通过饲料迁移至畜产品中,有必要加强饲料中农药残留的风险控制(图5-34、图5-35)。

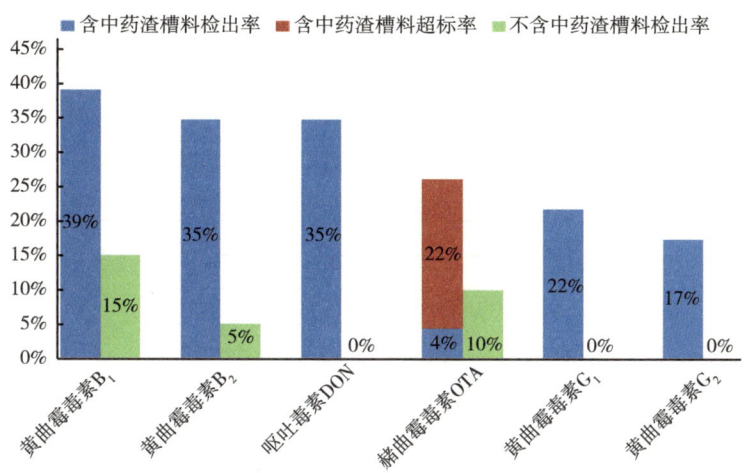

图5-34 槽料中真菌毒素检出率和超标率

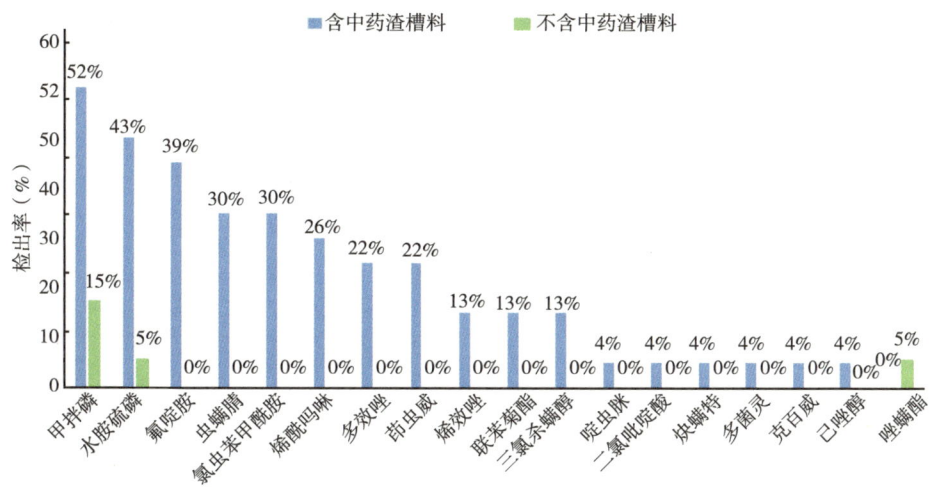

图5-35 槽料中高于1 mg/kg农药的检出率

(二)中药渣饲喂对湖羊质量安全与品质影响评价

为明确中药渣饲养对湖羊质量品质的影响,项目组开展了中药渣与常规饲料对比饲喂实验。分别对花生秧饲喂、30%中药渣饲喂、60%中药渣饲喂的湖羊进行屠宰,分析了中药渣对育肥湖羊血液生化指标(与糖代谢相关的葡萄糖(GLU)、丙酮酸(PYR)、总胆固醇(TC)、总甘油三酯(TG)、谷草转氨酶(GOT)和谷丙转氨酶(GPT)的指标)和肉质营养(10种矿物元素、17种氨基酸和24种脂肪酸)的影响。采用OPLS-DA(正交偏最小二乘法判别分析)进行数据统计分析,OPLS-DA作为一种有监督的判别分析统计方法,使分类信息主要集中在一个主成分上,有效滤除与分类信息无关的噪音。横坐标t[1]表示主要成分得分值,展示样本组间差异,纵坐标t[2]表示正交成分得分值,展示样本组内差异,每个散点代表一个样本,散点颜色表示不同的实验分组,样本间横向距离越远表明组间差异越大,纵向距离越近表明组内重复性越好。VIP值反映了变量对模型的整体拟合度和分类能力的贡献大小。一个变量的VIP值越高,表明它在模型构建中越重要。通常,VIP值大于1的变量被认为是对模型特别重要的。实验得到的主要结果如下:一是60%中药渣饲喂可显著提高肩肉中磷元素的含量(图5-36和表5-19);二是60%中药渣饲喂可显著提高功能性氨基酸和必需氨基酸含量(图5-37和表5-20);三是60%中药渣饲喂可显著提高多不饱和脂肪酸总含量以及多不饱和脂肪酸/饱和脂肪酸的比值,提高肉品的营养价值(图5-38和表5-21)。主要建议是湖羊育肥过程中可添加一定比例的中药渣,有助于提高肉品营养价值。

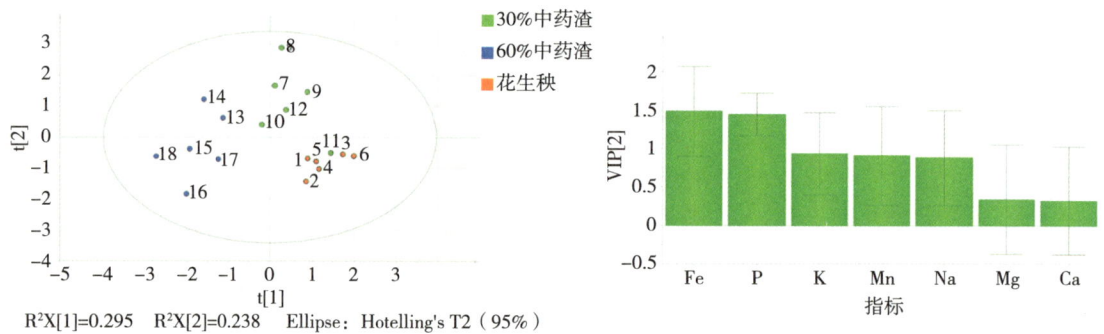

图5-36 肩肉中矿物元素OPLS-DA图

表5-19 不同饲料养殖羊肉中矿物元素含量及方差比较　　　　　　单位:mg/100 g

矿物元素	花生秧	30%中药渣	60%中药渣
Na	72.5 ± 5.7a	74.6 ± 6.6a	62.6 ± 6.7b
Mg	19.4 ± 0.9a	20.0 ± 0.7a	21.3 ± 2.56a
K	430.57 ± 20.37a	450.30 ± 14.87a	436.33 ± 48.39a
Ca	10.5 ± 2.1a	11.5 ± 1.8a	12.7 ± 2.4a
Mn	0.1 ± 0.007 1a	0.05 ± 0.01a	0.07 ± 0.01a
P	162.06 ± 3.52c	168.39 ± 2.75b	187.73 ± 7.04a
Fe	4.00 ± 0.35a	3.99 ± 0.51a	4.39 ± 0.6a
Cu	0.28 ± 0.02a	0.23 ± 0.02b	0.20 ± 0.01c
Zn	490.33 ± 35.13a	477.57 ± 35.13a	482.23 ± 22.21a
Ni	0.04 ± 0.002a	0.04 ± 0.001a	0.04 ± 0.001a

注:不同小写字母表示具有显著性差异($P<0.05$)

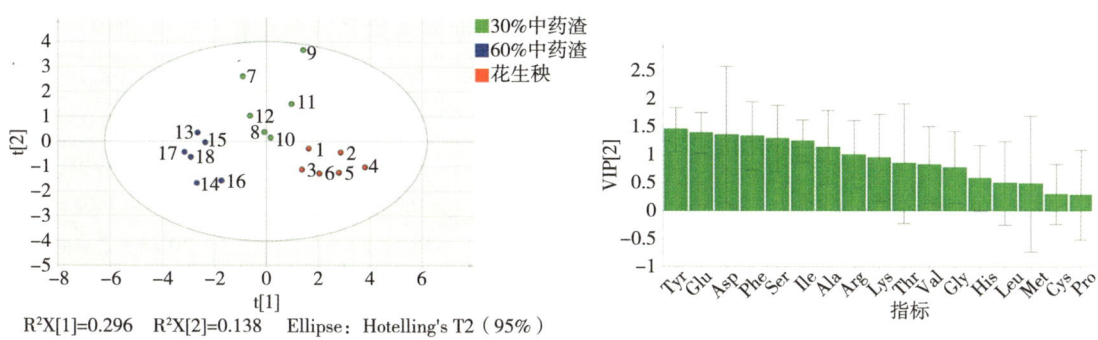

图5-37 肩肉中游离氨基酸OPLS-DA图

表5-20 不同饲料养殖羊肉中氨基酸含量及方差比较　　　　　　单位：%

氨基酸	花生秧	30%中药渣	60%中药渣
天冬氨酸	7.77 ± 0.17b	8.19 ± 0.19a	8.05 ± 0.27a
苏氨酸	3.71 ± 0.18a	3.85 ± 0.13a	3.82 ± 0.08a
丝氨酸	3.10 ± 0.16b	3.35 ± 0.14a	3.31 ± 0.10a
谷氨酸	11.89 ± 0.39c	12.59 ± 0.41b	13.99 ± 0.49a
胱氨酸	0.89 ± 0.02a	0.90 ± 0.03a	0.90 ± 0.03a
甘氨酸	3.61 ± 0.13a	3.66 ± 0.10a	3.75 ± 0.09a
丙氨酸	3.46 ± 0.10b	3.82 ± 0.27a	3.93 ± 0.26a
缬氨酸	4.13 ± 0.11b	4.33 ± 0.30ab	4.44 ± 0.23a
脯氨酸	3.99 ± 0.13a	3.95 ± 0.20a	3.98 ± 0.13a
蛋氨酸	2.25 ± 0.11a	2.29 ± 0.12a	2.26 ± 0.06a
异亮氨酸	3.64 ± 0.14a	3.52 ± 0.12a	3.70 ± 0.11a
亮氨酸	6.30 ± 0.37a	6.29 ± 0.30a	6.11 ± 0.22a
酪氨酸	3.57 ± 0.12c	3.72 ± 0.16b	4.20 ± 0.06a
苯丙氨酸	3.18 ± 0.15b	3.47 ± 0.11b	3.29 ± 0.18a
赖氨酸	6.94 ± 0.38a	7.05 ± 0.32a	7.56 ± 0.46a
组氨酸	2.77 ± 0.14a	2.76 ± 0.12a	2.67 ± 0.12a
精氨酸	5.03 ± 0.28a	5.33 ± 0.20a	5.47 ± 0.24a

注：不同小写字母表示具有显著性差异（$P<0.05$）

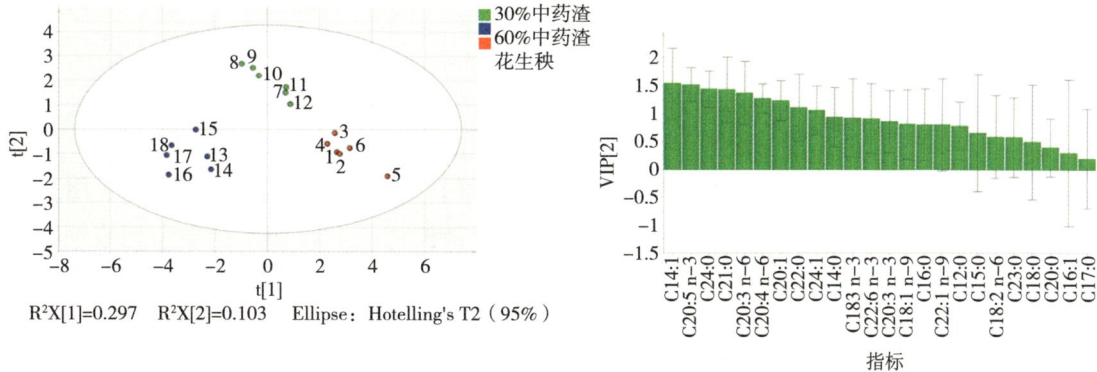

图5-38 肩肉中游离脂肪酸OPLS-DA图

表5-21　不同饲料养殖羊肉中脂肪酸含量及方差比较　　　　　单位：mg/g

游离脂肪酸	花生秧	30%中药渣	60%中药渣
C12：0	0.15 ± 0.33a	0.12 ± 0.04a	0.10 ± 0.0.18a
C14：0	3.40 ± 0.53a	2.85 ± 0.40a	2.82 ± 0.30a
C15：0	0.74 ± 0.15a	0.67 ± 0.02a	0.68 ± 0.05a
C16：0	34.90 ± 7.01a	35.52 ± 5.07a	30.23 ± 2.44a
C17：0	2.07 ± 0.39a	1.98 ± 0.44a	1.94 ± 0.47a
C18：0	32.07 ± 8.65a	34.22 ± 7.18a	30.40 ± 6.51a
C20：0	0.33 ± 0.06a	0.33 ± 0.04a	0.31 ± 0.02a
C21：0	0.49 ± 0.06a	0.53 ± 0.02a	0.48 ± 0.07a
C22：0	0.13 ± 0.01a	0.12 ± 0.01a	0.10 ± 0.02a
C23：0	0.11 ± 0.00a	0.10 ± 0.01a	0.10 ± 0.01a
C24：0	1.04 ± 0.05a	1.04 ± 0.04a	0.89 ± 0.05a
C14：1	0.10 ± 0.03b	0.08 ± 0.03b	0.13 ± 0.02a
C16：1	2.06 ± 0.28a	1.91 ± 0.67b	2.02 ± 0.48a
C18：1 n-9 cis	70.78 ± 11.06a	69.19 ± 7.26a	77.92 ± 5.93a
C20：1	0.13 ± 0.03c	0.19 ± 0.32b	0.24 ± 0.02a
C22：1 n-9	0.05 ± 0.02a	0.07 ± 0.01a	0.07 ± 0.01a
C24：1	0.09 ± 0.03b	0.13 ± 0.02a	0.14 ± 0.03a
C18：2 n-6 cis	6.95 ± 0.75a	7.01 ± 0.42a	7.43 ± 0.54a
C18：3 n-3	3.02 ± 0.31b	3.09 ± 0.33b	3.52 ± 0.32a
C20：3 n-3	68.27 ± 11.11a	73.85 ± 2.81a	68.34 ± 5.83a
C20：3 n-6	0.19 ± 0.01b	0.21 ± 0.01a	0.21 ± 0.00a
C20：4 n-6	1.45 ± 0.05c	1.55 ± 0.05b	1.69 ± 0.04a
C20：5 n-3	0.69 ± 0.03c	0.79 ± 0.03a	0.79 ± 0.02b
C22：6 n-3	0.23 ± 0.05b	0.27 ± 0.04ab	0.28 ± 0.03a
饱和脂肪酸	75.42 ± 5.50a	77.50 ± 11.79a	67.99 ± 7.06a
单不饱和脂肪酸	73.21 ± 11.21a	71.58 ± 7.30a	80.51 ± 5.99a
多不饱和脂肪酸	12.59 ± 0.88b	13.00 ± 0.54b	13.98 ± 0.72a
多不饱和脂肪酸/饱和脂肪酸	0.17 ± 0.01b	0.17 ± 0.03b	0.21 ± 0.02a

注：不同小写字母表示具有显著性差异（$P<0.05$）

（三）标准研制及应用

针对风险评估结果以及产业中存在的风险因素，通过标准的制定和推广应用，起到规范引领的作用。①制定《中药渣饲喂湖羊风险管控建议》，切实指导中药渣饲喂湖羊的养殖过程，有效控制湖羊生产过程以及终端产品中的风险隐患。②联合申请了编制省级地标《湖羊健康养殖技术规范》。③规模主体标准化率达80%以上；规范建设试验基地，试验区域内实现农产品质量安全抽检合格率99%以上。④组织开展技术培训、现场技术指导等5场次以上，农产品标准化示范县培训人数200人次以上。

（四）管控技术集成与转化

（1）数字化技术集成应用。湖羊"一证一码"合格证和追溯管理运用。

（2）技术推广应用。成功创建10家标准化示范羊场（其中国家4家、省级2家）、省级美丽生态牧场14家。

（五）品质提升与品牌培育

强化宣传质量安全监管的理念，发挥试验示范基地带动作用，示范介绍有效的湖羊农产品质量安全管理经验，引导规模养殖场和养殖户提高质量安全意识，加强自律行为，促进产业健康发展。具体措施：①基地绿色清洁化养殖设施设备提升；②湖羊标准化养殖技术全面推广，探索开展标准化生产绩效评价；③湖州湖羊地理标志规范使用；④湖羊"一证一码"合格证和追溯管理运用；⑤湖羊安全隐患跟踪监测评估；⑥探索推进湖羊绿色食品认定和绿色生资认定。目前，全县千头以上规模羊场13家，建成年屠宰量达10万只的屠宰加工企业1家。

四、长兴"一县一品一策"小结

通过近2年的项目实施，长兴湖羊标准化生产程度和产品全程质量控制方面得到进一步提升，也取得一定经济、生态、社会效益。

项目建成浙江长兴一龙农业科技有限公司、长兴永盛牧业有限公司、长兴山岗牧业有限公司3个湖羊标准化生产示范基地，实现示范基地"一证一码"全覆盖。相较于前两年，长兴湖羊饲料中的农药和霉菌毒素检出率下降明显，产品质量安全水平显著提高。通过湖羊育肥过程中添加一定比例的中药渣，肉品营养价值显著提高。

五、下一步提质增效的对策及建议

根据长兴湖羊产业实际存在的情况，提出产业提质增效的建议及措施。

（1）加强饲料中的农药残留监管。高毒禁限用农药有检出且浓度高，农药在作物上的大量使用可能会通过饲料迁移至畜产品中，有必要加强饲料中农药残留的风险控制。建议重点监控以下农药品种：甲拌磷、水胺硫磷、氟啶胺、虫螨腈、氯虫苯甲酰胺、烯酰吗啉、多效唑、茚虫威、烯效唑、联苯菊酯、三氯杀螨醇、啶虫脒、二氯吡啶酸、炔螨特、多菌灵、克百威、唑螨酯、己唑醇。

（2）加强中药渣中的霉菌毒素监管。霉菌毒素超标的样品都是来自中药渣，减少饲料中霉菌毒素的污染是在湖羊养殖过程中重要的风险管控点。因此，要加强饲料的贮存管理，做好通风，及时使用，避免高温长期贮存。

（3）湖羊在养殖过程中经常出现过肥的现象，如果太过肥胖，会影响到供养的性能。在实际的饲养过程中，应当注意合理配方，进行精准配方饲喂。

案例十三　建德鸡蛋质量安全管控与标准化生产的实践

蛋鸡产业是建德市农业主导产业和特色产业之一，自1984年以来专业化蛋鸡养殖已有近40年的发展历史，为省内蛋鸡养殖第一大市。近年来，规模化养殖水平不断提升，小规模养殖占比逐步下降，中规模养殖比重逐步提升，但中大及大规模养殖占比仍然较低，规模化养殖整体呈现纺锤形结构。2022年，建德市共有规模化蛋鸡养殖场135个，其中存栏2 000～10 000羽的小规模蛋鸡养殖场24个，占比17.8%；存栏1万～5万羽的中规模蛋鸡养殖场84个，占比62.2%；存栏5万～10万羽的中大规模蛋鸡养殖场22个，占比16.3%；存栏10万～20万羽的大规模蛋鸡养殖场5个，占比3.7%。根据2022年第二季度统计结果，建德市专业化蛋鸡养殖存栏达400多万羽，占全省总量的25%，鸡蛋产量达6.2万t，产值达6亿元。

2022年建德市以鸡蛋为创建品种开展农产品标准化示范县建设。项目开展初期，经项目组实地调研，发现建德市规模化蛋鸡养殖虽然取得了较好成效，但蛋鸡产业在发展质量和发展方式上还存在一些短板和弱项。一是缺乏头部型蛋鸡养殖场，缺乏本地配套行业蛋鸡种源和饲料企业，导致种源受限和养殖成本攀升，产业市场调控能力不强；二是蛋鸡养殖设施设备参差不齐，现代化设备与鸡舍匹配问题、自配料质量和均匀度等问题仍较突出，产业链质量安全管控存在难点；三是蛋鸡养殖技术水平相对较低，养殖者文化水平受限，科学环控、合理饮水、精准营养和精准饲喂等管理技术全面推广进程缓慢；四是蛋鸡全链条生产和管理标准不完善，标准化生产和管理难以全面推进，产品品质和溯源缺乏可靠的保证；五是产品以鲜蛋销售为主，缺乏鲜蛋深加工或延伸品的研发和配套建设；六是品牌建设、推广、管理意识薄弱，品牌推广面窄、市场形象不清，品牌化发展成效偏弱。

一、"一县一品一策"项目的实施

（一）风险隐患排查及风险评估

2022年度共计抽检样品90批次，其中鸡蛋样品44批次、饲料样品46批次。采样主体包括26家蛋鸡养殖场。检测的兽药残留风险因子共计29种（表5-22）。

表5-22　检测参数和检测方法

检测参数	检测标准
甲氧苄啶、磺胺嘧啶、磺胺噻唑、磺胺甲基嘧啶、磺胺甲噻二唑、磺胺二甲基嘧啶、磺胺氯哒嗪、磺胺甲基异噁唑、磺胺间甲氧嘧啶、磺胺间二甲氧嘧啶、磺胺喹噁啉、磺胺异噁唑、磺胺多辛	农业部1025号公告-23—2008
恩诺沙星、环丙沙星、氧氟沙星、洛美沙星、培氟沙星、诺氟沙星、氟甲喹	GB/T 21312—2007
土霉素、四环素、金霉素、多西环素	GB/T 21317—2007
甲硝唑、地美硝唑	农业部1025号公告-2—2008
氯霉素、甲砜霉素、氟苯尼考	GB/T 22338—2008

兽药残留风险隐患排查结果如下。

（1）鸡蛋样品：本次抽检的44批次鸡蛋样品中共检出土霉素和多西环素2种兽药残留，检出率分别为11.4%和9.09%。5批次鸡蛋样品检出土霉素，浓度范围为2.41~4.16 μg/kg。根据GB 31650—2019《食品安全国家标准　食品中兽药最大残留限量》，鸡蛋中土霉素最大残留限量为400 μg/kg，即本次监测的鸡蛋样品中检出的土霉素残留浓度未超过国家限量标。鸡蛋样品中有4批次检出多西环素，浓度范围为2.14~3.01 μg/kg。根据GB 31650.1—2022《食品安全国家标准　食品中41种兽药最大残留限量》，鸡蛋样品中多西环素最大残留限量为10 μg/kg，即本次监测的鸡蛋样品中多西环素残留浓度未超过国家标准。2022年度建德鸡蛋样品整体监测合格率为100%。

（2）饲料样品：本次抽检的46批次饲料样品（预混料）中检出土霉素和氟苯尼考2种兽药残留，检出率分别为2.17%和4.35%。1批次饲料样品检出土霉素，浓度为61.72 μg/kg；2批次饲料样品检出氟苯尼考，浓度分别为1.35 μg/kg和20.7 μg/kg。

鸡蛋、饲料样品中兽药残留风险因子隐患排查中，兽药残留风险因子包括洛美沙星、培氟沙星、氧氟沙星、诺氟沙星、恩诺沙星、环丙沙星、氟甲喹、四环素、金霉素、甲氧苄啶、磺胺嘧啶、磺胺噻唑、磺胺甲基嘧啶、磺胺甲噻二唑、磺胺二甲基嘧啶、磺胺氯哒嗪、磺胺甲基异噁唑、磺胺间甲氧嘧啶、磺胺间二甲氧嘧啶、磺胺喹噁啉、磺胺异噁唑、磺胺多辛、甲硝唑、地美硝唑、氯霉素、甲砜霉素均未在鸡蛋和饲料样品中检出。鸡蛋、饲料样品中兽药残留检出情况见表5-23。

表5-23 鸡蛋、饲料样品中兽药残留检出情况

样品种类	兽药种类	平均残留浓度（μg/kg）	最大残留浓度（μg/kg）	检出率（%）
鸡蛋	土霉素	3.24	4.16	11.4
	多西环素	2.52	3.01	9.09
饲料	土霉素	61.7	61.7	2.17
	氟苯尼考	11.0	1.35	4.35

（3）兽药残留风险评估结果：借鉴国际上通用的慢性膳食风险评估方法，其中兽药残留数据采用本次风险排查结果，毒理学参考值来源于GB 31650—2019《食品安全国家标准 食品中兽药最大残留限量》和GB 31650.1—2022《食品安全国家标准 食品中41种兽药最大残留限量》中土霉素和多西环素每日允许摄入量，结合我国居民日常鸡蛋膳食摄入水平，对土霉素和多西环素两种兽药残留开展兽药残留慢性膳食评估。评估结果表明，土霉素和多西环素膳食暴露量为0.000 6～0.002 1 μg/（kg bw·d），风险熵（%ADI）分布在0.002 2%～0.006 9%，低于100%，表明消费者通过鸡蛋摄入土霉素和多西环素的膳食风险可接受。

（二）标准研制与实施

针对鸡蛋生产过程中风险因素，通过总结经验、参考国内外有关先进经验、参照国家和行业现行标准，结合建德本地实际，通过生产企业、农业农村主管部门和科研部门的协作，研制了T/ZNZ 203—2023《鸡蛋生产标准综合体》、T/ZNZ 202—2023《建德鸡蛋》等浙江省农产品质量安全学会团体标准。规范引领蛋鸡养殖主体鸡蛋安全生产，巩固建德鸡蛋产品竞争力，推动建德鸡蛋品牌化发展，提高养殖者的经济效益，同时保护消费者利益。

（1）团体标准T/ZNZ 203—2023《鸡蛋生产标准综合体》的研制：鸡蛋生产过程包括产前、产中、产后诸多环节，如蛋鸡场建设、品种选择、投入品管理等技术要素，和收贮运管理和质控管理等管理要素，制定了T/ZNZ 203—2023《鸡蛋生产标准综合体》团体标准和实施计划。规定了总体目标，对相关因子作了要素分析，包括蛋鸡场建设、品种选择、饲养管理、投入品管理、生物安全、收贮运管理和质控管理。标准制定过程中，根据鸡蛋生产资源条件、经济与技术发展水平等因素，确定影响鸡蛋质量安全的3个阶段、7个环节、37个要素，通过分析各相关环节及其对应要素，明确框架结构，绘制鸡蛋生产标准综合体相关要素图（图5-39）。

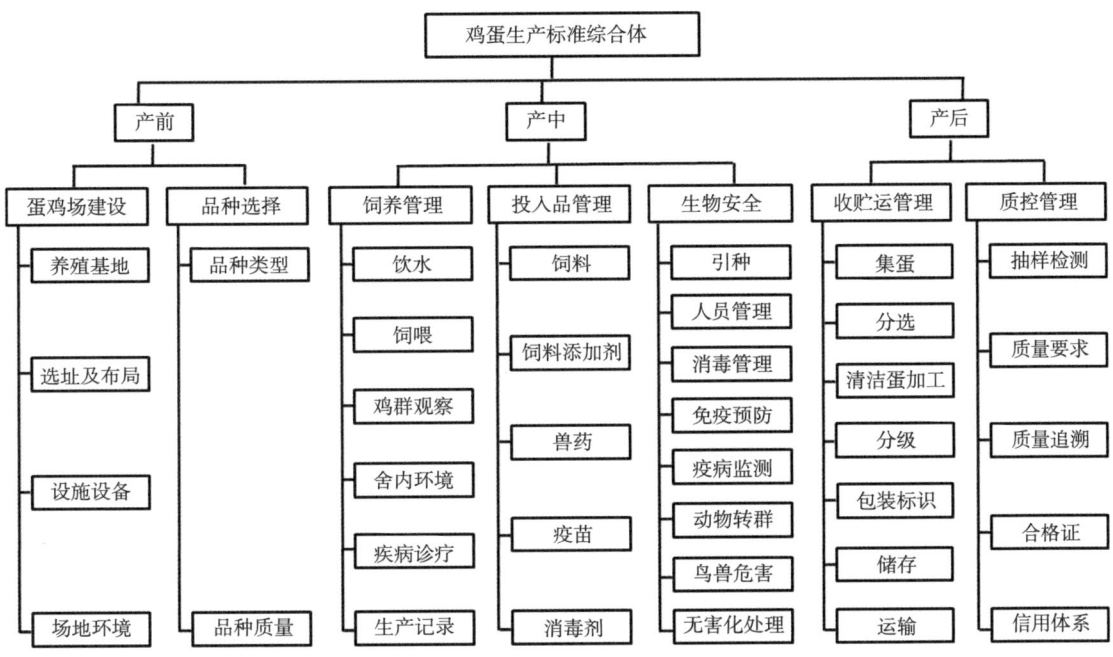

图5-39 鸡蛋生产综合标准化相关要素图

T/ZNZ 203—2023《鸡蛋生产标准综合体》以鸡蛋生产为对象，围绕提升品质、提高质量安全水平的总体目标，共收集60项适用的相关标准作为鸡蛋生产标准综合体的组成部分，其中综合标准5项、蛋鸡场建设标准6项、饲养管理标准10项、投入品管理5项、生物安全标准18项、收贮运管理标准7项、质控管理标准9项（表5-24）。

表5-24 鸡蛋生产适用标准明细表

序号	标准号	标准名称	标准状态	标准类别
1	GB/T 12366—2009	综合标准化工作指南	已发布	综合标准
2	GB/T 18635—2002	动物防疫 基本术语	已发布	综合标准
3	GB/T 20014.10—2013	良好农业规范 第10部分 家禽控制点与符合性规范	已发布	综合标准
4	GB/T 31600—2015	农业综合标准化工作指南	已发布	综合标准
5	NY/T 823—2020	家禽生产性能名词术语和度量计算方法	已发布	综合标准
6	GB/T 41441.1—2022	规模化畜禽场良好生产环境 第1部分：场地要求	已发布	蛋鸡场建设
7	GB/T 41441.2—2022	规模化畜禽场良好生产环境 第2部分：畜禽舍技术要求	已发布	蛋鸡场建设
8	NY/T 682—2023	畜禽场厂区设计技术规范	已发布	蛋鸡场建设
9	NY/T 1167—2006	畜禽场环境质量及卫生控制规范	已发布	蛋鸡场建设
10	NY/T 2664—2014	标准化养殖场 蛋鸡	已发布	蛋鸡场建设
11	HJ 568—2010	畜禽养殖产地环境评价规范	已发布	蛋鸡场建设
12	GB/T 32148—2015	家禽健康养殖规范	已发布	饲养管理

(续表)

序号	标准号	标准名称	标准状态	标准类别
13	NY/T 33—2004	鸡饲养标准	已发布	饲养管理
14	NY/T 388—1999	畜禽场环境质量标准	已发布	饲养管理
15	GB 5749—2022	生活饮用水卫生标准	已发布	饲养管理
16	NY/T 1338—2007	蛋鸡饲养HACCP管理技术规范	已发布	饲养管理
17	NY/T 1755—2009	畜禽舍通风系统技术规程	已发布	饲养管理
18	NY/T 2123—2012	蛋鸡生产性能测定技术规范	已发布	饲养管理
19	T/ZNZ 012—2019	蛋鸡健康养殖和安全生产技术规范	已发布	饲养管理
20	T/ZNZ 100—2021	蛋鸡抗菌药使用减量化技术规范	已发布	饲养管理
21	JB/T 7729—2022	养鸡设备 鸡笼和笼架	已发布	饲养管理
22	GB/T 5916—2020	产蛋鸡和肉鸡配合饲料	已发布	投入品管理
23	GB 13078—2017	饲料卫生标准	已发布	投入品管理
24	GB/T 22544—2008	蛋鸡复合预混合饲料	已发布	投入品管理
25	NY/T 471—2023	绿色食品 饲料及饲料添加剂使用准则	已发布	投入品管理
26	NY/T 472—2022	绿色食品 兽药使用准则	已发布	投入品管理
27	GB 18596—2001	畜禽养殖业污染物排放标准	已发布	生物安全
28	GB/T 18936—2020	高致病性禽流感诊断技术	已发布	生物安全
29	GB/T 25886—2010	养鸡场带鸡消毒技术要求	已发布	生物安全
30	GB/T 26624—2011	畜禽养殖污水贮存设施设计要求	已发布	生物安全
31	GB/T 36195—2018	畜禽粪便无害化处理技术规范	已发布	生物安全
32	GB/T 39915—2021	动物饲养场防疫准则	已发布	生物安全
33	NY/T 473—2016	绿色食品 畜禽卫生防疫准则	已发布	生物安全
34	NY 764—2004	高致病性禽流感疫情判定及扑灭技术规范	已发布	生物安全
35	NY/T 765—2004	高致病性禽流感样品采集、保存及运输技术规范	已发布	生物安全
36	NY/T 766—2004	高致病性禽流感 无害化处理技术规范	已发布	生物安全
37	NY/T 767—2004	高致病性禽流感 消毒技术规范	已发布	生物安全
38	NY/T 768—2004	高致病性禽流感 人员防护技术规范	已发布	生物安全
39	NY/T 769—2004	高致病性禽流感 免疫技术规范	已发布	生物安全
40	NY/T 770—2004	高致病性禽流感 监测技术规范	已发布	生物安全
41	NY/T 1168—2006	畜禽粪便无害化处理技术规范	已发布	生物安全
42	NY/T 1169—2006	畜禽场环境污染控制技术规范	已发布	生物安全
43	NY/T 2843—2015	动物及动物产品运输兽医卫生规范	已发布	生物安全
44	NY/T 3075—2017	畜禽养殖场消毒技术	已发布	生物安全
45	GB/T 34238—2017	清洁蛋加工流通技术规范	已发布	收贮运管理
46	GB/T 39438—2020	包装鸡蛋	已发布	收贮运管理
47	NY/T 1056—2021	绿色食品 贮藏运输准则	已发布	收贮运管理

（续表）

序号	标准号	标准名称	标准状态	标准类别
48	NY/T 1551—2007	禽蛋清洗分选消毒分级	已发布	收贮运管理
49	NY/T 1758—2009	鲜蛋等级规格	已发布	收贮运管理
50	SB/T 10638—2011	鲜鸡蛋、鲜鸭蛋分级	已发布	收贮运管理
51	T/ZNZ 042—2020	鲜鸡蛋收集与贮运技术规范	已发布	收贮运管理
52	GB 2749—2015	食品安全国家标准　蛋与蛋制品	已发布	质控管理
53	GB 2762—2022	食品安全国家标准　食品中污染物限量	已发布	质控管理
54	GB 2763—2021	食品安全国家标准　食品中农药最大残留限量	已发布	质控管理
55	GB 31650—2019	食品安全国家标准　食品中兽药最大残留限量	已发布	质控管理
56	GB 31650.1—2022	食品安全国家标准　食品中41种兽药最大残留限量	已发布	质控管理
57	NY/T 754—2021	绿色食品　蛋与蛋制品	已发布	质控管理
58	NY/T 1569—2007	畜禽养殖场质量管理体系建设通则	已发布	质控管理
59	NY/T 1897—2010	动物及动物产品兽药残留监控抽样规范	已发布	质控管理
60	DB33/T 2334—2021	食用农产品合格证管理规范	已发布	质控管理

经过调研、论证、申报、立项、编制、征求意见、修改、评审等工作程序，最后形成并发布团体标准《鸡蛋生产标准综合体》。力求建立了一套可看，可学的鸡蛋生产综合标准化生产的配套技术，助力提升建德鸡蛋产品的市场综合竞争力，为浙江省内规模化标准化笼养蛋鸡场提供技术支撑和创新。

（2）团体标准T/ZNZ 202—2023《建德鸡蛋》的研制：该标准属地理标志产品类标准，标准定义了T/ZNZ 202—2023《建德鸡蛋》生产区域，包括航头镇、大同镇、大洋镇、李家镇、寿昌镇、大慈岩镇、下涯镇、杨村桥镇、乾潭镇、梅城镇、三都镇、莲花镇、钦堂乡、更楼街道、洋溪街道等15个乡镇、街道。根据对建德市蛋鸡养殖和鸡蛋安全生产实际走访、调研以及资料查询，T/ZNZ 202—2023《建德鸡蛋》标准规定了鸡蛋生产相关要求包括蛋鸡养殖基地、选址及布局、设施设备、蛋鸡健康养殖技术、集蛋、分选、清洁蛋加工等。同时标准对鸡蛋质量要求、检验规则、包装标识、贮存、运输都制定了技术规范。

（三）管控技术推广及应用

为配合T/ZNZ 203—2023《鸡蛋生产标准综合体》、T/ZNZ 202—2023《建德鸡蛋》的实施，我们同时编写了《蛋鸡全产业链质量安全风险管控手册》《笼养蛋鸡标准化养殖质量安全风险管理》《散养蛋鸡标准化养殖质量安全风险管理》等辅助资料和科普书籍。下发团体标准T/ZNZ 012—2019《蛋鸡健康养殖和安全生产技术规范》、T/ZNZ 042—2020《鲜鸡蛋收集与贮运技术规范》、T/ZNZ 100—2021《蛋鸡抗菌药使用减量化技术规范》等一系列标准及模式图。根据建德市蛋鸡养殖户和监管部门需求，开展"蛋鸡疾病防控与抗生素安全使用""蛋鸡养殖相关标准解读""兽药残留快速检测技术"等技术培训和现场指导。针对建德市蛋鸡养殖主体积极推广《鸡蛋质量安全风险防控技术体系》，建立以预防为主的管理体系控制鸡病的发生和流行。通过"一县一品一策"微信公众号，发布鸡蛋质量科普宣传资料，如"你在迷恋蛋黄颜色吗？""为什么鸡蛋会出现氟苯尼考超标""身着"羽绒服"散养鸡的防暑降温工作可以这么做"等。部分鸡蛋全产业链质量安全管控技术推广资料见图5-40。

图5-40　部分鸡蛋全产业链质量安全管控技术推广资料

（四）监测结果及应用

在监测结果及应用方面，对建德鸡蛋品质，包括感官品质、理化品质和药物残留质量安全状况进行检测分析，以供养殖主体作为品质和质量安全水平的依据（图5-41）。

图5-41　2022年的部分检测报告

二、下一步鸡蛋质量安全管控对策及建议

（1）加强《建德鸡蛋》系列标准的制定和标准化的实施。通过系列标准制定、推广及应用，将进一步规范建德市规模化蛋鸡养殖，提升建德鸡蛋产品的安全性、蛋的内外在品质和产品的溯源，从根源上巩固建德鸡蛋产品竞争力，推动建德鸡蛋品牌化发展，提高养殖者的经济效益，同时保护消费者利益。本项目已被列入浙江省"浙里食安"首批示范项目，项目名称"农产品一品一策，放心鸡蛋'治控促'新机制"。

（2）加强鸡蛋产品风险隐患跟踪排查和评估研究。通过持续跟踪评估浙江省内不同养殖规模、不同养殖方式、不同蛋鸡养殖品种生产的鸡蛋质量安全状况，进一步了解鸡蛋中质量安全风险因子类型和污染程度。通过科学膳食评估，掌握浙江省消费者通过鸡蛋摄入残留污染的膳食安全水平，同时为企业和政府监管提供技术支撑。

（3）加强鸡蛋质量安全管控技术示范引导。进一步推广鸡蛋生产标准化建设，推动蛋鸡养殖抗菌药减量化行动。应用集成的鸡蛋质量安全相关管控书籍、标准、模式图，在建立的标准化示范基地进行推广与应用。通过现场培训、组织观摩和交流，辐射带动省内不同规模的养殖主体深化蛋鸡场标准化建设、增强蛋鸡养殖主体鸡蛋质量安全意识、生产出安全、营养、优质的鸡蛋产品给消费者。

（4）强化鸡蛋质量安全科普宣传推广。通过现场技术指导、模式图、宣传单、微信公众号宣传鸡蛋质量安全相关的法律法规、标准和农业农村部公告，提高主体责任和质量安全意识，积极引导消费者正面消费，促进浙江省内蛋鸡养殖主体和消费者之间的沟通。

参考文献

蒋永健，吴捷刚，丁琳，等，2020. 浙江省蛋鸡产业现状调研及提升策略[J]. 浙江畜牧兽医，45(4): 1.

余红伟，赵玲玲，钟艳，等，2023. 建德市规模化蛋鸡养殖发展现状及挑战[J]. 浙江农业科学，64(1): 20-24.

后 记

特色农产品全产业链质量安全管控与标准化生产("一县一品一策")项目是在浙江省农业农村厅和浙江省财政厅的统一部署组织下开展的,从2015年起依托浙江省农业科学院农产品质量安全与营养研究所的技术研发优势和各地农业农村局的产业发展需要及技术推广优势,在全国率先将风险评估技术和结果应用于农产品质量安全管控并推广实施全产业链农产品质量安全管控技术。项目实施历时已有9年,从项目思路提出、实施探索及不断的优化、推进,浙江省农业农村主管部门领导、技术支撑团队成员、地方主管与技术推广人员及农业产业主体都付出了巨大的努力和坚持;项目工作从原先的特色农产品全产业链质量安全管控("一品一策")逐步深化并提升为特色农产品全产业链质量安全管控与标准化生产("一县一品一策"),创建了农产品质量安全领域从科学研究、实践应用到推广实施的案例,提出并实施了"针对一种特色农产品、制定一个生产标准、制定一本质量管控手册、绘制一张模式图、建设一批示范基地"的模式,基于检验检测和风险评估技术和结果,从生产源头保障了浙江省特色农产品质量安全,为提高农产品质量安全、促进欠发达地区特色农业产业发展,助力农业增效农民增收作出了努力和贡献。这里要特别感谢农业农村部农产品质量安全监管司和中国农业科学院农业质量标准与检测技术研究所领导的肯定、鼓励和帮助;感谢浙江省农业农村厅领导和农产品质量安全监管处几任领导,坚持不懈地推进这个项目的实施;感谢浙江省农业科学院的领导和各职能部门、各研究所对质量营养所此项工作的支持、帮助和宣传;感谢全省各地农业农村主管部门和技术推广人员的努力与付出;感谢农业主体的积极响应,让技术落地与标准化;也要感谢我所广大科技人员在这个"一县一品一策"中所付出的热情、执着和一步一个脚印的努力,充分展示出一个科技工作者的技术水平和责任担当。

《特色农产品全产业链质量安全管控与标准化生产(一县一品一策)的研究与实践》的编写出版非常有必要,这也是我所广大科技人员集体智慧的结晶。本书根据多年的研究成果和生产实践经验,系统总结了项目实施以来,从风险隐患排查与评估、质量安全管控技术研究、农业标准制修订与标准化、质量安全试验基地示范建设,拓展到营养品质挖掘与农业品牌建设,探索从生产源头出发抓质量安全管理、品质提升、品牌打造的工作新思路,以期为全面提升农产品质量安全水平、全面推进乡村振兴、提升农业高质量发展提供参考借鉴。这里特别感谢中国农业科学院油料作物研究所李培武院士、浙江省农业科学院农产品质量安全与营养研究所顾问章强华研究员对本书撰写所给予的孜孜不倦的指导与帮助，感谢参与本书编写的各位同志在繁忙的工作之余，收集资料，整理撰写。

  本书在编写过程中得到了相关专家的悉心指导，吸收了同行专家的研究成果，参考了国内有关文献、标准和书籍，在此一并致以衷心的感谢！由于各方面水平有限，编写时间相对较紧，可参考借鉴的资料也不多，疏漏与不足之处在所难免，敬请广大读者朋友批评指正。

  最后，希望本书的出版能够得到农产品质量安全与品质营养等同行的批评指正，也希望本书所总结的科技成果给同行有所启发，加强科技成果应用与推广，让农产品质量安全的科技成果为农业品牌建设和农业高质量发展服务，在乡村振兴和共富建设中起好作用，作出贡献。

编　者

2023年10月